미디어 리터러시 교육 핸드북

· 한국문화사 시민교육 시리즈 ·

미디어 리터러시 교육 핸드북

추병완 · 한은영 · 금호정 · 조경해 · 이한길 · 배소현 · 박상아 지음

한국문화사

》머리말

　시민교육에서 미디어 리터러시는 적어도 세 가지 측면에서 매우 중요하다. 첫째, 미디어 리터러시의 실천은 학생들의 정보 접근, 분석, 의사소통 기술을 강화하고 세상을 감시하는 것이 왜 중요한지를 이해하는 데 도움이 된다. 미디어 리터러시는 민주주의에서 언론이 어떻게 기능하는지, 시민들이 정보를 얻고 다양한 의견에 노출되는 것이 왜 중요한지, 그리고 지역 사회와 국가 수준에서 정책 결정에 참여해야 할 사람들이 누구인지에 대해 학생들에게 알려줄 수 있다. 둘째로, 미디어 리터러시는 학생들이 리더십, 자유롭고 책임감 있는 자기표현, 갈등 해결 및 공감대 형성 기술을 연습할 수 있는 교육 환경을 지원하고 육성할 수 있다. 이러한 기술이 없다면, 학생들은 민주 사회에서 참여가 요구하는 협력적인 문제의 도전에 타인과 함께 효과적으로 참여할 수 없을 것이기 때문이다. 셋째, 미디어 리터러시 기술은 학생들이 다양한 정보의 원천에 대한 접근성을 높이는 데 더 많은 관심을 갖도록 고무할 수 있다.

　미디어 리터러시 교육의 이러한 중요성과 필요성에도 불구하고 대부분 교사는 시간과 교육자료 부족, 미디어 리터러시의 개념과 이슈에 대한 낮은 친숙함, 교실에서 변화의 주체로서 낮은 자기 효능감으로 말미암아 미디어 리터러시 교육의 계획과 실천에 애를 먹는 중이다. 이에 춘천교육대학교 시민교육역량강화사업단은 객원 연구원과의 협업을 통해 초등학교 현장에서 10개 교과를 통해 교사가 손쉽게 적용하고 실천할 수 있는 초등 미디어 리터러시 핸드북을 발간하게 되었다. 이 책은 미디어 리터러시에 관한 기본적인 지식과 정보를 제공함과 동시에 사회, 수학, 영어, 미술, 도덕, 실과, 국어, 체육, 과학, 음악 교과를 통해 미디어 리터러시 교육을 실천할 수 있는 구체적인 방안을 담고 있다.

 이 책은 크게 보아 2부로 구성되어 있다. 이 책의 1부는 미디어 리터러시 교육의 필요성과 방법을 다룬다. 1장에서 추병완 교수와 한은영 연구원은 미디어 리터러시의 개념과 주요 역량을 소개하고, 허위 조작 정보에 대응할 수 있는 미디어 리터러시 교육의 방안을 제시한다. 2장에서 추병완 교수는 포스트 트루스 시대에서 시민교육의 과제로 지적인 덕 계발을 강조한다. 2장은 소셜 미디어가 제기하는 인식론적 위협의 실체를 제시하고, 그러한 위협에 대처하기 위해서는 시민교육에서 지적인 덕을 가르치는 것이 필요함을 강조한다. 2장은 '포스트 트루스 시대에서 시민의 덕'이라는 제목으로 2021년에 '도덕윤리과교육' 학술지에 게재한 것을 이 책의 성격에 맞게 재구성한 것이다.

 이 책의 2부는 초등학교 10개 교과에서 미디어 리터러시 교육을 실천하는 방안을 제시한다. 3장에서 교사 이한길은 도덕 교과에서 미디어 리터러시 교육의 실천 방안을 제시한다. 미디어 리터리시 교육이 창의적인 표현, 의사소통, 책임있는 미디어 이용, 민주 시민으로서 참여와 성장과 같은 내용으로 발전하고 있음을 강조하며 초등 도덕 교과에서 관련한 학습 요소를 추출하여 지도해야 한다고 제안한다. 이에 따라 초등 도덕과 교육과정을 분석하여 미디어 리터러시 교육 요소를 추출하고 교수·학습 사례를 소개하였다.

4장에서 교사 배소현은 국어 교과에서 미디어 리터러시 교육의 실천 방안을 제시한다. 초등 국어과에서 미디어 리터러시 교육은 언어교육과 민주시민교육의 관점에서 중요함을 강조하고, 초등 국어과에서 미디어 리터러시 교육을 수용한 양상을 탐색하여 이를 바탕으로 다섯 가지 개선 방향을 제안한다. 마지막으로 교육과정과의 관련 아래 학년별 국어과 미디어 리터러시 교육의 교수·학습 사례를 제안한다.

5장에서 교사 금호정은 사회 교과에서 미디어 리터러시를 적용한 교육적 실천 방안을 제시한다. 특히 정보의 홍수 속에서 비판적 시각으로 정보를 탐색하고 재창출하면서 자신의 목소리를 건강하게 낼 수 있는 디지털 시민성의 함양이 중요함을 강조하였다. 2015 개정 교육과정 사회과 핵심역량과 미디어 및 정보 리터러시 요소를 연결하여 미디어 리터러시를 통하여 사회과 핵심역량을 고루 개발할 수 있는 방안으로 다섯 가지의 교수·학습을 예시로 들어 제안하였다.

6장에서 교사 금호정은 수학 교과에서 미디어 리터러시를 적용하여 수학적 사고를 확장하고 수학적 문제 해결력을 돕는데 활용하는 교육 방안을 소개하였다. 미디어 리터러시를 적용한 초등 수학과 교육의 제안을 통하여 실제 교육 현장에서 활용하는 접근도가 높을 수 있도록 교과 핵심역량을 성취하기 위해 설정된 5개 수학과 영역을 바탕으로 미디어 리터러시 역량과 연결하여 제안하였다.

7장에서 교사 박상아는 과학 교과에서 미디어 리터러시 교육의 실천 방안을 제시한다. 미디어 기기의 보급과 코로나19 감염병 사태와 맞물린 비대면 학습의 확산으로 온라인 상에서 과학 정보를 얻는 일이 많아지며 이러한 정보의 홍수 속에서 정확한 콘텐츠를 비판적으로 습득하고 올바르게 활용하는 능력을 길러야 한다고 강조하였다. 이에 따라 과학 교과의 특성에 맞는 미디어 리터러시 교육의 하위 요소를 선별하였으며 초등 과학 교육과정과 성취기준을 분석하여 실생활 중심의 미디어 리터러시 학습 방법 및 교수·학습 사례를 소개하였다.

8장에서 교사 이한길은 실과 교과에서 미디어 리터러시 교육의 실천 방안을 제시한다. 초등 실과의 기능적이고 체험적인 성격은 미디어 리터러시 교육 요소 중 미디어 기능 활용, 정보 검색과 선택 방법, 창작과 제작의 역량과 잘 어울려 학생들의 흥미와 적성에 맞게 활용될 수 있으며, 실과 교과를 통해 익힌 기술적 역량은 미디어 리터러시를 활용한 다양한 수업과 융합될 수 있음을 강조하였다. 이에 초등 실과 교육과정을 분석하여 관련한 교수·학습 사례를 제안하였다.

9장에서 교사 박상아는 음악 교과에서 미디어 리터러시 교육의 실천 방안을 제시한다. 음악은 소리를 통해 인간의 감정이나 생각을 드러내는 소통의 예술이며 음악과 관련한 정보·문화 콘텐츠가 자유롭게 배포되고 활용되는 오늘날 미디어 리터러시 역량을 키워 비판적인 사고력과 책임감 있는 태도를 길러야 한다고 강조하였다. 이는 초등 음악 교육과정의 정보 처리 역량과의 연계와 활용을 통해 강화될 수 있으므로 음악 교육과정과 성취기준을 분석한 교수·학습 사례를 제안하였다.

10장에서 교사 조경해는 미술 교과에서 미디어 리터러시 교육의 실천 방안을 제시한다. 시각적 소통 능력을 중요시하는 초등 미술에서 시각이 기반이 되는 미디어를 통해 시각적으로 이해하고 비판하며 접근하고, 시각적으로 표현할 수 있도록 하는 역량 강화 교육을 해야 한다고 강조한다. 이러한 역량은 미술과의 특성인 창조와 융합 시도를 통해 강화될 수 있으므로 미술 교육과정을 분석하여 영역별, 차시별 교수·학습 사례를 제안하였다.

11장에서 교사 배소현은 체육 교과에서 미디어 리터러시 교육의 실천 방안을 제시한다. 체육과에서 미디어 리터러시의 개념을 신체활동을 중심으로 정의하고, 체육과의 특성과 민주시민교육과의 관련을 바탕으로 체육과 미디어 리터러시 교육의 방향을 탐색한다. 또한, 체육과 성취기준을 바탕으로 체육과 미디어 리터러시 교육의 방법을 제안하고, 이에 따른 교수·학습 사례를 제안한다.

12장에서 교사 조경해는 영어 교과에서 미디어 리터러시 교육의 실천 방안을 제시한다. 영어 교과에서 미디어 리터러시 교육이 단순 의사소통과 흥미 위주의 미디어 활용 교육에서 한 발짝 나아가야 함을 강조하며 반복적, 장기적으로 수행을 통한 역량 강화 교육을 해야 한다고 제안한다. 이에 따라 초등 영어 교과에서 관련한 역량 강화를 위한 학습 방법 및 미디어 활용 교수·학습 사례를 소개하였다.

끝으로, 춘천교육대학교 시민교육역량강화사업단의 연구 성과를 한 권의 책으로 만들어주신 한국문화사의 모든 관계자에게 깊이 감사드린다. 모쪼록 이 책이 초등학교에서 미디어 리터러시 교육을 활성화하는 길잡이가 되길 기대한다.

2022년 7월
저자를 대표하여 추병완

» **차례**

머리말 ··· 5

1부 미디어 리터러시 교육 이해하기

1장 미디어 리터러시 교육의 이해 ································ 15
    ① 미디어 리터러시의 개념 규정과 역량 찾아보기 ············ 15
    ② 허위 조작 정보와 미디어 리터러시 교육 ····················· 23
    ③ 허위 조작 정보를 다루기 위한 교육적 접근법 ··············· 27
    ④ 교양 있는 행동과 미디어 리터러시 ····························· 31

2장 포스트 트루스 시대에서 시민교육 ······················· 35
    ① 소셜 미디어의 인식론적 위협 ···································· 35
    ② 포스트 트루스 시대의 지적인 덕 ······························· 44
    ③ 시민교육에서 지적인 덕의 정당화 ······························ 53
    ④ 시민교육에서 지적인 덕을 가르치기 ··························· 59

2부 교과 수업을 통한 미디어 리터러시 교육

3장 도덕 교과에서 미디어 리터러시 교육 ···················· 69
    ① 초등 도덕교과교육과 미디어 리터러시 교육 ················ 70
    ② 초등 도덕과 교육의 MIL 교육 접근 방향 ···················· 74
    ③ 초등 도덕과에서의 MIL 교육을 위한 핵심 역량과 기술 ··········· 79
    ④ 초등 도덕과에서 MIL 교육 요소 ································ 83
    ⑤ 초등 도덕에서 MIL 교육시 유의점 ····························· 85
    ⑥ 초등 도덕과에서 MIL 교육의 실제 ····························· 87

4장   국어 교과에서 미디어 리터러시 교육 ·································· 95
    ① 초등 국어과 미디어 리터러시 교육의 실태와 개선 방안 ··········· 97
    ② 초등 국어과 미디어 리터러시 교육의 예시 ························ 110

5장   사회 교과에서 미디어 리터러시 교육 ·································· 119
    ① 제 4차 산업혁명과 초등 사회과 교육 ······························ 119
    ② 미디어 리터러시와 초등 사회과 교육 ······························ 120
    ③ 미디어 리터러시를 적용한 초등 사회과 교육 ······················ 125
    ④ 미디어 리터러시를 적용한 수업의 유의점 ························· 146

6장   수학 교과에서 미디어 리터러시 교육 ·································· 149
    ① 패러다임의 변화와 초등수학과 교육 ······························ 149
    ② 미디어 리터러시와 초등수학과 교육 ······························ 151
    ③ 미디어 리터러시를 적용한 수학 교육 방법 ························ 154
    ④ 미디어 리터러시를 적용한 수업의 유의점 ························· 176

7장   과학 교과에서 미디어 리터러시 교육 ·································· 179
    ① 초등학교 과학과 미디어 리터러시 ································ 179
    ② 과학 교육과정에서 미디어 리터러시 교육내용 분석 ·············· 183
    ③ 과학과 미디어 리터러시 수업 제안 ································ 189

8장   실과 교과에서 미디어 리터러시 교육 ·································· 201
    ① 초등 실과에서의 미디어 리터러시 교육의 필요성 ················ 202
    ② 초등 실과에서 미디어 리터러시 교육을 위해 추구해야 할 점 ········ 204
    ③ 실과 교육과정에서의 MIL 요소 ···································· 209
    ④ 초등 실과에서의 미디어 리터러시 교육의 실제 ··················· 213

9장 음악 교과에서 미디어 리터러시 교육 ·········· 221

    ① 초등학교 음악과 미디어 리터러시 ············· 221
    ② 음악 교육과정에서 미디어 리터러시 교육내용 분석 ······ 223
    ③ 초등학교 음악과에서의 미디어 리터러시 교육 방안 ······ 227
    ④ 음악과 미디어 리터러시 수업 제안 ············· 231

10장 미술 교과에서 미디어 리터러시 교육 ·········· 245

    ① 사회변화와 초등 미술과 교육 ················ 245
    ② 미디어 리터러시와 초등 미술과 교육 ············ 246
    ③ 초등학교 미술 교과에서의 미디어 리터러시 적용 제안 ······ 252

11장 체육 교과에서 미디어 리터러시 교육 ·········· 275

    ① 체육과에서 미디어 리터러시의 개념과 교육 방향 ······ 278
    ② 체육과에서 미디어 리터러시의 교육의 방향 ········ 283
    ③ 체육과에서 미디어 리터러시의 교육의 방법 ········ 285
    ④ 체육과에서 미디어 리터러시 교육의 실제 ········· 292

12장 영어 교과에서 미디어 리터러시 교육 ·········· 301

    ① 사회변화와 초등 영어과 교육 ················ 301
    ② 미디어 리터러시와 초등 영어과 교육 ············ 302
    ③ 초등 영어과에서의 미디어 리터러시 적용 제안 ······· 307

찾아보기 ························· 330
저자소개 ························· 332

1부
미디어 리터러시 교육의 이해

1장
미디어 리터러시 교육의 이해

추병완(춘천교육대학교 교수)
한은영(춘천교대 시민교육역량강화사업단 객원연구원 팀장)

　미디어 리터러시의 개념 정의는 광범위하고 다양하지만, 오늘날 가장 대표적인 것은 '모든 형태의 커뮤니케이션을 사용하여 접근, 분석, 평가, 생성, 행동할 수 있는 능력'이다. 간단히 말해서, 미디어 리터러시는 전통적인 리터러시(literacy)의 기초 위에 구축되며 새로운 형태의 읽기와 쓰기를 제공한다. 미디어 리터러시는 사람들이 비판적인 사상가, 제작자, 효과적인 의사 전달자, 활동적인 시민이 될 수 있도록 한다. 미디어 리터러시는 인쇄물에서 비디오, 인터넷에 이르기까지 우리가 다양한 형태로 메시지를 접속·분석·평가·생성할 수 있는 프레임워크를 제공한다. 그것은 우리가 사회에서 미디어의 역할에 대한 이해와 더불어 민주주의 시민에게 필요한 탐구와 자기표현의 필수적인 기술을 구축하도록 돕는다.
　이에 미국의 미디어 리터러시 센터는 미디어 리터러시가 중요한 이유를 다음과 같이 설명한다(Thoman & Jolls, 2003: 9). 첫째, 중심적인 민주적 과정에서 미디어의 영향력이다. 세계적인 미디어 문화에서 사람들이 민주 시민이 되기 위해서는 비판적 사고와 자기표현이라는 두 가지 기술이 필요하다. 미디어 리터러시는 이러한 두 가지 핵심 기술을 모두 갖추어 미래의 시민이 정치적 포장을 구분하고, 공적 담론을 이해하고 그것에 공헌하며, 궁극적으로 투표소에서 정보에 입각한 결정을 내릴 수 있게 한다.

둘째, 미디어에 의한 높은 미디어 소비율과 사회의 포화다. 비디오 게임, 텔레비전, 대중음악, 라디오, 신문, 잡지, 광고판, 인터넷 등을 고려할 때, 우리는 우리의 할아버지 세대가 1년 동안 노출되었던 것보다 하루 만에 더 많은 매개 메시지에 노출된다. 미디어 리터러시는 우리가 이 이미지와 메시지의 바다를 안전하게 항해하는 데 필요한 기술을 가르친다.

셋째, 인식, 신념, 태도를 형성하는 미디어의 영향력이다. 연구 결과는 영향력의 범위와 유형에 관해 일치하지는 않으나, 미디어 경험이 우리가 세상을 이해하고 해석하고 행동하는 방식에 상당한 영향을 미친다는 것은 의심할 여지가 없다. 미디어 교육은 이러한 영향을 이해하는 데 도움을 줌으로써 우리가 그러한 영향력에 대한 의존성에서 벗어나는 데 도움을 준다.

넷째, 시각적인 의사소통과 정보의 중요성이 증가하고 있다. 학교가 인쇄물에 의해 계속 지배되고 있지만, 우리의 삶은 회사 로고에서 건물 크기의 광고판, 인터넷 웹사이트에 이르기까지 시각적 이미지에 의해 점점 더 많은 영향을 받고 있다. 우리는 멀티미디어 세계에 살기 때문에, 이미지 기반의 의사소통의 다양한 층을 읽는 방법을 학습하는 것은 전통적인 인쇄 리터러시에 필수적인 부가물이다.

끝으로, 사회에서 정보의 중요성과 평생학습의 필요성이다. 정보 처리와 정보 서비스가 우리나라 생산성의 핵심이지만 세계 미디어 산업의 성장도 독자적인 목소리와 다양한 시각에 도전하고 있다. 미디어 교육은 교사들과 학생들 모두 정보가 어디에서 오는지, 누구의 관심사를 제공하는지, 그리고 대안적 견해를 찾는 방법을 이해하는 데 도움을 줄 수 있다.

여기서 잘 드러나는 바와 같이, 미디어 리터러시는 민주 시민을 양성하기 위한 시민교육에서 특히 중요하다. 미디어 풍요의 시대에서 초등학생들이 미디어 리터러시를 갖춘 학생-시민(student-citizen)이 되도록 돕는 것은 학교가 담당해야 할 중요한 과제 중의 하나다. 특히 학생들이 갖추어야 할 비판적 기술 가운데 하나는 바로 가짜 뉴스(fake news)를 확인할 수 있는 능력이다. 가짜 뉴스가 판을 치는 세상에서 미디어 리터러시는 매우 중요하며, 우리가 추구하는 민주주의의 미래는 바로 그 미디어 리터러시에 달려 있다고 말해도 과언은 아니다. 미디어 리터러시는 세 가지 방식을 통해 민주주의의 미래를 보장한다. 첫째, 미디어 리터러시의 실천은 학생들의 정보 접근, 분석, 의사소통 기술을 강화하고 세상을 감시하는 것이 왜 중요한지 이해하는 데 도움이 된다. 미디어 리터러시는 민주주의에서 언론이 어떻게 기능하는지, 시민들이 정보를 얻고 다양한 의견에 노출되는 것이 왜 중요한지, 그리고 지역 사회와 국가 수준에서 정책 결정에 참여해야 할 사람들이 누구인지에 대해 학생들에게 알려줄 수 있다. 둘째로, 미디어 리터러시는 학생들이 리더십, 자유롭고 책임감 있는 자기표현, 갈등 해결 및 공감대 형성 기술을 연습할 수 있는 교육 환경을 지원하고 육성할 수 있다. 이러한 기술이 없다면, 학생들은 민주 사회에서 참여가 요구하는 협력적인 문제의 도전에 타인과 함께 효과적으로 참여할 수 없을 것이기 때문이다. 셋째, 미디어 리터러시 기술은 학생들이 다양한 정보의 원천에 대한 접근성을 높이는 데 더 많은 관심을 갖도록 고무할 수 있다.

그런데 가짜 뉴스라는 용어는 사람들마다 다른 의미를 가질 수 있으므로, 이 용어를 남용하고 전파하는 것에 우리는 주의를 기울여야 한다. 워들

(Wardle)은 가짜 뉴스를 일곱 가지 유형으로 구분하였다. ① 풍자와 패러디(해를 입힐 의도는 없으나 속일 잠재력을 가지고 있음.), ② 그릇된 내용(헤드라인에 있을 때 영상이나 자막이 그 내용을 지원하지 못함.), ③ 오해의 소지가 있는 내용(이슈나 개인을 프레이밍하려고 정보를 오도하여 사용함.), ④ 사기성 내용(참된 출처가 거짓이나 꾸며낸 출처로 가장된 경우), ⑤ 날조된 내용(새 콘텐츠는 100% 거짓이며, 속이고 해를 입히도록 설계됨.), ⑥ 거짓 맥락(참된 내용이 거짓의 맥락 정보와 공유될 때) ⑦ 조작된 내용(조작된 사진과 같이, 진짜 정보나 이미지가 속이기 위해 조작될 때). 한편, 유럽 시청자 협회(European Association for Viewers' Interests, 2017)는 시민성을 위한 미디어 리터러시의 중요성을 강조하면서 오해의 소지가 있는 정보를 10가지로 구분하였다. ① 선전, ② 클릭베이트(clickbait), ③ 뒷광고 내용, ④ 풍자와 혹스(hoax), ⑤ 오류, ⑥ 당파성, ⑦ 음모 이론, ⑧ 사이비 과학, ⑨ 오정보, ⑩ 위조(bogus).

홉스(Hobbs, 2017: 26-27)는 학생들이 특정한 유형의 뉴스를 인식하고 논의할 수 있도록 교사는 학생들이 더 명확한 미디어 리터러시 용어를 구비하게 해야 한다고 주장했다. 홉스는 선전, 허위 조작 정보(disinformation), 클릭베이트(인터넷에서 자극적인 제목이나 이미지 등을 사용해 가치가 떨어지는 콘텐츠의 클릭을 유도하는 행위), 혹스(거짓 정보를 토대로 메일을 보내 사용자를 속이는 방식의 협박성 사기 메일), 풍자, 뒷광고 콘텐츠, 당파성과 같은 용어를 학교의 교육과정에 포함하여 가르칠 것을 제안했다. 이에 여기서는 초등학교에서 다루어야 할 미디어 리터러시의 역량에 관해 살펴본 후에, 허위 조작 정보를 다루기 위한 미디어 리터러시 교육의 방법을 제안하면서 초등학교에서 미디어 리터러시 교육의 중요성을 개괄하고자 한다.

1 미디어 리터러시의 개념 규정과 역량

미디어 리터러시는 학생들이 미디어를 비판적으로 이해·분석·사용하고 미디어에 영향을 줄 수 있는 일종의 생활 기술이다. 21세기에서 학생들은 생산소비자가 되었고, 그들은 세련되고 정교한 미디어 사용자들이다. 그들은 이미 숙달된 미디어 생활을 하고 있다. 따라서 미디어 리터러시를 갖추는 것은 학생들이 미래의 유능한 지식 노동자들뿐만 아니라 정보에 정통하고 독립적인 시민이 되기 위해 매우 중요하다.

미디어 리터러시는 '미디어에 접근하고, 미디어와 미디어 맥락의 다양한 측면을 이해하고 비판적으로 평가하며, 다양한 맥락에서 커뮤니케이션을 생성하는 능력'을 의미한다. 이러한 개념 규정은 ① 미디어와 미디어 콘텐츠에 접근하는 것, ② 미디어 메시지를 해독하는 비판적인 능력과 미디어의 작동 방식에 관한 이해, ③ 창의성·커뮤니케이션·생산 기술이라는 세 가지 핵심 요소를 기반으로 삼는다. 미디어 리터러시는 모든 미디어를 언급하므로, 미디어 리터러시 개념은 디지털 리터러시를 포함한 다른 모든 형태의 리터러시를 포괄적으로 포함한다.

미디어 리터러시 연구자는 미디어 리터러시의 핵심 역량에도 관심을 보인다. 유네스코에 따르면, 미디어 및 정보 리터러시는 다음의 열 가지 역량을 포함한다(McDougall et al., 2018: 19에서 재인용). ① 미디어 및 기타 정보 제공자의 역할 및 기능을 이해한다. ② 해당 기능을 수행할 수 있는 조건을 이해한다. ③ 정보의 필요성을 인식하고 명확하게 표현한다. ④ 관련 정보를 찾아 접근한다. ⑤ 미디어 및 기타 정보 제공자의 정보와 내용을 권위, 신뢰성, 현재 목적의 관점에서 비판적으로 평가한다. ⑥ 정보 및 미디어 콘텐츠를 추출하여 조직한다. ⑦ 내용에서 추출한 아이디어를 합성하거나 운용한다. ⑧ 창조된 지식에 대한 이해를 적절한 형식과 매체를 활용하여 청중이나 독자에게 윤리적이고 책임감 있게 전달한다. ⑨ 정보 처리 및 사용자 생성 콘텐츠 제작에 ICT 기술을 적용할 수 있다. ⑩ 자기표현, 표현의 자유, 상호문화적인 대화, 민주적 참여를 위해 미디어 및 기타 정보 제공자와 관계를 맺는다.

홉스는 디지털 및 미디어 리터러시의 핵심 역량으로 접근, 분석 및 평가, 창조, 성찰, 행동을 제시하였다(Hobbs, 2010: 19). ① 접근: 미디어를 능숙하게 찾고 사용할 수 있으며, 다른 사람과 적절하고 가치 있는 정보(데이터, 정보 및 디지털 콘텐츠 검색, 검색, 필터링 및 관리 포함)를 공유할 수 있는 능력, ② 분석 및 평가: 메시지를 이해하고 비판적 사고와 이해를 사용하여 메시지의 품질, 진실성, 신뢰성, 관점을 분석하며 잠재적인 영향이나 결과를 고려하는 능력, ③ 창조: 미디어 콘텐츠를 만들고 목적, 청중 및 구성 기법에 대한 인식을 통해 자신을 자신 있게 표현할 수 있는 능력, ④ 성찰: 자신의 정체성, 의사소통, 행동에 사회적 책임과 윤리적 원칙을 적용하고, 자신의 미디어 생활에 대한 인식을 개발하고 관리하는 능력, ⑤ 행동/행위자 의식: 미디어를 통해 시민성을 행사하고 시민 생활에 참여하며, 민주적 가치와 태도에 기초한 정치적 행위자가 될 수 있는 능력

이 역량은 미디어 메시지를 소비하고 생성하는 과정을 통해 학생들의 적극적인 학습 참여를 지원하기 위해 활용된다. 또한, 다섯 가지 역량은 초등학교 교육과정에 미디어 리터러시를 통합하는 방식으로 그리고 초등 교실에서 허위 조작 정보를 다루는 특정한 교수·학습의 실천을 통해서 얼마든지 강화될 수 있다. 미디어 리터러시 역량은 민주 사회에 적극적으로 참여하기 위해 요구되며, 이는 시민들이 미디어에 접근하고, 미디어를 이해하고 다룰 수 있게 하며, 적극적인 정치적 행위자가 되도록 권면한다. 미디어

리터러시 역량은 학생들이 온라인 활동에 적극적으로 참여하는 것을 통해 자신의 목소리를 낼 수 있게 하고, 자신의 정치적 관심사를 표현하고 공공 영역에 참여할 수 있는 학생들의 적극적인 시민성 능력과 행위자 의식의 발달을 촉진한다.

이렇게 볼 때 미디어 리터러시를 갖춘 사람은 다음과 같은 모습을 보여 줄 것이라고 기대할 수 있다. 첫째, 자료를 찾고 공유하며 정보와 아이디어를 이해함으로써 책임 있는 선택을 하고 정보에 접근한다. 둘째, 작성자, 목적, 관점을 파악하고 내용의 질과 신뢰성을 평가하여 다양한 형태로 메시지를 분석한다. 셋째, 언어, 이미지, 소리 및 새로운 디지털 도구와 기술을 사용하여 다양한 형태로 콘텐츠를 만든다. 넷째, 사회적 책임과 윤리적 원칙을 적용하여 자신의 행동과 의사소통 행동을 반성한다. 다섯째, 가족, 직장, 지역 사회에서 지식을 공유하고 문제를 해결하기 위해 개별적으로 협력하고 공동체의 일원으로 참여함으로써 사회적 행동을 취한다.

그렇다면, 학생들이 미디어 리터러시를 계발하도록 학교에서 교사는 어떻게 지원할 수 있을까? 역사적으로 연구자들은 미디어 리터러시 교육에 대한 여러 가지 접근법을 확인하였다(Botturi, 2019: 150). 이러한 접근법은 미디어 리터러시 함양을 위한 독특한 프로그램의 설계에 반영된다.

① 보호적·예방적 접근법: 학생들을 위해(harm)나 부적절한 내용과 상황으로부터 안전하게 보호하기 위한 보호적 접근법 또는 예방적 접근법은 주로 학생들의 접근을 제한한다. 미디어 리터러시 교육은 미디어의 해로운 영향에 대한 일종의 해독제로 여겨진다. 이러한 접근법은 TV의 확산에 대한 최초의 반응으로 거슬러 올라간다. 당시에는 매스 미디어가 아이들을 망치는 일종의 '악'으로 여겨졌었다.

② 비판적 접근법: 이것은 미디어 언어, 표현, 제작, 시청자 측면에서 미

디어 콘텐츠를 비판적으로 읽고 이해하도록 아이들에게 가르치는 데 초점을 맞춘다. 이 접근법은 비판적인 문화 연구의 발전과 함께 더욱 정교해졌으며, 또한 성별, 민족 등과 관련된 미디어 표현과 고정관념의 문제와도 관련이 있다.

③ 창조적·표현적 접근법: 창조적 또는 표현적 접근법은 디지털 미디어를 '목소리 찾기'와 권한 부여(empowerment)를 목표로 하는 과정에서 창의성을 위한 도구와 배출구로 간주한다. 이 접근법은 제작에 초점을 맞추고 있으며, 미디어와 기술을 예술과 함께 가르치는 것이 일반적이다. 표현력과 잠재적으로 직업적 역량의 발달이 중심이며, 학습의 대상은 일반적으로 영화, 비디오 게임이나 미디어 가공품이다.

④ 시민 참여 접근법: 이것은 미디어를 사회적 소통과 행동을 위한 도구로 이해하므로, 미디어 리터러시 교육은 민주 시민성을 위한 기본 전제 조건으로 간주된다. 이것은 학생들이 미디어를 통해 그들의 공동체에서 행위자, 문제 해결자, 변화의 주체로서 참여하도록 촉구한다. 이것은 학생들이 지역 사회의 이슈에 관해 연구하거나 봉사 학습(service learning)을 전개할 때 미디어를 주된 수단으로 활용할 것을 요구한다.

⑤ 기능적 접근법: 이것은 미디어와 기술을 학습이나 문제 해결을 위한 도구로 사용하는 것으로, 기본적인 디지털 기술과 도구(예: 컴퓨터, 검색 엔진, 업무 프로그램 등)에 초점을 맞춘다. 이것은 1980년대와 1990년대에 정보학(Informatics)이라는 이름으로 유럽 전역에 성행했던 프로그램을 지칭한다.

2 허위 조작 정보와 미디어 리터러시 교육

세계 보건 기구(WHO) 관계자는 코비드-19가 처음 창궐했을 때 "우리는 지금 전염병과 싸우는 것이 아니라 정보 전염병(infodemics)과 싸우고 있다."라고 말한 바 있다. 이것은 코비드-19를 유발한 바이러스보다 그것에 관한 가짜 뉴스가 더 빠르고 쉽게 퍼지고 있으며 바이러스만큼 위험하다는 것을 잘 보여주었다. 사실 코비드-19에 대한 가짜 뉴스(fake news)와 음모론이 온라인에서 빠르게 확산되었다. 질병에 대한 그릇된 정보와 소문은 중세 시대에도 흔했지만, 소셜 미디어는 이러한 현상을 확장하고 가속화하는 중이다.

이렇듯 허위 조작 정보(disinformation), 가짜 뉴스, 포스트-트루스(post-truth)는 오늘날 공적 토론에서 상투적인 표현이 되었다. 포스트-트루스는 진실이 아닌 허위 정보가 미디어에 범람하고, 전통적인 지식의 출처에 대한 대중의 신뢰가 떨어지며, 기존의 경험적인 발견에 대한 대중의 이견이 만연하여 의견이나 감정이 증거나 객관적인 사실보다 우선하는 인식론적 풍토를 비판적인 관점에서 신랄하게 풍자한 것이다. 포스트 트루스의 도전은 과학에서 명백하다. 백신 접종, 기후 변화, 오염과 같은 주제에 대한 과학적으로 잘못된 정보와 허위 조작 정보가 온라인상에 만연해 있다.

아무튼 이러한 여러 용어는 선전과 음모론과 같은 오래된 현상을 지칭하는 현대적인 용어이다. 디지털 기술과 인터넷의 발전은 학생들이 이전 세대보다 더 많이 정보에 접근하는 것을 가능하게 해 주었다. 오늘날 정보 생태계는 학생들에게 거대하고 빠르게 증가하는 정보의 바다에 접근하고 분석할 수 있는 전례 없는 기회를 제공한다. 학생들은 전국적인 대화를 생성하고 공유하며 그것에 기여할 수 있고, 그들의 목소리를 찾아서 내는 다양한 기회를 접한다. 하지만 그것은 원시정보, 바이러스성 루머와 가짜 뉴스 출처, 클릭베이트, 용도가 변경된 이미지, 은밀한 선전의 확산 속에서 자신이 믿어야 할 것을 알게 되는 것에 심각한 도전을 제기한다. 허위 조작 정보를 다루는 접근법이 교육 환경에서 효과적일 수 있는 방법을 더 잘 이해하기 위해서는 학생들을 대상으로 하는 교육 프로그램에 영향을 미칠 수 있는 심리적 도전과 기회를 먼저 이해할 필요가 있다.

① **확증과 불확증 편향(Confirmation and disconfirmation biases)**
  허위 조작 정보에 맞서는데 중요한 장애물은 바로 확증과 불확증 편향이다. 이것은 성인에게만 국한되는 것이 아니라 학생들에게도 해당한다. 우리의 의견에 도전하는 새로운 증거를 접할 때 가장 이상적인 것은 우리의 견해를 다시 검토하려는 동기를 갖는 것이다. 하지만 그런 반대 증거에 대한 빈번한 반응은 우리의 잘못된 믿음이나 오해를 더 강력하게 고수하려는 심리적 충동이다. 인간은 자신의 믿음과 모순되거나 자신의 믿음을 복잡하게 만드는 정보보다는 기존의 믿음에 대한 확증을 추구하는 것이 일반적이다. 이렇듯 확증 편향은 기존의 믿음을 확증하기 위해서 새 정보를 편향된 방식으로 수집하고 해석하는 경향을 의미한다. 다시 말해, 확증 편향은 원래 가지고 있는 생각이나 신념을 확증하기 위해 유리한 정보만을 취사선택하려는 경향을 말한다. 불확증 편향은 자신의 믿음에 도전하는 정보와 주장이 명백하게 진실임에도 불구하고 그것을 무시하거나 거부하는 인간의 경향성을 의미한다. 이러한 경우, 미디어는 정확한 정보의 원천으로서 종종 신용을 잃으며, 부정직하고 편향된 것으로 간주된다.
  교육 현장의 안팎에서 허위 조작 정보를 교정하는 것은 거의 완벽하게 효과적이지 않음을 연구 결과는 보여준다. 사람들은 간혹 정확한 견해에 접하여 그것의 타당성을 인정하지만, 그것이 자신의 세계관이나 정체성의 핵심 교의에 중요한 것이 아닌 한, 대부분 경우 적어도 부분적으로 자신이 거짓이라고 알고 있는 정보에 계속 의존한다. 이러한 현상을 일컬어 지속적인 영향력 효과(continued-influence effect)라고 부른다(Lewandowsky et al., 2017: 355). 특히 성인의 경우 어떤 경우에는 자신의 세계관에 위배되는 증거에 접한 후에 거짓 정보에 대한 믿음이 더 강화되거나 증가하는 경향이 있는데, 이것을 역화 효과(backfire effect)라고 부른다(Nyhan & Reifler, 2010: 307). 예를 들어, 2003년 미국의 이라크 침공 직전 이라크에 대량 살상 무기가 존재하지 않는다는 사실을 공화당원들이 알게 되었을 때 대량 살상 무기의 존재에 대한 그들의 잘못된 믿음은 오히려 더욱 강해졌다. 역화 효과는 자신의 신념과 모순되는 증거나 사실이 제시되더라도 신념이 바뀌지 않고 오히려 반발 심리에 의해 기존의 편견이 더욱 강화되는 경향을 가리킨다. 이런 역화는 특히 이념적인 이슈들이 위험에 처할 때 교정적인 정보와의 대립이 강한 부정적이고 방어적인 감정을 유발하기 때문에 부분적으로 발생한다.

밀러(Miller, 2016: 277)는 자신의 편향을 확증하려는 개인의 경향성에 맞서는 첫 단계는 우리의 편향이 우리가 정보를 보고 수용하고 공유하며 그 정보에 근거하여 행동하는 방식에 어떻게 영향을 미치는지에 관한 통찰력을 학생들이 갖게 하는 것이라고 주장했다. 이것은 학생들이 편향을 인정하게 하는 것이 중요함을 의미한다. 학생들이 이런 편향에 대해 알도록 훈련을 받으면, 학생들은 조심해야 할 것에 대한 정시적 체크리스트를 갖게 되어 편향을 극복할 수 있다는 논리이다. 다음 단계는 학생들에게 자신의 편향에 대한 자기 인식을 증진하는 경험의 기회를 제공하는 것이다. 밀러(Miller, 2016: 278)는 광범위한 범위의 원천으로부터 정보에 효과적으로 접근하는 방법 그리고 다양한 관점에서 정보와 의견 조각을 찾아내는 방법을 학생들이 배워야 한다는 것을 강조했다. 예를 들어, 학생들은 소셜 미디어에서 자신이 동의하지 않을 수도 있는 뉴스를 포함하여, 믿을 만한 뉴스 출처에 '좋아요.'를 누르거나 그것을 팔로우(follow) 할 수 있다. 결과적으로 이것은 자신의 친구들이 공유하는 포스트와 더불어 뉴스 피드(news feeds)에 나타나게 된다. 간단히 말해서, 학생들은 자신의 정보 식습관(information-tion diets)을 통제하고 다양화하기 위한 활동을 전개할 수 있다.

확증 편향을 다루기 위한 또 다른 비판적 능력은 사건에 관한 최초의 학습 시점에서 판단을 유보할 수 있는 능력이다. 중요한 그리고 논쟁적인 사건의 즉각적인 여파는 소문, 비난, 추측, 가짜 뉴스, 그리고 때로는 음모론을 불러일으킨다. 따라서 사건에 대해 입증되고 맥락적이고 정확한 설명이 나올 때까지 시간을 두고 그 보도 내용을 추적하는 것이 중요하다.

② 허위 합의 편향(false consensus bias)

사람들이 많은 다른 사람도 자신의 오류가 있는 믿음을 공유하고 있다고 믿고 있는 경우, 허위 조작 정보와 싸우는 것은 더 어려워진다. 이것을 흔히 허위 합의 편향이라고 부른다. 이것은 자신의 견해가 얼마나 보편적인지를 과대평가하는 경향을 지칭한다. 허위 합의 편향은 자신의 의견, 선호, 믿음, 행동이 실제보다 더 보편적이라고 착각하는 자기중심성 개념이다. 쉽게 표현하면, 내가 믿는 것을 다른 사람들 역시 믿는다고 생각하는 심리 기제이다.

연구자는 참가자들에게 규칙과 관련하여 15가지 질문을 던졌다. 그런 후 '규칙을 지키겠다.'고 말한 응답자와 '그때 그때 다르다.'라고 말한 응답자들에게 다른 사람들은 같은 상황에서 어떻게 할 것 같냐고 다시 물었다.

이 설문에 응답한 사람은 모두 2,105명이었는데, 그 결과는 매우 흥미로웠다. 규칙을 지키지 않을 수도 있다고 답변한 응답자의 89~99%가 다른 사람들도 규칙을 위반한다고 믿는 것으로 나타났다.

어떤 특정한 믿음의 정확성 여부에 상관없이 허위 합의 효과는 사람들에게 자신의 믿음과 결정에서 더 많은 보증과 확신을 부여한다. 아쉽게도 이것은 학생들에게도 많은 영향을 준다. 허위 합의 효과의 사례는 기후 변화에 대한 오류가 있는 견해와 관련된 연구에 잘 드러나 있다. 레빈슨과 그 동료는 다음과 같은 사실을 발견했다(Levinson et al., 2013: 334). "기후 변화에 대한 의견은 강력한 허위 합의 효과에 빠져 있다. 사람들은 더 큰 공동체에서 기후 변화의 존재를 거부하는 사람들의 숫자를 과대평가하고 있고, 높은 허위 합의 편향을 가진 사람은 자신의 견해를 잘 바꾸지 않는다." 이와 비슷하게, 총기 규제에 대한 사람들의 의견과는 무관하게, 대부분 미국인은 다른 사람들도 그것에 동의한다고 생각한다. 허위 합의 편향의 힘과 강도는 그것이 인지적일 뿐만 아니라 감정적인 차원을 가지고 있다는 사실에 영향을 받는다. 다른 사람들이 우리와 동의한다는 인상은 우리의 의견과 감정에 대한 위로와 지지감을 제공한다. 따라서 허위 합의 효과에 대한 인식을 높이는 것이 이에 맞서는 방법이 될 수 있다.

3 허위 조작 정보를 다루기 위한 교육적 접근법

여러 국제 조직은 허위 조작 정보에 대한 학생들의 인식을 높이는 것의 중요성을 강조했다. 경제협력개발기구(OECD, 2018: 5)는 국제학업성취도평가(PISA)의 글로벌 역량 평가 분야에서 2018년부터 가짜 뉴스를 식별하는 능력을 포함하였다. 경제협력개발기구에 따르면, 학생들은 미디어 리터러시의 부족으로 당파적이고 편향적인 가짜 뉴스에 현혹되기 쉽다. 따라서 학생들의 글로벌 역량을 함양하는 것은 학생들이 디지털 공간을 잘 활용하고, 자신이 생활하는 세상을 더 잘 이해하며, 온라인에서 자신의 목소리를 책임 있게 표현하는 데 도움이 된다.

홉스와 맥기(Hobbs & McGee, 2014)는 1930년대 미국에서 발생했던 허위 조작 정보와 싸우기 위한 미디어 리터러시 교육의 초기 형태를 상기시킨다. 당시의 미디어 리터러시 교육은 대중 매체의 선전에 대한 비판적 분석을 촉진하는데 초점을 맞추었다. 그들은 기본으로 되돌아가서 당시의 선전 분석 방법을 활용할 것을 역설했다(Hobbs & McGee, 2014: 63). 그들이 강조한 선전 분석의 구체적인 방법은 다음과 같다. 첫째, 분석 중인 선전에서 갈등 요소를 확인한다. 둘째, 이 갈등 요소에 대한 자신의 반응을 바라본다. 셋째, 오늘의 갈등과 관련된 오늘의 선전에 관심을 둔다. 넷째, 자신의 의견이 정말 자신의 것인지를 의심한다. 다섯째, 최대한 주의를 기울여 자신의 선전을 평가한다. 여섯째, 어떤 결론에 도달하기 전에 사실을 찾는다. 끝으로 많은 것을 포함하는 단어(omnibus words)에 항상 주의를 기울인다.

미디어 리터러시 교육은 추상적·논리적·연역적·체계적 사고가 가능한 형식적 조작기에 실시하는 것이 좋지만, 그 이전인 구체적 조작기에 시작해도 효과가 있음을 많은 연구는 보여준다. 이것은 초등학교 시기부터 미디어 리터러시 교육이 시행되어야 함을 강력하게 시사한다. 미국에서의 연구는 학생들이 선도하는 미디어 리터러시 캠페인이 11~19세 학생들에게 효과가 있음을 보여준다(Pinkleton et. al., 2008: 462). 비슷한 결과는 호주에서도 나왔다. 학생들이 주도하는 미디어 리터러시 접근법이 12~13세 학생들에게 매우 효과적이었으며, 특히 학생들은 학습의 계획·개발·전달에 적극적으로 참여했다(Berman & White, 2013: 38). 케인과 보이여(Kahne &

Bowyer, 2017: 15)는 미디어 리터러시 교육이 미디어에서 접하는 정보의 정확성을 평가하는 학생들의 능력 계발에 큰 도움을 준다는 사실을 밝혀냈다. 그들은 미디어 리터러시 능력을 갖춘 학생들은 온라인에서 증거에 기반하여 게시된 글을 평가하지만, 미디어 리터러시 능력이 낮은 학생들은 허위 조작 정보와 같은 편향된 정보의 희생양이 될 가능성이 매우 크다고 주장한다(Kahne & Bowyer, 2017: 27).

허위 조작 정보에 대응하기 위한 유용한 접근법으로 예방 접종 접근법(inoculation approach)을 빼놓을 수 없다. 예방 접종 접근법의 기본 아이디어는 바이러스에 대한 예방 접종처럼 허위 조작 정보의 약한 형태에 학생들을 미리 접하게 하는 것이다(Compton, 2013: 221). 예방 접종 접근법은 학생들이 사전에 반박된 메시지 형태에 노출됨으로써 허위 조작 정보에 대한 예방 접종을 받을 수 있다고 제안한다. 백신이 미래의 바이러스에 저항하는 항체를 생성하는 것처럼, 예방 접종 메시지는 미래의 허위 조작 정보에 대한 저항을 잠재적으로 전달할 수 있는 반론을 학생들이 미리 갖추게 한다. 다시 말해, 학생들이 나중에 허위 조작 정보를 접하는 경우, 예방 접종은 학생들이 허위 조작 정보를 거부하는 데 필요한 반대 논거를 갖추게 한다. 이렇듯 예방 접종 접근법은 비판적 사고에 기반을 두며, 그것의 핵심 원리는 허위 조작 정보에 상투적인 논리적 오류를 학생들에게 소개하면서 학생들이 잠재적인 허위 조작 정보에 접할 준비를 시키는 것이다. 예방 접종 접근법의 목표는 학생들이 피상적인 정보 처리를 넘어서서 정보에 대한 심층적인 분석을 시도하도록 돕는 데 있다.

예방 접종 프로그램은 두 가지 요소로 구성된다. 첫째, 그것은 다가올 위협에 대한 명시적인 경고를 포함한다. 둘째, 예상되는 주장에 대한 반박이 존재한다. 반박은 임박한 오류를 드러내어 논박한다(Cook et al., 2017: 4).

기후 변화를 예로 들어 살펴보자. 첫째는 기후 변화에 대한 과학적 합의를 의심하는 시도가 존재한다는 사실을 학생들에게 명시적으로 경고하는 것이다. 둘째는 기후 변화를 거부하는 사람들이 사용하는 하나의 전략은 과학적 합의를 의심하는 가짜 전문가를 활용하는 것임을 학생들이 알게 하는 것이다.

학생들에게 허위 조작 정보에 대한 예방 접종의 기회를 부여하는 것의 효과를 밝히는 연구 결과도 이미 존재한다. 영국과 네덜란드에서 온라인 게임은 가짜 뉴스 예방 접종에 초점을 맞춘다. 영국의 케임브리지 대학교 연구진은 가짜 뉴스 제작자가 사용하는 전술에 사람들을 잠깐 노출시키는 것이 사이비 과학 캠페인에 대한 심리적 백신으로 작용할 수 있음을 보여주었다. 이전 연구는 기후 변화에 대한 잘못된 정보에 초점을 맞추었지만, 새로운 온라인 게임은 공개 토론을 감염시킨 광범위한 가짜 뉴스에 대해 전반적인 면역을 제공하는 실험이다. 이 게임은 플레이어가 시뮬레이션을 통해 디지털 뉴스와 소셜 미디어를 조작하여 대중의 분노, 불신, 공포를 불러일으키도록 권장한다. 플레이어는 가짜 뉴스 사이트에 대한 잠재 고객을 구축하여 허위 사실을 게시하고, 트위터 봇(twitter bots)을 배포하며, 사진 쇼핑 증거를 배포하고, 공공 비극을 계기로 음모론을 선동하면서 가능한 한 설득력 있는 신뢰성 점수를 유지한다(Roozenbeek & van der Linden, 2018: 570). 영국과 네덜란드의 공동 작업인 이 프로젝트는 한 사이트(www.fakenews-game.org)를 통해 영어로 된 온라인 게임을 출시하였다. 이 온라인 게임은 적극적으로 우리를 속이려는 사람의 신발을 신고 걷는 것이 어떤 것인지 안다면, 속임수 기술을 발견하고 그것에 저항할 수 있는 능력을 키워야 한다는 생각에서 비롯하였다. 이 온라인 게임은 잘못된 정보의 급속한 확산에 대한 면역력을 제공할 수 있는 정신적 항체를 키울 수 있도록 돕는다.

4 교양 있는 행동과 미디어 리터러시

　민주주의는 시민 담론과 참여에서 시민의 교양 있는 행동(civility)을 요구한다. 칼훈(Calhoun, 2000)의 사려 깊은 분석에 따르면, 교양 있는 행동은 근본적으로 의사소통적인 도덕적 행동의 유형이고, 이전의 도덕적 태도와 관련되지만, 그것으로 환원되지는 않는다(추병완, 2022: 147). 교양 있는 행동은 존중, 관용이나 사려 깊음과 같은 태도를 전달하는 것이다. 완전히 그렇지는 않지만 실제로 다른 사람에 대한 존중감을 성공적으로 전달하지 않고 다른 사람을 존중하는 것이 가능하다. 이것은 특정한 타인을 향한 진정으로 존중하는 우리의 행동이나 신념이 비밀리에 수행되거나 단순히 표현되지 않는 경우에서 그렇다. 대조적으로, 존중이나 기타 관련된 긍정적인 도덕적 태도를 전달하지 못하는 것은 교양 있는 행동과 양립할 수 없다. 왜냐하면, 교양 있는 행동의 도덕적 기능은 근본적으로 표현적인 것이기 때문이다. 따라서 이러한 묘사에 따르면 교양 있는 행동을 하는 것은 우리 행동의 대상에게 존중, 관용, 사려 깊음을 표현하는 방식으로 행동하는 것이다. 따라서 교양 있는 행동은 다른 사람들이 우리가 그들을 존중하고, 관대하고, 배려하는 것으로 합당하게 해석하기를 우리가 정당하게 기대할 수 있는 방식으로 행동하는 것을 포함한다. 그것은 타인들이 존중, 관용, 사려 깊음으로 대우받을 것을 요구하는 타인에 대한 도덕적으로 관련된 사실들이 존재한다는 것을 인정하는 것뿐만 아니라, 그러한 태도를 표현하는 메시지가 말투, 몸짓 언어나 다른 형태의 표현을 통해 그들에게 성공적으로 전달된다는 것을 포함한다. 결정적으로, 이 견해는 교양 있는 행동이 사회적 규칙, 규범, 관습에 대한 순응과 관련되어 있음을 의미한다. 왜냐하면, 후자는 우리 행동의 의미를 규정하기 때문이다. 예를 들어, 하차하면서 버스 기사에게 또는 식당에서 종업원에게 미소를 지으며 감사 인사를 하는 것은 그렇게 하는 것이 사려 깊음을 나타내는 사회적 관습이 존재하기 때문에 우리의 사려 깊음을 그들에게 성공적으로 전달할 수 있다.

교양 있는 행동의 가장 중요한 일반적인 이득으로 여겨지는 사항은 다음과 같다. 첫째, 교양 있는 행동은 상호 학습을 촉진하여 진실을 추적하는 대화를 촉진한다. 둘째, 교양 있는 행동은 공동체 의식, 우정, 시민적 유대감을 촉진하거나 강화하여 결속과 협력을 촉진한다. 교양 있는 행동은 의사소통을 보다 효율적으로 만들고 특히 상호 이해, 공감, 다른 사람과의 연결 의식의 계발이나 강화에 대한 장벽을 줄임으로써 적어도 부분적으로 이 두 가지 이득을 달성한다. 이러한 장벽에는 방어, 적대감, 스트레스, 불안, 신뢰 부족, 열등감이 포함되며, 이 모든 것은 교양 있는 행동이 부재하는 무례함 때문에 강화되거나 생성될 수 있다. 달리 말하면, 우리가 다른 사람들의 표현이나 행동이 우리에 대해 편협하거나, 사려 깊지 않거나, 무례하다고 인식할 때, 일반적으로 말해서 우리는 그들의 말에 귀를 기울이고, 그들로부터 배우려는 것에 개방적이며, 그들과 공감하고, 그들과 연결되어 있다고 느끼며, 그것이 무엇이든 간에 그들과 함께 공동 프로젝트의 일부라고 느껴서 그 프로젝트에 기꺼이 참여할 가능성이 아주 작을 것이다. 세 번째, 교양 있는 행동은 자기 존중과 자존감을 포함하여 서로에 대해 그리고 자신에 대해 긍정적인 감정과 정서를 촉진한다(추병완, 2022: 152-153).

특히 오늘날처럼 정치적 양극화가 심해진 사회에서 교양 있는 행동은 민주주의의 존속에 필수적이다. 교양 있는 행동을 촉진하기 위한 미디어 리터러시 교육은 어떻게 실행되는 것이 바람직한가? 첫째, 특정 종류의 인지적 편견과 동기화된 추론에 도전하기 위한 메타 인지적 접근의 형태로 미디어 리터러시를 가르치는 것이 필요하다(추병완, 2022: 217). 최근의 연구

증거는 이러한 접근 방식을 뒷받침한다. 케인과 바우어(Kahne & Bower)는 미디어 리터러시 교육이 젊은이들의 당파적으로 동기화된 추론과 부적 상관관계가 있다는 것을 발견했다. 그들은 시민교육자들이 증거 기반 추론을 더 잘 지원하기 위해 학생들에게 더 많은 미디어 리터러시 기회를 제공해야 한다고 주장한다(Kahne & Bowyer, 2017). 와인버그와 맥그루(Wineburg & McGrew)는 전문 팩트 체커(fact checkers)가 온라인 출처의 신뢰성을 평가하는 데 학부생과 훈련된 역사가를 능가한다는 사실을 발견했다. 그들은 팩트 체커의 성공을 '측면으로'(laterally) 읽기 때문이라고 생각한다. 즉, 팩트 체커는 웹사이트의 내부 기능을 평가하기보다 다양한 다른 온라인 출처에서 제기한 유사한 주장과 자신의 주장을 비교하여 온라인 출처를 평가했다(Wineburg & McGrew, 2017). 이러한 결과에 따라, 우리는 교사가 새로운 미디어 환경에 더 잘 참여하도록 지원하는 것, 예를 들어 측면 읽기와 같은 실습을 가르치는 것이 당파적으로 동기화된 추론에 저항하는 능력을 지원하고 시민의 육성에서 학생을 지원하는 데 도움이 될 수 있다고 믿는다.

둘째, 사회의 중요한 정치적·도덕적 이슈에 대해 열린 대화를 나누어야 한다(추병완, 2022: 218). 교사가 더 나은 선택을 할 수 있도록 교사 협력 및 지역 사회의 논쟁 수업에 대한 규범을 강화한다. 교사는 이슈를 선택하기 위해 어느 정도 자율성을 가질 필요가 있음을 인식한다. 교사는 동료 교사들과 전문적 판단의 실천에 대해 논의해야 한다. 비슷한 생각을 하는 사람들 간의 토론이 당파적 견해를 증폭시킬 수 있지만, 교사들이 관련 증거, 교육 목표, 맥락에 주의하면서 함께 추론하면 일반적으로 교실에서 더 나은 판단을 내릴 수 있다고 우리는 진심으로 믿는다.

참고 문헌

추병완 외 7인 공저(2021), 『미디어 리터러시 교육의 이론과 실제』, 서울: 한국문화사.
Berman, N. & White, A. (2013), "Refusing the stereotype: Decoding negative gender imagery through a school-based digital media literacy program", *Youth Studies Australia*, 32(4), 38-47.
Botturi, L. (2019), "Digital and media literacy in pre-service teacher education", *Nordic Journal of Digital Literacy*, 14, 147-163.
Compton, J. (2013), Inoculation theory," In J. P. Dillard & L. Shen (Eds.), *The SAGE hook of persuasion: Developments in thory and pactice* (pp. 220-236), Thousand Oaks: Sage.
Cook, J., Lewandowsky, S. & Ecker, U. K. H. (2017), "Neutralizing misinformation through inoculation: Exposing misleading argumentation techniques reduces their influence", *PLoS ONE*, 12(5), 1-21.
European Association for Viewers Interests (2017), "Beyond fake news", https://eavi.eu/beyond-fake-news-10-types-misleading-info(검색일 2022년 5월 23일).
Hobbs, R. (2010), *Digital and media literacy: A plan of action*, Washington, DC: The Aspen Institute.
Hobbs, R. (1998), "Building citizenship skills through media literacy education", In M. Salvador & P. Sias, (Eds.), *The public voice in a democracy at risk* (pp. 57-76),. Westport: Praeger Press.
Hobbs, R. (2017), "Teaching and learning in a post-truth world", *Educational Leadership*, 75(3), pp. 26-31.
Levinston, Z., Walker, I. & Morwinski, S. (2013), "Your opinion on climate change might not be as common as you think", *Nature Climate Change*, 3(4), 334-337.
Macleod, C. & Tappolet, C. (2019), *Philosophical perspectives on moral and civic education*, 추병완 역(2022), 『도덕·시민교육의 철학적 이해』, 서울: 하우.

2장
포스트 트루스 시대에서 시민교육

추병완(춘천교육대학교 교수)

1 소셜 미디어의 인식론적 위협

　정보 통신 기술의 눈부신 발전은 우리가 뉴스 기사에 접근하는 방식, 정보를 획득·활용하는 방식에서 상당한 변화를 초래하였다. 오늘날 소셜 미디어는 우리가 온라인에서 정보를 획득하고 뉴스를 소비하는 주된 기제가 되고 있다. 특히 페이스북(Facebook)은 전 세계적으로 젊은 세대가 뉴스를 접하기 위해 가장 선호하는 소셜 미디어 중 하나다. 소셜 미디어는 온라인에서 뉴스를 빠르고 쉽게 제공·보도하기 위한 진입 장벽이 매우 낮기 때문에 금전적 이득부터 정치적 이득에 이르기까지 다양한 목적에서 의도적으로 거짓을 담은 뉴스 기사가 소셜 미디어에서 난무한다. 포스트 트루스와 가짜 뉴스 현상에 관한 최근의 논의는 소셜 미디어의 폐쇄된 인식론적 네트워크에 초점을 맞춘다. 이에 여기서는 정치적 뉴스 소비와 관련한 소셜 미디어 사용이 인식론적 거품, 반향실, 허위 조작 정보를 통해 우리에게 심각한 인식론적 위협이 되고 있음을 밝히려고 한다.

① 인식론적 거품

소셜 미디어에서 정보를 수집·이용하는 것에는 그만큼 대가가 따른다. 소셜 미디어가 제기하는 첫 번째 사회 인식론적 위협은 바로 인식론적 거품(epistemic bubble)이다. 인식론적 거품은 누락(omission)을 통해 일부 관련된 목소리가 배제되는 사회 인식론적 구조를 의미한다(Nguyen, 2020: 142). 다시 말해, 인식론적 거품은 인식 주체에게 중요하고 관련이 있는 정보가 누락되어 그 정보가 배제되는 구조를 뜻한다. 그런데 여기서 누락을 통해 배제된다는 것은 인식 주체가 능동적으로 그 정보들을 배제하는 것이 아니라 인식 주체가 그 정보들을 접하지 못한다는 것을 함의한다.

인식론적 거품은 사회적 선택과 공동체 형성의 일반적인 과정을 통해 나쁜 의도가 없이도 형성될 수 있다. 우리는 비슷한 정치적 견해를 가진 경향이 있는 사람들과 계속 연락을 취하고자 한다. 하지만 우리가 페이스북과 같은 동일한 소셜 네트워크를 뉴스의 출처로 사용할 때, 우리는 자신에게 매우 좁고 자기 강화적인 인식론적 필터를 부과한다. 이것은 반대되는 관점을 배제하고 우리의 인식론적 자신감을 부당하게 부풀린다(Nguyen, 2020: 142).

인식론적 거품은 누락에 의한 배제의 과정을 통해 불충분한 커버리지(coverage)를 갖는 사회 인식론적 구조다. 인식론적 거품은 관련된 인식론적 출처를 불신하는 것이 아니라 오히려 배제하는 것을 통해 형성된다. 이러한 누락을 조장하는 두 가지 주요한 힘이 존재한다(Nguyen, 2020: 143-144). 하나는 자신과 생각이 비슷한 출처나 원천을 찾으려는 인식론적 주체의 경향성이다. 이것을 흔히 선택적 노출(selective exposure)이라고 부른다. 그러나 선택적 노출은 좋은 통용 범위의 신뢰성을 보장하지 않는다. 사회적 선택 행위의 전형적인 토대는 좋은 통용 범위의 신뢰성에 해롭기 마련이다. 우리는 보통 우리와 유사한 사람을 좋아하는데, 그러한 유사성은 커러리지 격차(coverage gap)를 더 크게 만든다. 친구는 좋은 파티를 여는 데에는 도움이 되지만, 정보 네트워크로서는 좋지 않을 수도 있다. 우리는 사회적 관계 유지 및 발견이라는 하나의 목적을 위해 구조를 구축한 다음, 그것을 정보 수집이라는 전혀 다른 목적을 위해 계속 사용할 수 있다. 그 경우에는 그 구조가 제대로 기능하지 않기에, 인식론적 거품이 생긴다.

다른 하나는 인식론적 주체의 정보 환경이 다른 주체나 행위자에 의해 수정되는 과정이다. 이것은 국가나 다른 행위자에 의한 조직적인 검열이나 미디어 통제를 포함할 수 있다. 현재 이러한 외부 세력 중 가장 우려되는 것은 온라인 경험에 대한 알고리즘적인 개인 필터링(algorithmic personal filtering)이다. 예를 들어, 인터넷 검색 엔진은 각 사용자의 개인 정보를 추적하여 각 사용자의 관심사에 맞게 검색 결과를 조정한다. 인터넷 기술은 지극히 개별화되고 비밀스러운 필터를 생성하였다. 그러한 비밀은 상당히 위협적이다. 많은 사용자는 알고리즘적인 개인 필터링의 존재에 대해 잘 알지 못한다. 따라서 대부분 사용자는 검색 결과를 통한 정보에 대한 노출이 사용자가 이미 잘 수용할 수 있는 정보를 제시하도록 이미 조정된 정도를 과소평가한다.

이렇듯 인식 주체가 주도하는 선택적 노출 과정과 알고리즘적인 필터링이라는 외부 요인이 인식론적 거품을 생성한다(Nguyen, 2020: 145). 요약하면, 인식론적 거품은 누락에 의한 배제의 과정을 통해 불충분한 통용 범위를 가진 인식론적 네트워크다. 그러한 누락이 악의적이거나 고의적일 필요는 없지만, 그 공동체의 구성원들은 관련된 모든 증거를 받지 못하거나 균형 잡힌 일련의 논거에 노출되지 않을 것이다. 다행스럽게도, 인식론적 거품은 상대적으로 깨지기 쉽다. 인식론적 거품은 관련된 정보가 누락되는 것이지 그 정보를 불신하는 것은 아니기 때문이다. 인식론적 주체가 이전에 누락된 관련 정보나 주장에 빈번하게 노출된다면, 인식론적 거품은 쉽게 터질 수 있다.

② 반향실

소셜 미디어에서 두 번째 인식론적 위협인 반향실(echo chamber)은 인식론적 거품보다 훨씬 견고하다. 반향실은 회원과 비회원 사이에 상당한 신뢰의 차이를 만드는 인식론적 공동체를 의미한다(Nguyen, 2020: 146). 이러한 불균형은 인식론적 불신을 통해 비회원을 배제하는 동시에 회원의 인식론적 신빙성을 증폭시킴으로써 발생한다. 반향실은 일부 핵심 신념을 가진 일반적인 합의가 회원 자격의 전제조건이 되도록 하는데, 여기서 핵심 신념은 신뢰의 차이를 지지하는 신념을 포함한다(Nguyen, 2020: 146).

반향실은 인식론적 신빙성 제거와 인식론적 신임장 증폭을 특징으로 한다. 인식론적 신빙성 제거를 통해 반향실은 비회원을 단순히 누락하는 또는 비회원의 목소리를 듣지 않는 것이 아니라 오히려 비회원을 인식론적 단점을 지닌 집단으로 치부한다. 이를테면 비회원은 신뢰성이 없거나 부정직하며 악의적이라고 규정한다. 예를 들어, 반향실에서 A라는 믿음이 공유될 때 A에 대한 외부인의 반대 설명이나 반대 논거가 제기되는 경우, 반향실의 내부자들은 그러한 설명이나 논거를 제기하는 외부인의 신뢰성, 진실성, 도덕성을 공격한다.

한편, 반향실은 인식론적 신임장을 증폭시킴으로써, 회원들에게 매우 높은 수준의 신뢰를 부여한다. 그런데 이 두 가지 과정은 서로를 피드백 한다. 반향실 안의 신뢰할 수 있는 내부자들이 외부인을 신뢰할 수 없다고 계속해서 주장하는 한, 반향실에서 내부자들의 신뢰는 외부인에 대한 불신을 더욱 강화한다. 외부인이 크게 불신을 당하는 한, 내부자들은 다양한 형태의 반대 증거나 거부로부터 격리되어 그들의 상대적 신뢰도를 높인다. 일단 내부자와 외부인 사이에 충분한 신뢰의 차이가 확립되면, 신뢰할 수 있는 내부자가 외부인에 대해 인식론적으로 무시하는 믿음을 계속 유지하고 옹호하는 한, 반향실의 신념 체계는 제거하기가 매우 어려워진다.

반향실에 있는 사람은 믿음 양극화(belief polarization)에 아주 취약하다(Nguyen, 2020: 146). 믿음 양극화는 자신이 A라는 믿음을 갖고 있을 때 A와 정합적인 믿음만을 쉽게 받아들여 A와 유사한 믿음만을 점점 증가·강화하는 인식 경향성이다. 예를 들어, 어떤 사람이 '현 정부의 부동산 개혁 방식이 전적으로 옳다.'라는 믿음을 받아들이면, 그 사람은 그 믿음과 정합적인 믿음만 쉽게 수용하고, 반대되는 믿음은 거의 수용하지 않는다. 일반적으로 사람들은 믿음 양극화의 경향성을 벗어나기 싫어하기에 반향실에서 나오는 것 자체가 매우 힘들다.

일반적으로 반향실은 독특한 인식론적 보호 기제를 갖고 있는데, 그것을 불화-강화 기제(disagreement-reinforcement mechanism)라고 부른다(Nguyen, 2020: 147). 구성원들은 자신들과 반대되는 믿음의 존재와 표현에 접할 때 그들이 원래 가지고 있던 믿음을 더욱 강화하게 되는데 이것을 불화-강화 기제라고 부른다. 반향실의 내부자들은 그들의 신념에 대한 이견에 접하여 그들의 기존 신념을 더욱 강화한다. 그러므로 반향실의 신념 체계는 반대되는 신념을 가진 외부인에 대한 노출의 인식론적 영향을 무력화시킨다. 또한 그러한 반대되는 신념의 존재는 내부자들이 이전에 형성한 신념 체계를 적극적으로 확증하여 반향실의 신뢰도를 높인다. 이렇게 해서 반향실 내에 피드백 기제가 생긴다. 반대 증거나 증언에 대한 예측을 훼손함으로써 내부 당국자들은 반대 증거나 증언에 대한 신뢰도를 낮춤과 동시에 그들의 향후 예측에 대한 신뢰도를 높인다.

③ 허위 정보

최근 온라인에서 정보 무질서(information disorder)는 중요한 이슈다. 소셜 미디어의 개방성과 익명성은 사용자가 정보를 공유하고 교환하는 것을 편리하게 하였지만 사악한 행동에 매우 취약하다. 잘못된 정보와 허위 조작 정보의 확산은 저널리즘에서 이전부터 연구되었지만, 자동화의 잠재력과 결합한 소셜 네트워킹 플랫폼의 개방성은 정보 무질서가 수많은 사람에게 신속하게 번식하는 것을 촉진하고 있으며, 이것은 전례 없는 위험과 도전을 제기한다. 일반적으로 학문적 입장에서 정보 무질서는 세 가지 범주로 분류된다(Shu et al., 2020: 2-3). 오보(misinformation)는 콘텐츠가 거짓이거나 오도하는 것임을 깨닫지 못하는 사람들에 의해 공유되는 거짓 콘텐츠를 의미한다. 허위 조작 정보(disinformation)는 오도하거나 속이려고 의도적으로 퍼뜨린 가짜 혹은 부정확한 정보를 뜻한다. 한편, 악의적인 정보(malinformation)는 해로움을 입힐 의도로 공유되는 거짓 없는 진짜 정보를 지칭한다. 오보와 허위 조작 정보 간의 차이는 속이고자 하는 의도의 유무이다. 허위 조작 정보에는 속이려는 분명한 의도가 들어 있다. 악의적인 정보는 해로움을 주고자 하는 의도가 들어 있다는 점에서 허위 조작 정보와 구분된다.

우리가 흔히 가짜 뉴스(fake news)라고 부르는 것은 엄밀하게 말해 허위 조작 정보를 지칭한다. 여기서 가짜 뉴스란 합법적인 미디어 조직의 체제와 콘텐츠를 닮은 체제와 콘텐츠로 세상에 관한 것으로 되어 있는 거짓 주장의 표현을 의미한다(Levy, 2017: 20). 다시 말해, 가짜 뉴스는 뉴스 이야기나 보도의 포맷을 모방하여 타인을 속이려는 분명한 의도로 생성된 허위 콘텐츠를 의미한다(Baptista & Gradim, 2020: 185). 우리는 소셜 미디어에서 점점 더 많은 가짜 뉴스에 접하고 있는데, 독일의 경우 트위터(Twitter)에 올라오는 모든 정치 뉴스와 정보 가운데 거의 20%가 가짜 뉴스라고 한다(Neudert, 2017: 13). 심리학적 데이터는 이런 가짜 뉴스가 상당히 효과적인 이유를 제시한다. 첫째, 대부분 가짜 뉴스는 잘 알려지지 않은 임시 웹 사이트에서 유래하며, 소셜 미디어에서 대부분 사용자는 그가 잘 알지 못하는 출처에서 나온 정보를 신뢰할 수 있는 정보로 여긴다(Rapp, 2016: 281). 둘째, 연구 결과는 허구의 이야기를 읽는 것은 그 이야기가 세상에 관해 상대적으로 잘 알려진 사실과 상충할 때조차도, 그리고 거짓 정보를 담겨 있을 가능성이 있는 이야기를 읽을 것이라는 경고를 접했을 때조차도 우리의 신념에 영향을 준다는 것을 보여준다(Marsh & Fazio, 2006: 1140). 셋째, 우리는 종종 정보를 획득하고 그 출처를 잊어버린다. 나중에 우리는 그 정보의 출처를 잘못된 출처에 귀인 한다. 따라서 우리는 가짜 뉴스에서 접한 주장을 존중받을만한 정보의 출처로 잘못 귀인 한다(Marsh, Cantor & Brashier, 2016: 1140). 끝으로, 가짜 뉴스는 공적인 인물이 도덕적으로 불쾌한 행동에 관여했다는 사실을 수반하여 종종 혐오감을 유발한다. 혐오나 행복처럼 강한 정서를 야기하는 방식으로 묘사된 사건은 널리 소통되어 한 사회의 사회적 신념의 일부가 될 가능성이 더욱 크다(Vosoughi, Roy & Aral, 2018: 1150).

소셜 미디어와 관련한 인식론적 위협은 민주주의의 인식론적 잠재력을 약화하고, 민주주의가 전문가의 지배와 같은 비민주적인 의사결정 형태보다 더 열등해질 수 있다는 우려를 조장한다. 인식론적 위협은 우리의 지적인 삶을 위태롭게 하고, 민주적인 처리 과정이 나쁘고 빈약하게 정당화된 정치적 결정으로 전락하는 것을 부추긴다. 인식론적 위협은 진실을 추구하려는 개인적인 선호만이 아니라 참된 믿음에 근거한 시민의 정치적 판단을 저해하여 민주주의의 위기를 초래한다.

정치학 분야에서 경험 연구 결과는 대부분 민주 국가에서 시민들이 제한된 정치적 지식을 갖고 있음을 잘 보여준다. 예를 들어, 브레넌(Brennan, 2016: 25-26)이 지적한 바와 같이, 설문조사 결과는 미국 시민들이 어떤 정당이 의회를 통제하는지, 어떤 대통령이 어떤 정책을 제정했는지와 같은 정치적 추론에 중요한 질문에 종종 올바르게 대답하지 못하는 것을 보여준다. 대통령이 자신이 제안한 개혁을 실행할 여력이 있는지 또는 대통령이 대표하는 정당이 우리가 싫어하는 정책에 책임이 있는지를 알지 못하는 가운데, 일반 시민이 임기 말기에 처한 대통령의 수행을 평가하는 것은 틀림없이 어려울 것이다. 브레넌(Brennan, 2016: 4-5)의 견해에 따르면, 많은 시민은 그러한 지식이 부족하거나 더 정확하게는 현재의 사건뿐만 아니라 그러한 사건을 이해하고 평가하는 데 필요한 사회과학적 이론과 데이터에도 무지한 호빗(hobbits)이다. 여기서 호빗은 정치에 무관심한 정치 무관심층을 지칭한다. 다른 사람들은 훌리건(hooligans), 즉 고착된 의견을 가지고 있지만, 그와 모순되는 정보와 주장을 평가하는 데 관심을 보이지 않는 개인이다. 훌리건은 다른 세계관을 가진 사람은 어리석고, 사악하고, 이기적이거나 기껏해야 심하게 오도된 사람이라고 주장하면서, 자신에게 동의하지 않는 사람을 경멸하는 경향이 있다. 훌리건은 일종의 '정치에 대한 스포츠 팬'으로 볼 수 있다. 그들은 정치적 정보를 편향된 방식으로 소비하고, 정치적인 입장이 자신과 다른 사람을 매우 적대시하는 경향을 보인다. 일부 개인은 벌컨(Vulcans), 즉 정치에 대해 과학적이고 합리적으로 생각하는 사람이지만, 현재 대부분 미국인은 호빗 아니면 훌리건 또는 그 둘 사이의 스펙트럼 어딘가에 속한다. 시민의 제한된 정치적 지식은 민주주의를 위협하는 호빗(hobbits)과 훌리건(hooligan)을 양산한다.

인식론적 위협은 호빗이나 훌리건의 증가를 매우 쉽게 만든다. 인식론적 거품은 호빗의 형성에 기여한다. 자신의 흥미와 관심에 따라 온라인 인식론적 네트워크를 구축하고, 현안 이슈에 대한 정보를 수집하기 위해 그 네트워크에 의존하면서, 소셜 미디어 사용자는 더 나은 정치적 결정을 내리는 데 도움을 줄 수 있는 정보를 무심코 걸러 내거나 누락시키게 된다. 시민으로서 우리가 잘 추론된 정치적 판단을 내리기 위해서는 환경, 보건, 교육, 이민, 경제, 문화 등의 다양한 분야에 관한 상당한 지식을 축적해야 하지만, 인식론적 거품은 우리가 매일 접하는 정보의 유형을 무심코 축소·누락하게 만든다. 허위 정보는 우리의 정치적 판단이 거짓 정보에 근거할 가능성을 증가시키기 때문에 사태를 더욱 악화한다. 예를 들어, 나의 정치적 욕망 가운데 하나가 범죄 비율이 매우 낮고 치안이 매우 잘 되어 있는 안전한 지역에서 사는 것이라고 가정해보자. 그런데 내가 늘 이용하는 소셜 미디어에서 내가 거주하는 지역에 외국인 이주자가 증가하면서 범죄 비율이 급격하게 증가했다는 허위 조작 정보를 반복적으로 접촉한다고 생각해보자. 이렇게 해서 형성된 거짓 신념은 내가 사는 지역에 외국인 이주자 타운을 형성하려는 자치 단체장 후보의 공약에 내가 반대하도록 이끈다.

반향실과 허위 조작 정보 역시 훌리건의 형성에 기여한다. 훌리건은 기존의 정치적 견해를 확증하는 정보를 추구하고, 기존의 정치적 견해와 상충하거나 기존 견해의 부당성을 입증하는 증거를 무시·거부·회피한다(Brennan, 2016: 4-5). 앞에서 살펴본 것처럼, 반향실의 목적은 불화하는 견해를 침묵시키고, 인식론적 불신을 통한 무관용을 증진하는 것이다. 따라서 우리는 반향실을 일종의 훌리건 공장으로 생각할 수 있다. 반향실과 허위 정보는 종종 협력한다. 내가 정치적으로 존경하는 인물을 감히 비판하는 어떤 사람을 인식론적으로 불신하는 것이 나의 목표라면, 아마도 내가 선택할 수 있는 가장 효과적인 전략은 그 사람을 술에 취하면 늘 성추행을 일삼는 도덕적 괴물이나 여성 비하적인 발언과 행동을 거침없이 행하는 성차별주의자로 묘사하는 허위 조작 정보를 내가 자주 이용하는 소셜 미디어를 통해 익명성을 유지한 채 유포하는 것이다. 사실, 그것이 인구의 전체 부분을 훼손할 때 오보는 민주주의를 구성하는 바로 그 사회적 구조를 해체한다. 소수 문화에 속한 개인은 가짜 뉴스 기사에서 끊임없이 악마로 묘사되고, 사람들의 문화적 정체성에 반하는 구조적 편견을 조장하는 것은 사회적 불신과 인식론적 부정의를 조장할 위험이 있다.

2 포스트 트루스 시대의 지적인 덕

소셜 미디어를 포함한 기술 혁신은 여론에 영향을 주는 객관적 사실의 영향력을 축소하면서 대규모로 허위 정보를 확산하는 것을 아주 쉽게 만들었다. 허위 정보가 우리의 환경에 부정적인 결과를 초래하는 것을 최소화하기 위해 세계 여러 나라는 소셜 미디어에서 허위 정보의 유포를 규제하고, 소통되는 정보의 투명성을 높이려는 각종 법안 마련에 골몰하는 중이다. 하지만 민주 시민성과 인권의 관점에서 나는 여기서 인식론적 위협에 적극적으로 대처할 수 있는 지적인 덕에 대해 살펴보고자 한다.

덕 인식론(virtue epistemology)은 지적인 덕의 중요성을 강조하는 인식론에 대한 현대 철학적 접근법이다. 덕 인식론은 도덕적 덕을 모델로 삼아 지적인 덕을 탐구하는 덕 책임론(virtue responsibilism)과 신뢰할만한 혹은 진리에 도움을 주는 인지 능력(예: 기억·비전·청취·이성·내성)에 초점을 맞추는 덕 신빙론(virtue reliabilism)으로 양분된다. 덕 책임론은 지적인 덕을 덕 신빙론자처럼 인지의 특성으로 정의하지 않고 개방성, 지적인 정직, 성실성과 같은 성품의 특질로 정의한다.

덕 책임론은 호기심, 개방성, 지적 겸손, 지적 용기 등과 같은 지적인 덕을 중시한다(Baehr, 2011: 6). 이렇게 이해되는 지적인 덕은 훌륭한 사상가, 학습자, 또는 탐구자의 특징이기도 하다. 지적인 덕은 타고난 인지 능력과 관련이 있지만 구별되기도 한다. 어떤 사람이 지적으로 재능이 있지만 매우 오만하거나 부주의하거나 게으름을 피울 수 있다. 이와 반대로, 평범한 지능을 갖고 태어난 사람이 매우 호기심이 많고, 개방적이며, 신중하고, 자신의 사고 작용에 아주 철저할 수 있다. 지적인 덕은 지식과 이해와 같은 인식론적 좋음(epistemic goods)의 유능하고 성공적인 추구에 필요한 성품 강점이다.

이렇듯 덕 책임론 관점에서 볼 때, 지적인 덕은 지적 능력, 재능, 기질, 기술과 여러 면에서 구별된다. 지적 능력, 재능, 기질 및 기술은 지적인 덕이 하는 방식으로 개인적 가치(personal worth)를 고려하지 않는다. 능력, 재능, 기질은 자연적이지만, 기술과 덕은 함양되는 것이다. 능력과 재능은 덕과 구별되는 방식으로 개인 주체와는 독립적으로 운영될 수 있다. 기질은 심리적으로 견고하다는 측면에서 덕과 유사하지만, 덕에 필수적인 특정한 종류의 합리적 이해나 관점이 빠져 있다. 기술은 함양된 덕과 유사하지만, 지적인 덕에 필수적인 존경할 만한 지적 동기를 포함할 필요는 없다(Baehr, 2011: 32).

지적인 덕은 인식론적 목적을 위한 성품 특성이고, 도덕적 덕은 타인-관련이나 타자의 웰빙의 목표로 하는 성품 특성이다(Baehr, 2011: 220). 지적인 덕은 진실, 지식, 이해와 같은 인식론적 목표를 표적으로 삼는다. 하지만 지적인 덕은 상당한 도덕적 중요성을 담고 있다. 이를테면, 개방성과 지적인 관대함은 타인 관련(others-regarding) 차원을 분명하게 드러낸다. 개인의 기본적인 인식 능력에 체계적으로 결함이 있는 경우, 그가 직면한 상황에서 도덕적으로 관련된 특성을 제대로 인식할 수 없게 된다. 마찬가지로 개인의 합리적 능력이 감소한다면, 어떤 도덕적 주장의 진실을 파악할 수 있는 개인의 능력은 훼손되기 마련이다. 일찍이 아리스토텔레스(Aristotle)가 지적인 덕과 도덕적 덕의 관계를 분명하게 갈파했듯이, 지적인 덕과 여러 가지 형태의 도덕적 역량은 교차하기 때문에, 지적인 덕은 도덕적 중요성을 가질 수밖에 없다.

그렇다면 우리가 가르치는 학생들이 소셜 미디어를 유덕하게 활용하는 데 필요한 지적인 덕은 무엇인가? 포스트 트루스 시대의 인식론적 위협에 직면하여 좋은 인식론적 결과를 가져옴과 동시에 민주주의의 토대를 강화하도록 지금 그리고 여기서 학생-시민이 갖추어야 할 지적인 덕은 무엇인가? 이 질문에 답하기 위해 나는 개방성, 회의주의, 지적인 용기, 지적인 겸손이라는 네 가지 지적인 덕에 초점을 맞추어 논의를 전개할 것이다.

① 개방성(open-mindedness)

지적인 덕의 전형적인 목록에 해당하는 개방성은 다른 인지적 입장의 장점을 흡수하거나 심각하게 고려하려고 기본(default) 인지적 입장을 초월하는 능력을 의미한다(Baehr, 2011: 152). 개방성은 자신의 신념이 그것과 반대되는 신념이나 주장과 지적인 갈등을 일으키는 맥락에서 행사되는 특질이다. 개방성을 가진 사람은 자신의 입장에 대해 건전한 반대 의견이 제기되면 그 입장을 수정하거나 거부하려는 성향 또는 어떤 이슈에 대해 현재 자신이 의견을 가지고 있지 않은 상황에서, 가능한 객관적이고 공정하게 가용한 증거를 고려하여 결정하려는 성향을 갖고 있다(Hare, 1979: 9). 지적인 덕으로서 개방성은 촉진적인 덕이다. 개방성은 마음을 자유롭게 유지하거나 기본 입장이나 관점에서 마음을 떼어놓음으로써 다른 덕과 능력이 각자의 기능을 수행할 수 있는 심리적 공간을 만든다(Baehr, 2011: 157). 이와는 반대로 폐쇄성은 자신의 신념에 반하는 새로운 증거를 비판적으로 평가하는 데 시간과 노력을 기울이지 않으면서 그것을 무조건 잘못된 것으로 규정한다.

소셜 미디어에서 개방성을 갖는 것은 사용자가 반향실에 갇히는 것을 예방한다. 반향실에 갇힌 사람들은 그 구성원이 반대되는 입장의 장점이나 가치를 심각하게 고려하지 못하도록 교조주의를 확산한다. 이것은 간혹 인신공격을 포함하기도 한다. 나의 신념이나 공약을 명백하게 훼손하는 주장에 직면하는 경우 그러한 공약이나 헌신이 정당하다는 것을 타인과 자신에게 납득시키는 효과적인 방식은 바로 그런 주장을 한 사람을 나쁜 의도를 가진 사악한 사람, 도덕적으로 가치가 없는 사람 등으로 묘사하는 것이기 때문이다. 그러므로 개방성을 갖추고자 하는 사람은 소셜 미디어를 사용할 때 그러한 오류에 특히 유념해야 하고, 자신과 반대되는 관점을 기꺼이 고려하려는 의욕을 보여야 한다. 동시에 다양한 네트워크를 통해 자신의 신념이나 견해와 반대되는 주장이나 다양한 정보를 접하려는 적극적인 조치를 취해야 한다. 자신의 네트워크 구성에 세심한 주의를 기울이는 것, 다양한 관심이나 견해를 반영하는 온라인 친교 관계를 맺는 것도 그러한 적극적인 조치의 일환이다. 개방성의 덕을 갖춘 사람은 반향실에 들어가는 것을 기꺼이 거부하고, 인식론적 거품 속에서 생활하는 위험성을 최소화한다.

② **회의론(skepticism)**

철학적 논의에서 회의론은 지식이 불가능하다는 인식론적 입장이다. 철학적인 회의론은 다양한 형태로 나타난다. 급진적인 형태의 철학적 회의론은 지식이나 합리적 신념이 가능하다는 것을 부정하고, 많은 혹은 모든 논란이 되는 문제에 관한 판단을 우리가 중지할 것을 촉구한다. 온건한 형태의 철학적 회의론은 우리가 어떤 것도 확실하게 알 수 없거나, 비(非)경험적인 문제(예: 신의 존재, 자유의지의 존재, 사후세계의 존재)에 대해 우리가 거의 또는 전혀 알 수 없다고 주장할 뿐이다. 최근에 일부 인식론자들은 성품 특질로서 회의론의 가치를 인정하면서 지적인 덕으로 간주한다.

이런 의미에서 회의론은 무지를 귀인 하는 것(예: 누군가가 p를 모른다고 말하거나 생각하는 것), 지식 귀인을 보류하는 것(예: 누군가가 p를 알고 있는지 여부에 관한 판단을 보류하는 것, 또는 그러한 보류를 표현하는 것), 사람들이 알고 있는지 질문하는 것(예: 사람들이 p를 어떻게 알고 있는지 묻는 것)에서의 탁월함이다(Hazlett, 2016: 76). 회의론이 타인에게 향할 때 지적인 비판(intellectual criticism)이 된다. 지적인 비판은 무지를 타인에게 돌리고, 타인에게 귀속되는 지식을 유보하며, 타인이 알고 있는지를 의심하는 데서의 탁월성이다. 회의론이 자신에게 향할 때 지적인 겸손이 된다. 지적인 겸손은 무지를 자기 자신에게 돌리고, 자기 자신에게 귀속되는 지식을 보류하며, 자신이 알고 있는지를 의심하는 데서의 탁월성이다(Hazlett, 2016: 76). 이렇듯 회의론은 자신과 타인 모두에게 지식을 귀인 하는 것에 매우 인색하다.

소셜 미디어에는 허위 정보가 만연하므로 어떤 주장이나 사실을 무조건 믿기보다는 습관적으로 의심하는 성향을 가질 필요가 있다. 이렇듯 완화된 형태의 회의론은 포스트 트루스 시대에서 시민에게 반드시 필요한 지적인 덕 가운데 하나다(Brown, 2019: 55). 포스트 트루스 시대에서 회의적인 사람은 무지를 귀인 하는 것(예: 나는 그것을 알지 못한다고 말하거나 생각하는 것), 지식 귀인을 유보하는 것(예: 내가 그것을 알고 있다는 판단을 보류하는 것 또는 그러한 보류를 표명하는 것), 사람들이 알고 있는지를 의문시하는 것(예: 그들이 그것을 알고 있는지 그리고 어떻게 알고 있는지를 질문하는 것)을 빈번하게 활용하여 거짓으로부터 자신을 보호한다.

소셜 미디어에서 회의론의 덕을 실천하는 것은 아주 중요한 인식론적 이득을 가져온다. 회의론은 허위 정보로부터 개인을 보호한다. 소셜 미디어에서 뉴스 기사 형식을 갖추고 있으나 잘 알려지지 않은 출처에서 나온 충격적인 주장에 접했을 때, 회의론의 덕을 갖춘 사람은 그 기사의 진실 가치를 결정하는 데 결코 서두르지 않는다. 대신에 그는 출처를 정확하게 조사해보고, 그 주장이 자신이 신뢰할 수 있다고 생각하는 다른 미디어에서도 유사하게 다루어지고 있는지를 확인한다. 더 나아가 그는 그 주장의 진위를 알아보려고 팩트 체킹(fact-checking) 웹사이트를 방문할 수도 있다. 회의론의 덕을 갖춘 사람은 어떤 주장이 강력한 증거에 의해 지지될 수 있는지를 평가하는 데 상당한 시간과 노력을 투자하면서 그 주장을 계속해서 의심한다. 다시 말해, 회의론의 덕을 갖춘 사람은 참된 신념을 갖기 위해 많은 시간과 노력이 필요하다.

③ **지적인 용기**(intellectual courage)

지적인 용기는 진리, 진실, 지식과 같은 인식론적 좋음을 얻기 위해 위험을 감수하는 것을 의미한다(Baehr, 2011: 177). 지적인 용기는 인식론적으로 좋은 목적을 추구하는 것이 자신의 웰빙에 명백한 위험을 포함한다는 사실에도 불구하고 인식론적으로 좋은 목적을 표적으로 삼는 상태나 행동 방안을 고수하려는 성향을 의미한다. 이를테면 종군 기자는 전쟁의 상황을 알리기 위해 생명을 위험을 무릅쓰고 전장을 누빈다. 소셜 미디어에서 진리, 진실, 지식을 탐색하면서 지적으로 용기 있는 행동을 실천하려고 자신의 생명을 위태롭게 할 필요는 없다. 하지만 소셜 미디어에서 지적으로 용기 있는 행동은 신체적·심리적 웰빙, 자신의 평판이나 사회적 지위에 어느 정도 위험을 초래할 수도 있다.

나는 우리가 소셜 미디어에서 지적인 용기의 덕을 실천하는 활동의 본질을 몇 가지로 구분한다고 생각한다. 첫째, 전시 종군 기자의 사례에서처럼 소셜 미디어 사용자는 탐구나 조사에서 지적인 용기를 실천할 수 있다. 종군 기자의 중요한 임무는 전장에서 가장 최근의 전투 상황에 대한 지식과 정보를 획득하려고 위험을 감수하는 것이다. 이것은 전투가 벌어지는 지리적 장소를 직접 방문하는 일을 포함한다. 이와 유사하게 소셜 미디어 사용자는 자신이 접하는 정보의 진위를 직접 탐구·조사하는 활동에서 지적인 용기를 실천할 수 있다. 둘째, 소셜 미디어 사용자는 커뮤니케이션 자체에서 지적인 용기를 실천할 수 있다. 나의 진로나 경력에 영향력을 미칠 수 있는 지인이 자신의 소셜 미디어에 가짜 뉴스를 무심코 링크했다고 가정해 보자. 이때 나는 그의 소셜 미디어 게시물에 팩트 체킹 사이트를 링크하는 용기를 보일 수 있다. 그 사람의 후원이나 지지가 나의 진로나 경력에 아무리 중요하다고 해도, 나는 그것이 가짜 뉴스임을 알리는 용기 있는 행동의 실천을 통해 거짓의 확산을 막아야 한다. 셋째, 소셜 미디어 사용자는 특정한 신념을 보증·유지·거부하는 맥락에서 지적인 용기를 실천할 수 있다. 예를 들어, 동성애자를 악마로 여기는 반향실에서 오랜 시간을 보낸 사람이 동성애자도 이성애자처럼 동등한 권리와 존중을 받아야 할 사람이라고 여기는 것은 쉬운 일이 아니다. 왜냐하면 동성애자에 대한 자신의 새로운 관점을 공표하는 것은 반향실 안의 인식론적 동료로부터 분노와 비난을 감수해야 한다. 여하튼 지적인 용기는 허위 정보와 반향실의 늪에서 벗어나는 데 필요한 지적인 덕이다.

④ 지적인 겸손(intellectual humility)

학문적 의미에서의 겸손은 자아 그리고 세상에서의 자신의 위상에 관한 지각에서 정확성을 의미한다. 겸손은 자기 자신 혹은 자신이 행한 것에 대한 과소평가가 아니라, 그것을 과장해야 하는 유혹에 직면하여 그것을 올바르게 이해하는 것을 의미한다. 그러한 정확성은 유덕한 것이고, 사실상 실행하기가 매우 힘들고 어려운 것이다(Richards, 1992: 578). 이러한 관점에 근거하여 긍정심리학자들은 겸손을 핵심적인 인간의 강점 혹은 미덕으로 분류한다. 간단히 말해, 겸손의 핵심 요소들은 다음과 같다(Tangney, 2009: 497)

- 자신의 능력과 성취에 대하여 낮은 자존감이나 자기비하가 아닌 정확한 이해
- 자신의 실수와 불완전함, 자신의 부족과 한계점에 대해 인정하는 능력, 즉 자신보다 더 나은 능력을 소유한 사람에게 도움을 요청할 수 있는 개방성
- 새로운 아이디어, 반대되는 정보와 충고에 대한 개방성
- 올바른 견해로 자신의 능력과 성취를 주시하기
- 자신에게 상대적으로 덜 집중하기, 자기 자신을 잊어버릴 수 있는 능력
- 세상 모든 것의 가치뿐만 아니라 사람과 그 이외의 것들이 세상에 공헌하는 다양한 방식에 감사하기

일반적인 겸손의 하위 영역에 해당하는 지적인 겸손은 두 가지 구성 요

소에 근거한다. 하나는 자신의 지적인 한계에 주의를 기울이는 것이고, 다른 하나는 자신의 지적인 한계를 인정하여 그것을 소유한 후에, 그 한계를 극복하려고 필요한 조치를 취하는 것이다(Whitcomb et al., 2015: 8). 지적인 겸손은 자신의 지적인 한계를 망각하는 성향 또는 그것을 인정하지만, 의도적으로 무시하려는 성향을 의미하는 지적인 오만(intellectual arrogance)과 대조를 이룬다. 지적인 겸손은 한 사람의 지식이나 지적인 영향력과 관련이 있다. 즉, 지적인 겸손은 ① 새로운 아이디어에 대한 개방성으로 특징지어지는 지식의 한계에 대한 통찰력을 가지는 것, ② 대안적인 관점에 직면했을 때조차 공격적이지 않은 방식으로 자신의 아이디어를 제시하고 반대 의견을 수용할 수 있는 능력으로 특징지어지는 지적 오만을 규제하는 것을 포함한다(McElroy et al., 2014: 20).

지적인 겸손은 모든 유형의 지적인 한계를 인정한다. 지적으로 겸손한 사람은 지적인 덕을 갖추는 것이 소셜 미디어의 인식론적 위협에 맞서는 부분적인 대책에 불과함을 인식한다. 지적으로 겸손한 사람은 자신의 인지적 능력과 지적인 덕이 소셜 미디어의 위협에 맞서서 전혀 흔들림과 오류가 없는 요새라고 생각하지 않는다. 오히려 그는 자신이 그릇된 믿음이나 신념을 가질 위험이 있는 상황적 영향력에 노출되는 것을 피하는 것을 도울 수 있는 온라인 인식론적 환경을 구성하는 시도를 한다. 인식론적으로 유덕해지는 것의 중요한 부분은 바로 진실과 지식을 효과적으로 추구하는 것은 강한 지적인 품성만이 아니라 그 자체가 인식론적 좋음(goods)에 도움이 되는 인식론적 환경을 만드는 것이다. 따라서 소셜 미디어의 인식론적 위협에 맞서서 개방성, 회의주의, 지적인 용기의 인식론적 이득을 극대화하려면 그러한 덕이 지적인 겸손과 어떻게든 결합될 필요가 있다.

3   시민교육에서 지적인 덕의 정당화

어원적으로 볼 때, 시민의 덕(civic virtue)은 정치 공동체(civitas)를 위해 강점이나 탁월성(virtus)을 보이는 것을 의미한다. 유덕하게 행동한다는 것은 어떤 역할에 설정된 기준의 견지에서 유능하게 행동하는 것을 의미한다. 그러므로 시민의 맥락에서 유덕하게 행동하는 것은 시민 혹은 정치 공동체의 성원으로서 유능하게 행동하는 것을 의미한다. 민주 사회에서 시민교육을 통해 시민의 덕을 계발하는 것은 정치 참여를 위한 기본 성향과 시민 공동체의 성원을 향한 바람직한 태도를 제공한다. 학교가 가르쳐야 할 시민의 덕이 무엇인지는 역사적 시기, 정치 이론, 그리고 학자들마다 다소 다르고 그 자체가 논쟁의 소지가 있지만, 공유된 공적 영역에 민주적으로 참여하는 것을 촉진하는 시민의 덕을 계발할 필요가 있다는 사실에는 대부분 사람이 공감한다. 특히 학교는 시민교육을 통해 학생들을 지금 그리고 여기서 유덕한 민주 시민으로 양성할 책임을 부여받고 있다. 유덕한 시민이 갖추어야 할 시민의 덕은 타인에 대한 관심, 교양, 관용, 존중, 공정성, 신뢰, 공적 의무감 등을 포함한다. 이러한 시민의 덕의 전반적인 역할은 공적으로 정당화할 수 있고 공유된 목표 추구에서 타인을 향해 그리고 타인과 더불어 바르게 사고하고 느끼고 행동하는 안정된 경향성으로서 작용한다.

소셜 미디어와 관련된 세 가지 인식론적 위협에서 개인의 정신적 환경을 보호하려면 개방성, 회의주의, 지적인 용기, 지적인 겸손과 같은 지적인 덕의 교수 활동이 필요하다. 전통적으로 시민교육은 시민의 덕으로서 도덕적 덕의 교수·학습 활동에만 배타적으로 초점을 맞추었다. 민주 사회에서 좋은 시민이 되려면 도덕적인 덕과 지적인 덕을 모두 갖춰야 한다. 다시 말해, 민주 사회에서 좋은 시민은 지적인 덕과 도덕적 덕으로 구성된 시민의 덕을 함양해야 한다. 나는 여기서 시민교육이 지적인 덕의 교수 활동에 관여해야만 하는 이유를 세 가지 측면에서 정당화할 것이다.

① 민주적인 제도의 강화

인식론적 거품, 반향실, 허위 정보는 민주주의의 인식론적 잠재력을 위태롭게 한다. 민주적인 정치 과정은 신뢰할 수 있는 정보의 순환과 유통을 요구한다. 만약 우리가 정보를 더 이상 신뢰할 수 없다면, 시민은 정치적 결정을 내릴 기반을 상실하게 된다. 좋은 민주적 의사결정은 시민이 사실과 허구를 구별하고, 자신과는 다른 의견이나 관점과 적극적으로 관계하며, 의견이나 관점을 뒷받침하는 논거나 증거를 평가하여 의견이나 관점이 엄격한 조사를 거치도록 해야 한다. 또한 시민은 서로 존중하는 가운데 이유의 교환에 정통해야 한다. 포스트 트루스 시대에서 적극적이고 효과적인 민주적 참여는 허위 정보를 식별하고 대처하는 방법, 자신의 믿음과 생각에 대해 성찰하는 방법, 자신과 다른 관점을 가진 타인과 관계하는 방법 등에 대한 지식과 기술을 필요로 한다.

이렇게 볼 때 소셜 미디어 사용과 관련하여 제기되는 인식론적 위협은 민주적인 제도를 약화할 가능성이 농후하다. 인식론적 위협은 민주주의에 대한 심각한 새로운 위협이다. 최근 우리 사회처럼 진영 논리가 판을 치는 가운데 양극화로 치닫는 사회에서 허위 정보와 반향실의 만연은 사회 자본(social capital)에 부정적인 영향을 미친다. 인식론적 거품, 반향실, 허위 정보가 민주적인 제도를 약화한다면, 내가 앞에서 제시한 지적인 덕의 습득 및 함양은 그러한 인식론적 위협에 대한 부분적인 치료제가 될 수 있다. 그러므로 개방성, 회의주의, 지적인 용기, 지적인 겸손은 민주주의 자체를 보호하는 것으로 여겨져야 한다.

② 시민교육의 핵심 요소

지적인 덕은 좋은 민주 시민이 되는 데 도움을 주므로 우리는 시민교육에서 학생들을 지적인 덕의 교수·학습 활동에 적극적으로 참여시켜야 한다. 시민의 덕으로서 지적인 덕은 학생들이 자신의 정치적 이슈에 관련된 도덕적 판단을 양질의 정보에 근거하여 내리게 하고, 자신과는 다른 정치적 관점에 비판적으로 관계하며, 타인에게 자신의 정치적 관점을 옹호하는 것을 수용하고, 자신과 일치하지 않는 것을 인식론적으로 거부하는 것을 억제하게 한다. 민주 사회에서 지적인 덕이 수행하는 이런 기능의 관점에서 볼 때, 네 가지 지적인 덕을 도덕과 사회과의 교육과정에 포함하여 학생들에게 가르치는 것에 이의를 제기하는 사람은 아마도 없을 것이다. 이런 맥락에서 것먼(Gutman, 1987: 287)은 다음과 같이 주장했다. "정치 참여에 필요한 덕, 지식, 기술을 함양하는 것을 목표로 하는 정치교육은 민주 사회에서 공교육의 다른 목적보다 도덕적 우위를 점한다. 정치교육은 시민이 의식적으로 사회를 재생산하는 데 참여하도록 준비시키고, 의식적인 사회적 재생산은 민주적인 교육만이 아니라 민주적인 정치의 이상이다."

시민교육의 과제 중 하나가 정의로운 시민을 양성하는 것임을 고려할 때, 우리는 사회의 재생산과 자치에 적극적으로 참여하는 시민을 길러내야 한다. 포스트 트루스 시대에서 학생들이 개방성, 회의주의, 지적인 용기, 지적인 겸손과 같은 지적인 덕을 습득·함양하는 것은 좋은 민주 시민의 자질을 형성하기 위한 필수 조건이다. 따라서 시민교육에서 지적인 덕에 관해 가르치는 것은 포스트 트루스 시대에서 학생이 필요로 하는 지식교육의 일부인 동시에 자유 민주주의 사회에서 시민교육의 핵심적인 요소라고 평가할 수 있다. 결국 지적인 덕은 지식과 진리를 촉진하는 동시에 자유 민주주의 사회의 재생산과 변혁에 기여한다.

  여기서 내가 강조하는 지적인 덕의 상당 부분은 이미 도덕과 교육과정의 내용 체계에 어느 정도 스며들어 있는 것이 사실이다. 이를테면 도덕적 논쟁 이슈에 관한 교수·학습에서는 내가 제시한 지적인 덕의 중요성이 매우 강조되기 마련이다. 논쟁 이슈의 교수·학습에서 학생들은 논쟁적인 이슈에 관한 지식을 습득하고, 그 이슈와 관련된 증거와 사실 주장을 비판적으로 평가하며, 잘 추론된 주장을 판단·구성할 수 있어야 한다. 도덕 교과는 핵심 가치·덕목을 중시하므로, 특정한 가치·덕목의 교수·학습에서 네 가지 지적인 덕을 가르칠 수 있는 기회를 얼마든지 찾을 수 있다. 따라서 가치나 덕의 교수·학습에서 교사는 그 가치나 덕의 도덕적 차원에만 초점을 맞추는 것에서 탈피하여 지적인 차원도 학생들이 함께 고려할 수 있도록 해 주어야 한다.

  이를테면 용기의 덕을 가르칠 때, 교사는 도덕적 용기만을 다루는 것이 아니라 지적인 용기를 함께 다루어야 한다. 도덕적 용기는 부정의, 인권 침해, 부당한 대우 등과 같은 비도덕적인 문제가 발생하는 상황에서 압도적 반대나 개인적 위험에도 불구하고, 자신의 도덕적 신념과 가치를 옹호하고 그것에 따라서 행동하는 것을 의미한다(Lachman, 2007: 131). 다시 말해, 도덕적 용기는 자신에게 닥칠 불리한 결과의 위험에도 불구하고 도덕적 이유로 행동하는 용기다. 한편, 지적인 용기는 진리, 진실, 지식과 같은 인식론적 좋음을 얻기 위해 위험을 감수하는 것을 의미한다. 지적인 용기는 강한 부정적인 감정을 담고 있고, 진지한 해명 기회를 부여받지 않은 아이디어, 신념, 관점에 직면하여 그것을 공정하게 다룰 필요성에 대한 의식을 갖는 것이다. 지적인 용기는 사회가 위험하거나 터무니없다고 여기는 관념이 때로는 합리적으로 정당화된다는 인식과 연결된다. 지적인 용기는 오래된 가정과 이해에 도전하고 경험이나 교육으로부터 얻은 새로운 이해와 통찰력에 따라 행동하는 용기다.

또한, 교사는 기후 변화와 환경 문제 해결과 관련하여 강조했던 도덕적 겸손을 다루면서 지적인 겸손을 함께 언급할 수 있어야 한다. 도덕 교과에서 지적인 덕을 명시적으로 다루는 또 다른 방법은 디지털 시민성, 미디어 및 정보 리터러시, 디지털 윤리와 결합하는 방식이다. 개방성, 회의주의, 지적인 용기, 지적인 겸손은 디지털 시민성, 미디어 및 정보 리터러시, 디지털 윤리에서 다루는 내용과 상당 부분 중첩이 되기 때문이다.

③ 민주 시민으로서 도덕의 평생 학습자

모든 사람이 일정 기간 정규 교육을 이수한다. 하지만 그것이 제공하는 지식이 실생활에서 항상 그렇게 실용적인 것은 아니다. 평생학습(lifelong learning)은 개인으로서 조금씩 그리고 나날이 발전하는 방법이다. 평생 학습자(lifelong learner)는 성장과 개인적 발달의 중요성 및 기쁨을 인식하기 때문에 결코 현재 알고 있는 것에 만족하지 않고 항상 현재의 지식을 향상하고 축적하려고 한다. 평생 학습자는 공식적인 교육 기간을 훨씬 넘겨 새로운 기술과 능력을 계속 습득하는 사람이다. 그것은 새로운 주제를 연구할 뿐만 아니라 세계의 역동적인 본질에 대해 개방적이고 긍정적인 태도를 개발하는 것을 포함한다. 평생 학습자는 새로운 주제와 질문을 추구하고, 마음의 양식을 구할 시간을 만들며, 자신이 무엇을 배우고 있는지에 대해 깊고 신중하게 생각하고, 자신이 알지 못하거나 이해하지 못하는 것에 대해 잘 인식하며, 새로운 사고방식에 열려 있는 사람이다.

민주 시민은 저절로 태어나거나 일순간에 만들어지는 존재가 아니므로,

민주 사회의 구성원인 시민은 평행 학습을 통해 민주 시민성을 함양해야 한다. 이때 민주 시민성은 민주 시민이 지녀야 할 지식과 비판적 이해, 가치·태도, 기술이 종합된 역량이다(The Council of Europe, 2016: 35). 여기서 지식은 사람이 소유하는 정보의 본체이며, 이해는 의미를 알고 파악하는 것이다. 자동적·습관적·무반성적 해석과는 반대로 비판적 이해는 민주적 과정 및 이해·해석되고 있는 것에 대한 적극적인 성찰과 비판적 평가를 포함하는 문화간 대화의 맥락에서 인식과 평가의 필요성을 더 강조하기 위해 사용된다. 유럽 평의회(The Council of Europe, 2016: 51)는 민주 시민이 지녀야 할 지식과 비판적 이해로서 자신에 관한 지식과 비판적 이해, 언어와 의사소통에 관한 지식과 비판적 이해, 세계에 대한 지식과 비판적 이해(정치, 법률, 인권, 문화, 종교, 역사, 미디어, 경제, 환경 및 지속가능성 포함)를 강조한다. 이렇게 볼 때, 평생 학습자로서 민주 시민은 호기심, 개방성, 지적 끈기, 신중함, 철저함, 겸손함과 같은 지적인 덕을 갖춘 사람이다.

도덕적 삶이 인간의 궁극적인 목적임을 고려할 때, 우리는 학생들이 교문을 나선 후에도 평생 학습자로서 도덕을 학습하는 것에 전념·관여할 수 있게 해야 한다. 아쉽게도 우리의 도덕교육은 학령기에만 국한된 실정이다. 이제 우리는 학생들이 민주 시민으로서 도덕의 평생 학습자가 될 수 있도록 교육해야 하며, 이를 위해서는 지적인 덕의 교수 활동이 필수적이다. 도덕 교과에서 포스트 트루스 시대에 대응할 수 있는 지적인 덕의 교수·학습을 통해 우리는 학생들이 평생 학습자로서 민주주의 규범을 존중·준수하며, 시민·정치 생활에 적극적으로 참여할 수 있게 해야 한다. 민주주의가 요구하는 마음의 습관, 행동의 습관을 시민들이 갖추지 못하면, 민주주의는 실패하거나 붕괴하기 때문이다.

도덕교육이 지적인 덕의 교수 활동을 통해 학생들을 민주 시민으로서 도덕의 평생 학습자로 육성하는 데 성공하려면, 다음의 몇 가지 원칙에 충실해야 한다. 첫째, 도덕 교과를 통해 학생들이 배우는 지식에 사려 깊고 비판적으로 관여할 수 있는 빈번하고 잘 구조화된 기회를 제공해야 한다. 학생들은 도덕적 지식이나 윤리 사상을 기계적·수동적으로 흡수하는 것이 아니라 주도성을 가지고 적극적으로 학습 활동에 참여하여 지적인 덕을 실천하는 기회를 접해야 한다. 둘째, 학생들은 자신의 마음의 습관(habits of mind), 즉 자신의 지적인 성품 강점과 한계에 대해 알아야 한다. 지적인 덕의 함양을 위해서는 학생들이 자기 성찰의 기회를 접해야 한다. 셋째, 교사는 학생들의 인식론적 동기를 강화하기 위해 도덕을 배우고 익혀야 할 가치와 중요성을 올바르게 인식하도록 도와주어야 한다. 넷째, 덕의 함양과 발달은 지지적인 환경과 공동체를 요구하므로, 교사는 지적인 덕을 소중히 여기는 교실 풍토와 에토스를 만들어야 한다. 끝으로, 교사는 지적인 덕의 모델을 학생들이 자주 접하도록 해야 한다. 이를 위해 교사는 역사, 문학, 영화 또는 현대 생활에서 지적으로 유덕한 귀감에 관한 이야기나 여러 가지 묘사를 학생들과 공유해야 한다.

4 시민교육에서 지적인 덕을 가르치기

지적인 덕을 계발하는 것이 가치 있는 시민교육에서 중요한 목표 중 하나임을 고려하면, 그것이 교육 실천에 어떤 시사점을 주는지 살펴보는 것이 매우 중요하다. 첫 번째 시사점은 학생의 힘과 행위를 체계적으로 끌어들이는 방식으로 교육이 이루어져야 한다는 사실이다. 교육은 정보의 수동적 흡수나 사실과 공식의 단순 암기에 그쳐서는 안 된다. 지적인 덕이 무엇인지 그리고 그것이 어떻게 형성되는지에 대해서 우리가 제대로 안다면,

우리는 학생의 힘과 행위를 관여시키는 것이 얼마나 중요한지를 쉽게 추정할 수 있다.

지적인 덕은 사고와 행동의 성향이다. 그것은 관찰, 경탄, 경청, 관조, 판단, 의식, 확언 등을 포함한다. 지적인 덕을 실행하는 것은 그것을 소유한 사람에게서 깊고 체계적인 방식으로 합리적이고 의욕적인 능력을 끌어들인다. 게다가 아리스토텔레스가 오래 전에 갈파했듯이, 성품의 덕은 그 덕에 특징적인 활동의 반복된 실천을 통해서 생긴다. 아리스토텔레스의 요점은 도덕적 덕에 관한 것이었지만, 성품 특질로서 여겨지는 지적인 덕에도 동일하게 적용될 수 있다. 예를 들어, 개방성의 덕은 자신의 관점과는 아주 다른 관점을 반복적으로 채택하여 공정한 청문 절차를 거치는 것을 통해 부분적으로 계발될 수 있는 것이다.

따라서 지적인 덕을 교육 목표로 심각하게 고려하는 경우, 학생들은 학습 과정에 적극적으로 관여해야 한다. 특히 지적인 덕이 사고 활동에서 드러나고 완벽해짐을 고려하여, 우리는 학생들에게 교과 학습에 사려 깊고 비판적으로 관여하는 빈번한 기회를 부여해야 한다.

둘째, 학생의 자기 성찰을 강조해야 한다. 지적인 덕에서 학생의 발전은 자신의 마음의 습관, 즉 자신의 지적인 성품 강점과 약점을 이해하는 것에 의해 촉진될 수 있다. 그러한 이해는 자신의 지적 성품이 어느 분야에서 개선을 요구하는지 그리고 그 개선을 가져올 수 있는 조치가 무엇인지를 학생들이 확인하는 것을 돕는다. 그래서 자기 성찰은 지적인 덕의 교육에서 매우 중요하다. 그러한 성찰은 학생 당사자의 반성이나 교사와 부모 그리고 친구와 같은 제3자의 관점을 통합할 수 있다. 이러한 유형의 활동은 발달적으로 적절해야 하고 많은 정보를 담은 것이 되어야 한다. 또한, 그것은 자기 성찰의 신빙성을 제한하는 모종의 편향과 다른 심리적 요인에 민감하게 계획되어야 한다. 이런 식으로 자기 성찰의 기회가 구조화될 때, 학생의 지적 성품에 관한 작동 모델을 만들 수 있고, 학생 자신과 교사에 의해 학생의 지적 성품 발달을 도모하는 데 활용될 수 있다.

셋째, 가치와 중요성에 주의를 기울여야 한다. 지적인 덕을 위한 교육은 학생의 인식론적 동기에 상당한 관심을 기울이는 것을 필요로 한다. 이렇게 하는 이유는 '이해를 향한 학생의 욕망'과 '학습 과정을 향유하는 것'을 학생에게 고취하기 위해서이다. 이 두 가지는 지적인 덕을 갖는 데 매우 중요하다. 학생의 인식론적 동기를 형성하는 것은 물론 복잡하고 도전적인 과정이다. 가장 기초적인 수준에서 그것은 배운 것의 가치나 중요성을 늘 인식할 것을 요구한다.

아쉽게도 많은 수업 방식은 이 원칙을 무시한다. 학생들은 종종 그렇게 해야 할 의미나 중요성에 관한 성찰이 없는 가운데 어떤 주제나 기술에 숙달할 것을 요구받는다. 이 경우 학생이 활기 없는 인식론적 동기를 보이는 것은 너무 분명하다. 그러므로 지적인 덕을 계발하는 목표를 달성하려면 교육과정의 기초를 이루는 가치와 의미를 파악하려는 노력을 기울이는 것이 반드시 요구된다.

이것은 먼저 교사가 자신이 가르치는 것의 가치를 찾고 그것에 주의를 기울일 것을 요구한다. 그런 가치가 없는 경우에는 교육과정을 바꾸기 위해 자신이 할 수 있는 것을 찾아서 해야 한다. 중요한 것은 가치나 의미를 협소하게 도구적인 용어로 이해할 필요가 없다는 것이다. "이것을 실생활에서 언제 써 먹을 수 있나요?"라는 학생의 격앙된 질문에 대해 교사가 항상 대답할 필요는 없다. 오히려 상당히 많은 지식과 지적 기술은 더 풍부하고 폭넓은 의미에서 가치가 있다. 이를테면, 그것은 우주에서 학생의 위치를 더 잘 이해하도록 돕는 것, 세상이 어떻게 작동하는지를 학생이 인식하도록 이끄는 것, 학생을 더욱 지식이 많고 유능한 시민으로 형성하는 것, 인간 경험의 심층적인 주제나 관심에 대한 통찰력을 생성하는 것, 더 풍부하고 의미 있는 경험에 기여하는 것을 포함한다.

그러나 교사가 가르치는 교육과정 자체가 중요한 의미나 중요성을 갖고 있어야 함과 동시에 교사는 학생들이 그 가치나 중요성에 주의를 기울이도록 유도하고, 그 가치나 중요성을 탐색하고 성찰하며 심지어 도전해 볼 기회를 제공해야 한다. 학생들은 "내가 이것을 배워야 할 이유는 무엇인가?"라는 질문을 기꺼이 환대하고, 자기 나름대로 합당하고 사려 깊은 대답을 준비해야 한다. 만약 학생이 이에 대한 대답을 제대로 하지 못한다면, 학생의 인식론적 동기는 매우 낮고, 지적인 성품의 성장과 발달은 매우 제한적일 것이다.

넷째, 지지적인 환경의 중요성이다. 학생의 지적인 덕을 계발하기 위한 교사의 시도는 교실 환경이나 에토스(ethos)의 영향을 받을 수 있다. 덕 이론가들이 주장하는 바와 같이, 덕의 함양은 지지적인 환경과 공동체를 필요로 한다. 많은 요인이 교실 풍토나 에토스에 영향을 준다. 그것은 주요한 평가적 언어, 실행 중인 핵심 원칙, 시간 할당, 교실의 의례나 관행 등을 포함한다. 지적인 덕 계발을 목표로 할 때 교사는 지적인 성품의 성장과 발달에 지지적인 교실 환경을 만들어내야만 한다. 그러한 교실 환경에서는 풍부한 인식론적 어휘가 사용되고, 지적 성장이 가능한 것으로 여겨지며, 지적인 고투가 가치 있게 여겨지고, 정확성과 속도 그리고 주제나 교과에 대한 깊은 이해가 지배적인 목표로 여겨지며, 학생들이 교과 활동에 적극적으로 참여할 것이라는 기대감이 팽배해 있다.

지적인 성품의 발달에 도움이 되는 교실 환경은 존중과 배려라는 두 가지 도덕적 덕을 특징으로 한다. 인식론적으로 지향된 가운데 지적인 성품 성장은 개인적인 과정에 심원하게 남아 있다. 그것은 사고와 학습에 관한 학생의 근본적인 믿음, 태도, 감정을 조형하는 것을 포함한다(Baehr, 2013: 251-253). 그러한 변화와 변혁은 관계적인 진공 상태나 관계적으로 적대적인 환경에서 생기지 않는다. 학생들은 존중을 받고 있고 안전하다는 느낌이 들어야 한다. 그러므로 지적인 덕을 교육하는 것에 관심이 있는 교사는 학생들에 대한 깊은 존중으로 교육 활동에 임해야 한다. 동시에 교사는 배려적인 교사와 학생의 관계 형성에 힘써야 한다. 존중하고 배려하는 관계가 형성된 교실 맥락에서 지적인 덕을 위한 교육이 실행되는 것이 중요하다.

다섯째, 모델링(modeling)의 중요성이다. 지적인 덕을 교육하려면, 목표로 삼고 있는 지적인 덕을 모델링하는 것이 필요하다. 학생들은 지적인 덕에 관해 배움으로써 지적인 덕을 습득하는 것이 아니다. 오히려 지적인 덕은 다른 유형의 덕과 마찬가지로 복잡한 심리적·사회적 과정을 통해서 생긴다. 무엇보다도 지적인 덕의 귀감이나 모범 사례에 학생들이 자주 접하는 것이 중요하다. 그러한 접촉은 지적인 감탄(admiration)의 경험을 촉진하고, 이것은 지적으로 유덕한 행위자의 경쟁적 모방(emulation)을 낳아 결국에는 지적인 덕에서의 긍정적인 성장을 촉진한다.

이것은 역사, 문학, 영화, 현대 생활에서 지적으로 유덕한 귀감에 관한 이야기나 그 밖의 묘사를 공유함으로써 실현될 수 있다. 그러나 더 중요한 것은 교사가 자신의 지적인 활동에서 지적인 덕을 발현하는 것이다. 그것은 자신이 가르치는 교과에 대한 경이와 열정을 보이는 것(호기심), 어떤 것을 잘 알지 못할 때 기꺼이 그것을 인정하는 것(지적인 겸손), 다양한 관점을 공정하고 개방적으로 귀 담아 듣는 것(개방성), 심층적인 이해를 추구하고 전달하는 것(완벽성) 등을 포함한다. 교사는 자신의 사고를 혼자만 유지해서는 안 된다. 자신이 생각한 것을 말하는 것이 중요하다. 그래야만 학생들은 지적인 덕이 실제로 어떤 것인지를 분명하게 알 수 있다(Ritchhart, 2015: 217).

참고 문헌

Baehr, J. (2011), *The inquiring mind: On intellectual virtues and virtue epistemology*, Oxford: Oxford University Press.

Baehr, J. (2013), "Educating for intellectual virtues: From theory to practice", *Journal of Philosophy of Education*, 47(2), 248-262.

Baptista, J. P. & Gradim, A. (2020), "Understanding fake news consumption: A review", *Social Sciences*, 9, 185-206.

Brennan, J. (2016), *Against democracy*, Princeton: Princeton University Press.

The Council of Europe (2016), *Competences for democratic culture*, Strasbourg: The Council of Europe.

Friesem, E., & Friesem, Y. (2019), "Media literacy education in the era of Post-Truth: Paradigm crisis. In M. N. Yildiz, M. Fazal, M. Ahn, R. Feirsen & S. Ozdemir (Eds.), *Handbook of research on media literacy research and applications across disciplines* (pp. 119-134), Hershey: IGI Global.

Gutmann, A. (1987), *Democratic education*, Princeton: Princeton University Press.

Hare, W. (1979), *Open-mindedness and education*, Kingston: McGill-Queen's University Press.

Hazlett, A. (2016), "Civic virtues of skepticism, intellectual humiity, intellectual criticism", In J. Baehr (Ed.), *Intellectual virtues and education* (pp. 71-92), London: Routledge.

Kahne, J. & Bowyer, B. (2017), "Educating for democracy in a partisan age: Confronting the challenges of motivated reasoning and misinformation", *American Educational Research Journal*, 54(1), 3-34.

Lachman, V. D. (2007), "Moral courage: A virtue in need of development?", *MEDSURG Nursing Journal*, 16(2), 131-133.

Levy, N. (2017), "The bad news about fake news", *Social Epistemology Review & Reply Collective*, 6(8), 20-36.

McElroy, S., Rice, K., Davis, D. E., Hook, J. N., Hill, P. C., Worthington Jr., E. L., & Van Tongeren, D. R. (2014), "Intellectual humility: Scale development and theoretical elaborations in the context of religious leadership", *Journal of Psychology and Theology*, 42, 19-30.

Marsh, E. J. & Fagio, L. K. (2006), "Learning errors from fiction: Difficulty in reducing reliance on fictional stories", *Memory & Cognition*, 34, 1140-1149.

Marsh, E. J., Cantor, A. D. & Brashier, N. M. (2016), "Believing that humans swallow spiders in their sleep: false belief as side-effects of the processes that support accurate knowledge", *Psychology of Learning and Motivation*, 64, 93−132.

Neudert, L−M. (2017), "Computational propaganda in Germany: A cautionary tale", *Computational Propaganda Research Project,* Paper.

Nguyen, C. T. (2020), "Echo chambers and epistemic bubbles", *Episteme*, 17(2), 141−161.

Rapp, D. (2016), "The consequences of reading inaccurate information", *Current Directions in Psychological Science*, 25, 281−285.

Richards, N. (1992), "Humility", in L. C. Becker & C. B. Becker (Eds.), *Encyclopedia of Ethics*, Vol. Ⅰ, New York: Garland Publishing, Inc., 577−579.

Ritchhart, R. (2015), *Creating cultures of thinking*, Jossey−Bass: San Francisco.

Shu, K., Wang, S., Lee, D. & Liu, H. (2020), *Disinformation, misinformation, and fake news in social media*, New York: Springer.

Tangney, J. P. (2009), "Humility", in S. J. Lopez (Ed.), *The encyclopedia of positive psychology*, Malden: Wiley−Blackwell, 496−502.

Whitcomb, D., Battaly, H., Baehr, J. & Howard−Snyder, D. (2015), "Intellectual humility: owning our limitations", *Philosophy and Phenomenological Research*, 94(3), 509−539.

2부
교과 수업을 통한 미디어 리터러시 교육

3장
도덕 교과에서 미디어 리터러시 교육

이한길(서울교육대학교부설초등학교 교사)

  교육 현장에서는 미래 사회를 대비하고 적절한 교육적 접근을 모색하는 것에 관한 관심이 크다. 이는 '미래 사회'가 우리에게 주는 변동성, 불확실성, 복잡성이 매우 큰 반면, 교육의 변화 속도가 그에 잘 따라가지 못할 것이라는 불안감이 바탕에 깔려 있는 것이기도 하다. 하지만 더딘 것처럼 보이는 교육 현장에도 급격한 변화가 끊임없이 일어나고 있었으며 그 대표적인 것으로 교수·학습 과정에서의 미디어 활용을 꼽을 수 있다. 미디어의 적극적인 활용은 교사가 가진 교육의 주도권을 학생들에게 전달하여, 학습의 선택과 정보의 이해, 생활 속 적용이 학생을 중심으로 이루어질 수 있도록 하는 기초가 되어왔다. 특히, 영상 미디어의 폭발적인 성장은 활자 중심의 '정보의 바다'를 초월하여 학생들의 수준과 흥미에 걸맞은 다양한 지식 정보를 제공할 수 있기에, 미디어 환경이 발달되면 될수록 학생 주도적 학습도 원활하게 이루어질 수 있게 되었다.

한편, 미디어가 학생들의 삶의 중심이 된 것은 꽤 오래된 일이다. 관계 맺기, 소통 같은 사회적 영역, 여가, 취미 같은 개인적 영역을 막론하고 모든 분야에서 미디어가 중심의 역할을 한다. 이에 따라, 교육적 영역에서도 미디어 리터러시에 대한 중요성이 부각되어 왔으며 많은 연구자들도 큰 관심을 갖고 연구하고 있다. 최근에는 미디어가 소통의 도구로서 관계 맺기의 핵심적인 역할을 하게 되면서 미디어 활용에서의 도덕적인 영역이 중요한 주제로 논의되고 있다.

본 장에서는 미디어 리터러시 교육을 초등학교 도덕교육적 관점에서 바라보고자 하지만, 미디어 리터러시에 관한 교육적 접근을 꾀할 때에는 주제 중심의 통합적 접근이 더욱 바람직한 것으로 받아들여진다. 다시 말해, 교과목별로 내용을 구분하여 지도하기보다는, 미디어 리터러시의 주제 아래 다양한 교과목을 결합하여 지도하는 것이다. 하지만, 교과목별로 시수가 구분되어 운영되는 것이 일반적이라는 점, 그리고 도덕적 측면에서의 접근이 미디어 리터러시 학습 요소에서 매우 중요하게 다루어지며, 이에 적절한 학습 시간을 확보하여야 한다는 점에서 초등 도덕 교과를 통한 미디어 리터러시 방법에 대해 고민해보는 것은 바람직하다.

1 초등 도덕교과교육과 미디어 리터러시 교육

미디어 리터러시 교육에 있어서 교과목에 따라 차별화된 접근이 있을 수 있겠으나, 최근 미디어 리터러시 교육이 추구하는 바, 즉, 정보의 비판적인 이해, 책임 있는 소비와 생산과 관련하여서는 도덕과가 다룰 수 있는 부분이 많다. 특히, 책임, 성찰, 참여, 관계 등과 관련한 내용은 도덕 교과가 확보하고 있는 영역이 매우 명확하기에 미디어 리터러시와 도덕교과를 결합하는 방향으로 접근해볼 수 있다. 이에 따라 본 장에서는 미디어 정보 리터러시(Media Information Literacy: 이하 MIL) 교육을 위하여 초등 도덕 교과교육이 어떻게 연계될 수 있는지, MIL 교육을 위한 도덕교육적 관점이 왜 중요한지에 관하여 먼저 생각해보고자 한다.

첫째, 초등 도덕교과에서 MIL 교육에 관하여 다루어야 하는 이유는 미디어 자체가 가진 특성에 대한 고려 때문이다. 먼저, 미디어는 가치중립적이지 않고 도덕적이지 않다는 특성을 가진다.(이미식, 2012, 임상수, 2021, 추병완 외, 2021). 미디어는 만든 이의 의도와 가치가 담겨 있기 때문에 미디어를 올바르게 이해하기 위해서는 그 의도와 가치를 파악할 필요가 있다. 그런데, 미디어를 통해서 제시되는 많은 정보는 세련되고 전문적인 구성으로 전달되는 과정에서 수용자가 그 의도를 파악하기 어려운 경우가 발생한다. 예를 들면, 화면의 구도나 조명, 노출시간이나 자막과 같은 요소가 제작자의 의도를 강화하는데 적극적으로 활용되는데 비해, 사용자로서는 이를 인식하지 못한 상태에서 메시지를 일방적으로 수용하게 되기 때문에 비판적인 분석을 시도조차 하기 어렵게 된다. 실제로 초등학생을 대상으로 광고 미디어 분석 수업을 진행하였을 때, 학생들은 광고에서 잘못된 정보를 제공하는 자막의 오류 같이 눈에 띄는 부분에서는 오류를 쉽게 발견하였지만, 그 외에 화면 구도, 배경 음악, 노출 빈도 등에 대해서는 전혀 인지하지 못하였다. 이는 미디어를 통해 특정한 가치에 관하여 다룰 때 만든 이가 전문적인 영역을 활용하여 의도를 감출 수 있으며, 수용자의 비판적인 시각이 없이는 이를 일방적으로 수용할 수 있는 환경에 놓이기도 함을 의미한다.

다음으로 미디어는 개인적인 요구에 따라 의미를 찾아내는 도구로서의 특징을 가진다(추병완 외, 2021). 미디어의 발달은 정보로의 접근을 더욱 쉽고 풍부하게 해주어 수준과 관심사의 구분 없이 자발적인 학습을 가능하게 해 주었다. 다만, 특정한 관심이나 목적을 가지고 탐색하기 때문에 원하는 정보에 쉽게 접근할 수 있게 된 반면에, 관심 외의 것들에는 도달하지 못하는 현상이 발생한다. 맞춤형 정보 배포 서비스 즉, 개인의 검색 기록에 어울리는 것을 알고리즘이 추천하여 보여주는 과정에서는 관심사 이외의 정보가 차단되어 버리는 고립 현상이 나타나거나 '확증 편향'에 빠지기도 한다. 이와 같은 미디어 환경에서는 활용하는 과정에서 자신의 활동 과정을 성찰하고 옳고 그름을 따질 수 있는 능력이 요구될 수 밖에 없다.

미디어에는 상업적인 의미가 담겨 있다는 특성을 이해하는 것도 매우 중요하다. 지금 이 순간에도 생산되고 있을 엄청난 용량의 미디어 정보 중에서 우리에게 도달한 정보는 과연 어떤 과정을 거친 것일까? 특히 교사나 학생들이 보기 좋고 흥미 있을 만한 것들이라면 얼마나 많은 정성을 들여 잘 만들어진 것일까? 이에 관하여 고민해본다면, 결국 우리에게 도달한 많은 미디어 정보는 결국 많은 자본이 투입되었을 가능성이 크다. 미디어가 전달하는 내용 안에는 자연스럽게 광고와 정보가 혼재되어 있을 수 있으며 학생들은 정보를 받아들이는 과정에서 이를 구분하여 인지할 수 있어야 한다. 만약 옳고 그름과 관련한 문제에 관하여 구분하지 못하게 잘 만들어진 미디어라면 일방적인 수용으로 인해 나타나는 문제가 더욱 클 것이므로 민감한 태도로 접근할 수 있어야 한다.

둘째, 초등 도덕 교과에서 MIL 교육에 관하여 다루어야 하는 까닭은 학습자 환경이 미디어를 중심으로 변하고 있기 때문이다. 정보 습득의 원천으로서 미디어의 역할이 강화되고 있음은 너무나도 알려진 사실이다. 특히, 많은 학생들이 정보 검색을 유튜브로 대표되는 영상 미디어를 통해 하고 있는데, 1분이면 이해할 수 있는 간단한 내용조차 10분을 할애하고서라도 영상으로 탐색하고 있다는 점, 그리고 사회와의 소통을 영상 그 자체 및 영상에 달린 댓글을 통한다는 점 등은 초등학생들에게 미치는 영상 미디어의 파급력과 변화의 양상을 보여주는 단적인 예이다. 영상을 통한 소통은 배포와 접근이 쉬울 뿐 아니라, 쉽게 쓰고 큰 영향을 미치고, 오래 책임져야 하는 상황에 처한다. 그렇기 때문에 학생들이 새로운 문화 속에서 그에 맞는 올바른 역할을 할 수 있도록 준비될 필요가 있다. 2022 개정 교육과정의 총론에서는 우리 교육이 추구하여야 할 미래 교육의 핵심 화두로서 새로운 것에 대처하는 능력으로서의 역량을 여전히 강조하고 있다(교육부, 2021). 영상 미디어를 중심으로 빠르게 변화하는 학생들의 문화에서 정보의 생산 주체로서 책임감을 가지고 적응할 수 있도록 교육적인 접근을 꾀하여야 한다.

셋째, MIL 교육 그 자체로서 인성 교육적 필요성을 띄고 있기 때문이다. 초기의 MIL 교육의 핵심은 미디어에 접근하고 비판적으로 이해하는 것이었으나, 점차 미디어를 활용한 창의적인 표현, 소통 능력까지도 포괄하는 넓은 개념으로 발전되어왔다(홍유진 외, 2013). 또한, 책임 있는 미디어의 이용, 좋은 민주시민으로서 참여와 성장을 위한 교육을 강조하기도 한다(신미경 외, 2020). 즉, 최근에 추구하고 있는 MIL 교육은 참여와 소통과 같은 가치와 관련된 방향을 설정하고 있으며, 결국 올바른 민주시민으로서 갖추어야 할 자질과 능력을 기대하고 있다는 점에서 도덕 교과를 통한 적절한 교육적 접근이 접목될 수 있다.

2 초등 도덕과 교육의 MIL 교육 접근 방향

가. 학습 요소의 선정 방향

　정보의 이해와 소통은 미래 사회의 변화의 한 가운데 있으며, 바로 그 정보를 전달하는데 필수 도구로서 미디어가 가지는 위상은 대체 불가능하다. 그러나 현재까지도 이 미디어에 대한 비판적인 이해와 창의적인 활용으로서의 미디어 리터러시(MIL)는 교과 외 영역에서 학생들이 스스로 익혀야 할 것으로 자리 잡아 왔다. 예를 들어, 각 교과에서 MIL을 활용한 교육내용을 제시하는 경우, 이미 학생들이 미디어를 잘 다룰 수 있는 역량을 갖추고 있다는 가정 하에 등장하는 경우가 대부분이다. 따라서 학생들 사이에서의 미디어 리터러시는 개인차가 매우 클 수밖에 없었으며, 각각이 처한 환경에 따라 학습 결과 역시 매우 큰 차이를 보일 수밖에 없었다. 그러나 MIL의 중요성이 더욱 커질수록 MIL교육은 더 이상 교과 외 영역에 방치하기보다는 학교 교육 현장에서 적극적으로 다루어야 하는 핵심적 교육내용으로서 다루어져야 한다(신미경 외, 2020). 적절한 MIL교육을 위하여 다양한 교과 교육을 포괄하는 주제로서 MIL의 핵심 요소를 설정하고 이를 체계적으로 다룰 필요가 있다. 이러한 맥락에서 미디어 리터러시 교육 요소 및 수행과 관련하여 앞서 연구한 내용을 바탕으로 선정한 미디어 리터러시 기초학습 요소 및 수행 요소를 정리하여 보았다.

<표1> 미디어 리터러시 목표 및 내용의 학년별 도입 단계(신미경 외, 2020)

미디어 리터러시 기초 학습 요소 및 수행		초등 1-2	초등3-4	초등5-6	중학교
기초학습 요소	미디어 체험	○	○	○	○
	미디어 지식		○	○	○
수행요소	의미 이해와 전달	○	○	○	○
	책임 있는 미디어 이용	○	○	○	○
	감상과 향유	○	○	○	○
	미디어 기능 활용	○	○		
	정보 검색과 선택		○	○	○
	창작과 제작		○	○	○
	사회·문화적 이해			○	○
	비판적 분석 및 평가			○	○

위의 표에서는 미디어 리터러시 학습 요소를 기초와 수행으로 구분하고, 세부 항목을 설정하여 학년별 수준에 맞게 체계적으로 배치하고자 하였다. 학습 요소에서는 미디어에 대한 이해와 수용에서 시작하여 창작과 비판적 이해, 평가로 이어지며 점차 발전되어 가는 것으로 설정하였으며, 각 요소에 따라 학년 수준을 구분하여 저학년에서 고학년으로 성장하면서 관련한 요소를 반복, 심화하도록 구성하고 있다. 이와 같은 체계적 내용 구성은 학년 수준과 과목별 특성에 맞게 적절한 내용을 재구성하여 적용하는데 도움이 되며, 교과 중심의 분절적 교육과정 운영의 현실에서 주제 중심의 통합 운영의 단서를 제공할 수 있다.

도덕 교과는 <표 1>에 제시한 학습 요소 중 '의미 이해와 전달', '책임 있는 미디어 이용', '창작과 제작', '비판적 분석 및 평가'와 연관된다. 나아가 책임, 공동체 의식, 의사소통, 배려, 이해 등과 같은 가치 덕목과 관련지어서 적용 범위를 더욱 확장할 수도 있다. 이를 바탕으로, 도덕과에서 바람직한 관계, 윤리적 사용 역량을 집중적으로 다루거나, 타 교과에서의 MIL 교육에 공동체, 의사소통 등의 가치를 융합하여 다루는 두 가지 형태의 접근이 가능할 것이다. 학년 수준 따라서는 미디어 활용에 대한 올바른 태도, 배려하는 사용 습관 같은 내용에서부터 비판적 이해, 성찰, 소통에 이르기까지 저학년에서부터 고학년에 골고루 반복 습관화 될 수 있도록 내용을 구성하는 방식으로 추구하는 것이 바람직하다.

　미디어 리터러시 학습 요소는 과목별 특성에 따라 나누어 지도하는 방식을 선택할 수도 있다. 의미 이해와 전달 및 책임 있는 미디어 사용은 국어과에서, 감상과 향유, 창작과 제작은 예술, 실과에서, 책임 있는 태도와 올바른 윤리적 사용 역량은 도덕과에서 맡는 등의 방식을 취하는 것이다. 이는 MIL 교육이 주제 중심의 통합적 접근을 추구하여야 한다는 앞선 논의에 반대 성격을 가지고 있지만, 현장에서의 교육과정이 교과서 중심의 분절적 운영을 크게 벗어나지 못한다는 점과 주제 중심의 통합으로 인한 수업 연구 부담은 도리어 MIL 교육의 시도 자체를 어렵게 할 수 있다는 점을 고려하였을 때 교과별로 학습 요소를 나누어 지도하는 교과별 집중 운영이 더욱 효율적일 수 있다.

<표 2> 미디어 리터러시 교육 방법으로서 교과별 집중 운영

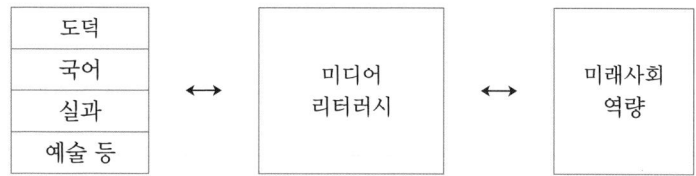

　이와 같은 운영은 각 과목의 특성을 살린 MIL 교육을 가능하게 한다. 도덕과의 경우 윤리적 사용 역량에 더욱 중점을 두어 지도할 수 있는데, 만약 태도, 가치의 영역을 별도로 다루지 않을 경우 다른 학습 과제를 통해 자연

스럽게 형성되기를 기대하는 수준에서 그치게 될 것을 도덕 교과에서 명확한 학습 주제로 삼을 수 있다는 점에서 바람직하다. 실제 현장에서는 도덕, 인성교육을 다룰 때 '운동 경기를 하다보면 자연스럽게 협동하는 태도를 배울 수 있을 것이다.'와 같이 도덕 인성교육 요소를 '자연스러운 영역'에서 처리하는 것을 쉽게 확인할 수 있다. 그러나 사실 그렇지 않으며, 오히려 윤리적 영역에서 학습 내용을 명확하게 선정하고 학습할 수 있도록 안내하여야 가능하다. MIL 교육에서도 역시 마찬가지로 미디어의 책임 있는 활용이 정말 중요한 화두라면 이를 집중적으로 다룰 수 있는 환경 조성과 명확한 학습 요소 제시가 필요하다. 그러므로 필요에 따라서는 교과별 집중 운영 방식을 통하여 MIL 교육이 이루어질 필요가 있다.

나. 학습 방법 설정 방향

도덕 교과에서 MIL 교육 요소를 다룰 때 다음의 방법을 고려하여 접근해보고자 한다.

첫째, 미디어/기술 중심의 접근에서 학생의 경험 중심의 접근으로의 전환이다(추병완 외, 2021). 일반적인 수업 상황을 떠올렸을 때 미디어 리터러시와 관련한 수업이라 하면 특정한 미디어 즉, 신문, 방송, 광고 그 자체를 분석하는 것으로 생각하기 쉽다. 초등학교 6학년 2학기 국어 교과서에서 뉴스를 제작하는 학습 내용을 예로 들면, 관심사를 조사하고 원고를 작성한 후 직접 촬영, 감상, 평가에 이르는 과정을 직접 실습하도록 되어있다. 이와 같은 과정은 미디어 리터러시 함양을 위한 좋은 학습 과정임은 분명하다. 그러나 뉴스 만들기 같이 단일한 미디어 그 자체를 분석하고 직접 만드는 과정을 배우는, 이른바 미디어/기술 중심의 접근은 해당 접근을 통해 얻을 수 있는 미디어 리터러시 역량이 다른 미디어까지 전이 될 수 있다는 가정 하에 수행되는데, 실상을 들여다보면 그렇지 않을 수 있다. 미디어/기술 중심의 접근은 특정한 목표를 이루기 위해 필요한 기술을 단편적으로 습득하게 되거나, 새로운 과제를 만났을 때 이전의 학습 내용이 전혀 도움이 되지 않을 수 있는등, 우리가 예상한 교육적 효과를 거두기 쉽지 않을 수 있음을 유념하여야 한다.

미디어/기술 중심의 접근은 학생들의 미디어 경험을 온전히 반영하지 못한다는 단점이 있다. 학생들의 미디어 경험은 단일 미디어를 통하지 않는다. 학생들은 세계에 대한 이해를 넓히는데 끊임없이 몰두하고 있으며, 자신의 해석에 따라 이용가능한 모든 범위의 자료를 사용하여 표현한다(추병완 외, 2021). 미디어 리터러시 교육을 통하여 단일 미디어에 대하여 깊이 있는 수준을 다루는 것은 실제 학생들의 생활 속에서 얕은 깊이의 넓은 범위를 다루는 현실과 동떨어진 학습 내용을 삼을 가능성이 있는 것이다.

따라서 도덕 교과에서 다루는 MIL 교육은 매체에 대한 탐구와 분석보다는 학생들의 경험 세계와 학습을 통합하고, 실생활에서 발견한 도덕적 요소에 대해 성찰하는 것을 중심으로 한 도덕적인 관점을 유지하는 측면에서 운영될 필요가 있다.

둘째로 학생의 수준을 고려한 접근을 모색하여야 한다. 먼저 도덕적 수준에 맞는 학습 요소와 교육내용을 선정한다. 가정, 학교로부터 사회, 국가, 세계에 이르기까지 학생들의 경험 수준에 따라 확장하며 습관적, 기능적 수준에서부터 추상적 수준에 도달할 수 있도록 내용을 구성할 수 있다. 학년의 위계와 연계를 고려하는 것도 필요하다. 학년이 올라감에 따라 윤리적 역량을 반복 심화하여 함양함으로써 내용적 체계성을 확보하여야 한다. 또한 성별에 따라 달라지는 관심사와 경험 세계를 고려한 미디어 활용, 학생의 가정, 사회 환경을 고려한 접근, 교실의 학습 자원을 활용하는 학습 방법 모색 등도 고려해볼 수 있다.

캐나다의 MIL 교육에서는 '디지털 시민성(Digital citizenship)'을 중시하며 디지털 사회의 권리와 책임, 참여, 행위규범, 에티켓, 소속감 등을 주요한 학습 요소로 삼는다. 핀란드의 '미디어 머핀 프로젝트(Media muffin project)'는 연령 제한 없이 학령기 전 아이들을 대상으로 미디어 리터러시의 중요성을 강조한다. 그 외에 세계 많은 나라에서는 다문화, 다양성, 다원성, 평등, 시민성의 가치를 포함하는 MIL 교육을 추구하고 있다(김여라, 2019). 이와 같은 윤리적 가치는 저학년에서부터 지속적으로 다루어짐으로써 자연스럽게 체화될 수 있도록 다각적인 접근을 추구하여야 하며, 생애주기의 측면에서 확장 발전될 수 있도록 체계화 전략이 필요하다.

마지막으로, 도덕, 인성교육의 다양한 정책과 연계한 교육 지원이 가능하다. 인성교육에 대한 국가적 관심 아래 민주시민교육, 생태교육, 다문화교육 등 다양한 분야의 교육이 적극적으로 추진되고 있다. 사회의 변화와 미래 사회에 대한 대비 측면에서 제안되는 다양한 교육 트렌드는 새로운 콘텐츠의 등장으로서 해석이 가능하며, 이를 활용하는 MIL 역량과 밀접하게 연관된다. 인성교육과 관련된 다양한 프로그램은 참여와 소통으로 나아가고자 하는 미디어 리터러시 요소와 연계하여 다룰 수 있으므로 이에 걸맞은 도덕과 교육에서의 MIL 교육을 시도해 볼 수 있다.

3 초등 도덕과에서의 MIL 교육을 위한 핵심 역량과 기술

미래 사회를 대비하는 역량 중심 교육과정 운영은 앞으로도 지속될 것으로 보인다. 도덕과에서의 MIL교육에 대하여 살펴보기 위해서는 도덕과와 MIL교육에서 어떠한 역량을 추구하고 있는지를 먼저 살펴보는 것이 필요하다. MIL 교육의 역량을 파악하는 것은 교사가 학습 요소를 구성하거나 토론을 이끌어 내는데 도움을 얻을 수 있다.

　미디어 리터러시 역량 함양을 위하여 연구자마다 다양한 세부 요소를 분석하고 있다. 먼저 미국의 미디어 리터러시 센터(CML, 2008)에서는 다섯 가지의 핵심 개념을 제안하였다. 누가 이 메시지를 만들었는지 파악하는 '저작(구성)', 어떤 기술이 나의 주의를 끌었는지를 파악하는 '형태(제작기법)', 보는 이마다 서로 다르게 이해할 수 있음을 아는 '대상'에 대한 이해, 이 메시지로부터 어떤 가치나 관점이 드러나는지에 대해 이해하는 '내용(의미)', 왜 이 메시지가 전달되는지에 대해 이해하는 '목적(동기)'의 다섯 가지 개념을 제안하였다. 또한 이 다섯 가지의 핵심 개념은 비판적 사고, 미디어의 분석, 미디어 제작, 미디어를 통한 상호작용과 함께 적용되어야 함을 강조했다.

　캐나다의 미디어 리터러시 협회는 8가지의 핵심 개념을 제안하였다(AML, 추병완 외, 2021 재구성). 미디어는 구성된다는 것, 미디어는 실재를 반영한다는 것, 청중은 미디어의 의미를 협상한다는 것, 미디어는 상업적이라는 것, 미디어에는 가치가 담겨 있다는 것, 미디어에는 정치사회적 메시지가 있다는 것, 매체마다 형식과 내용이 연관되어 있다는 것, 매체마다 고유한 심미적 형식이 있다는 것이며, 이를 이해하는 능력을 바탕으로 미디어를 받아들일 수 있기를 제안하고 있다.

　유네스코에서는 미디어 리터러시 역량을 다음의 7개로 제시한 바 있다(UNESCO, 2011). 첫째, 민주주의에서 미디어와 정보의 역할 이해, 둘째, 미디어 콘텐츠와 그 용도에 관한 이해, 셋째, 효과적이고 효율적인 정보 액세스, 넷째, 정보와 정보의 출처에 관한 비판적인 평가, 다섯째, 기존 및 신규 미디어 형식의 적용, 여섯째, 미디어 콘텐츠의 사회문화적 맥락 고려,

일곱째, 미디어 리터러시 교육에의 적극 참여 및 관리이다.

홉스는 디지털 및 미디어 리터러시의 핵심 역량으로 접근, 분석 및 평가, 창조, 성찰, 행동을 제시하였다(Hobbs, 2010: 19). 샤이버와 로고우(Sheibe & Rogow, 2012: 39-40)는 미디어 리터러시를 능력으로 규정하며, 접근, 이해, 인식, 분석, 평가, 창출, 성찰, 참여로 설정하고 이에 따라 실천하려는 의지가 있어야 함을 강조했다. 포터(Potter, 2016: 59)는 미디어 리터러시의 일곱 가지의 기술을 분석, 평가, 분류, 귀납, 연역, 종합, 추상화로 설정하였다(추병완 외, 2021 재인용).

또한, 정현선 외(정현선 외, 2016)는 미디어 리터러시와 관련된 핵심 역량을 의사소통 역량, 지식정보처리 역량으로 설정하고, 기초 학습 요소로는 미디어 체험, 미디어지식으로, 수행목표로서는 의미 이해와 전달, 책임 있는 미디어 이용, 감상과 향유, 미디어 기술 활용, 정보 검색과 선택, 창작과 제작, 사회·문화적 이해, 비판적 분석과 평가로 구분하여 제시하였다.

앞서 논의된 MIL 역량을 표로 정리하면 아래와 같다.

<표 3> 미디어 리터러시 세부 요소 및 역량(*표는 도덕교과와 관련 요소)

미국 미디어 리터러시센터 (2008)	유네스코 (2011)	홉스 (2010)	사이버& 로고우 (2012)	포터 (2016)	정현선 외 (2015)
저작	기능 이해	접근	접근	분석	의미 이해와 전달
형태	조건 이해	분석 및 평가	이해	평가*	책임있는 미디어이용*
대상	표현	창조	인식	분류	감상과 향유
내용	접근	성찰*	분석	귀납	미디어 기술 활용
목적	비판적 평가	행동	평가	연역	창작과 제작
	추출과 조직		창출	종합	사회·문화적 이해
	아이디어 합성과 운용		성찰*	추상화	비판적 분석과 평가
	책임감 있는 전달*		참여*		
	ICT 기술 활용				
	관계 맺기*				

표에서 살펴볼 수 있듯, 설정된 세부 역량 가운데 도덕과에 연관된 요소를 쉽게 발견할 수 있다. 특히 관계, 성찰, 책임은 여러 학자에 따라 공통적으로 강조하고 있으며 해당 요소에 대한 강조는 미디어 리터러시에 대한 연구가 계속될수록 더욱 강조되고 있다.

2015개정 초등 도덕과 교육과정에서는 자기존중 및 관리능력, 도덕적 사고능력, 도덕적 대인관계능력, 도덕적 정서 능력, 도덕적 공동체 의식, 윤리적 성찰 및 실천 성향을 교과역량으로 선정하고 있으며 교과 기능을 설정하여 역량 함양을 꾀한다. MIL 교육에서 강조하는 책임, 소통, 윤리적 활용 등의 관점과 도덕과의 모든 역량을 폭넓게 연관 지을 수 있겠으나, 미디어가 전달하는 메시지의 옳고 그름을 바르게 판단하여 분별하여야 한다는 점에서 도덕적 사고능력, 미디어를 통한 의사소통 과정에서 타인에 대해 이해하고 더불어 살아갈 수 있도록 하는 도덕적 대인 관계 능력, 미디어를 통한 소통의 과정에서 자신의 삶을 되돌아보고 도덕적 가치와 규범을 실천하는 것과 관련된 윤리적 성찰 및 실천 성향 역량이 밀접하게 관련된다고 볼 수 있다. 이와 관련한 도덕과의 기능으로서는 도덕적 판단능력(행위 결과 도덕적으로 상상하기), 도덕적 대인관계능력(경청, 도덕적 대화하기/타인 입장 이해 인정하기), 실천능력(책임감 있게 행동하기), 윤리적 성찰능력(반성과 마음 다스리기)와 관련이 있다.

4 초등 도덕과에서 MIL 교육 요소

2015 개정 초등학교 도덕과 교육과정에서 MIL교육과 연관된 내용을 분석해보고자 한다. MIL가 정보나 문화 콘텐츠 전반으로 교육 대상을 확장하고 있는 최근 연구 경향에 따라 폭넓은 관점에서 내용 요소를 선정하면 다음과 같다.

<표 4> 2015 개정 초등 도덕과 교육과정 내용체계표 중 MIL 관련 내용 요소

영역	내용 요소	
	3-4학년군	5-6학년군
타인과의 관계	• 예절이 없다면 어떻게 될까? (예절)	• 사이버 공간에서 지켜야 할 것은 무엇일까? (사이버 예절, 준법) • 서로 생각이 다를 때 어떻게 해야 할까? (공감, 존중)
사회·공동체와의 관계	• 나는 공공장소에서 어떻게 해야 할까? (공익, 준법)	• 우리는 서로의 권리를 왜 존중해야 할까? (인권존중)
자연·초월과의 관계		• 나는 올바르게 살아가고 있을까? (윤리적 성찰)

　MIL의 개념이 미디어 자체의 역할보다는 미디어 콘텐츠를 향하면서 학생들이 어떠한 정보를 이해하고 습득하는지에 관심을 두고 있으며, 미디어가 제공하는 메시지를 어떻게 다루며 미디어를 사회와 일상에 어떻게 적용하는가에 집중되고 있다. 이에 교육과정 상 내용요소를 선정할 때에도 미디어와 직접적인 연관을 맺고 있는 '사이버 예절, 준법'과 관련된 것뿐 아니라, 미디어 콘텐츠를 통한 소통 및 미디어의 사회적 역할과 관련된 내용 역시 MIL 교육 요소로 선정하여 재구성할 수 있다.

　3-4학년 군에서는 미디어를 통한 소통과 관련하여 '예절'과 관련한 내용 요소를, 그리고 미디어를 통한 소통의 장 역시 공공장소로서 인식하고 환경에 걸맞은 행동 양식에 대해 학습하기 위하여 '공익, 준법' 내용 요소를 선정할 수 있었다. 5~6학년 군에서는 온라인상에서의 도덕적 행동과 관련하여 '사이버 예절, 준법'과 관련한 내용을, 그리고 미디어를 통한 메시지의 전달과 소통 과정에서 발생할 수 있는 갈등과 평화적 해결을 고려하여 '공감, 존중'을, 미디어를 통한 소통이 시공간을 초월하고 세계화 되면서 다문

화, 다양성, 다원성, 평등, 시민성의 가치를 포함하여야 하며, 이를 위하여 인권에 대한 개념 정립이 우선시 된다는 점에서 '인권 존중'을(김여라, 2019), 마지막으로 콘텐츠의 이용과 제작, 소통의 과정에서 윤리적인 선택과 반성을 통해 바람직한 이용자로서의 역량을 길러야 한다는 점에서 '윤리적 성찰'을 선정할 수 있다.

선정한 내용 요소에 따라 관련 성취기준을 추출하면 다음과 같다.

<표 5> 2015 개정 초등 도덕과 교육과정 성취기준 중 MIL 관련 내용 요소

[4도02-03] 예절의 중요성을 이해하고, 대상과 상황에 따른 예절이 다름을 탐구하여 이를 습관화한다.
[4도03-01] 공공장소에서 지켜야 할 규칙과 공익의 중요성을 알고, 공익에 기여하고자 하는 실천 의지를 기른다.
[6도02-01] 사이버 공간에서 발생하는 여러 문제에 대한 도덕적 민감성을 기르며, 사이버 공간에서 지켜야 할 예절과 법을 알고 습관화한다.
[6도02-02] 다양한 갈등을 평화적으로 해결하는 것의 중요성과 방법을 알고, 평화적으로 갈등을 해결하려는 의지를 기른다.
[6도03-01] 인권의 의미와 인권을 존중하는 삶의 중요성을 이해하고, 인권 존중의 방법을 익힌다.
[6도04-02] 올바르게 산다는 것의 의미와 중요성을 알고, 자기반성과 마음 다스리기를 통해 올바르게 살아가기 위한 능력과 실천 의지를 기른다.

성취기준은 MIL 교육을 위하여 재구성되어 활용될 수 있으며, 해당 성취기준에 도달하기 위한 MIL 학습 역량, 학습 소재, 활동 방법 등은 교사 및 학생에 따라 적절하게 선택되는 것이 바람직하다.

5 초등 도덕에서 MIL 교육시 유의점

초등 도덕과에서 MIL 교육을 할 때 다음과 같은 내용에서 방법을 제안하며 도덕 교과의 특성을 살린 미디어 리터러시 교육에 대해 고민해보고자 한다.

첫째, 학생들이 미디어와의 적당한 거리두기를 할 수 있도록 고민하여야 한다(이미식, 2013). 최근의 미디어가 영상 중심의 감각적이고 즉각적인 흥미와 오락을 중시하기 때문에 도덕성 형성에 부정적인 영향을 미칠 수 있다는 우려가 많다. 이는 미디어의 영향으로부터 물리적인 거리를 두고 벗어나게 함으로써 학생들을 보호하고자 하는 보호주의적 사고를 바탕으로 하고 있는데, 미디어 접촉 시간을 의도적으로 줄이거나 어른으로부터 허용된 미디어에만 접근하게 하는 조치 등이 이로부터 발생한다. 물론 이러한 접근은 연령 제한에 상관없이 쏟아지는 유해 정보로부터 학생들을 보호하는데 도움이 될 수는 있겠지만, MIL의 목표는 미디어를 통한 소통과 참여에 도달하는 것이라는 점에서 과도한 물리적 거리두기보다는 '정서적 거리두기'를 할 수 있도록 안내하는 것이 바람직하다. 즉 미디어를 통하여 경험하게 되는 것들이 옳지 않은 것이거나, 일부에 불과한 것일 수 있음을 인지하고 과한 몰입에서 스스로 벗어날 수 있음을 깨닫는 것이다. 미디어에 대한 정서적 애착으로부터 벗어남으로써 미디어와 콘텐츠를 비판의 대상으로 삼아 분석할 수 있게 되며 나아가 미디어를 통해 형성된 자아를 성찰하는 것도 가능해진다.

둘째, 미디어가 우리에게 주는 도덕적 도전에 대하여 알아채는 것이다. 미디어의 급격한 발전과 우리 삶에 미치는 영향으로 우리는 이전과 다른 방식의 도덕적 문제 상황을 경험하게 되었다. 예컨대, 가짜 뉴스의 생산과 전파가 실제 사실보다 더 빠르게 더 많이 공유됨에도[1] 우리들이 이를 쉽게 구분해내지 못한다거나, AI 채팅 앱 개발 시 개인 대화 데이터를 무분별하

---

1 동아일보, 귀에 쏙 가짜뉴스, 진짜보다 28배 많이 공유…美 MIT팀 '가짜뉴스 전파' 분석. 2018.03.09.기사

게 활용하여 사회적 문제를 일으키는 등 변화된 사회 환경에 따라 이전과는 다른 새로운 도덕적 문제가 발생하고 있다. MIL 교육은 미디어의 다양한 도덕적 문제를 민감하게 발견할 수 있도록 어떻게 도움을 주어야 하는지에 대해 다룸으로써 새롭게 발생할 수 있는 도덕적 도전에 적극적으로 대처할 수 있는 역량을 길러주어야 한다. 그래서 미디어를 통해 접하게 되는 세상에서 자신이 어떤 도덕적 관점을 가져야 하는지 스스로 점검하고, 타인과의 관계에서는 바람직한 모방, 긍정적인 관계를 형성하는 장으로서 인식할 수 있도록 하여야 한다.

셋째, 미디어가 가진 강점을 수업을 통해 극대화 하는 것이다. 때로는 학생들이 미디어를 통한 경험을 자신과 동일시하거나, 정서적으로 친근하게 느껴 이를 모방하려는 경향을 문제의 원인으로 삼기도 하는데, 이러한 경향은 잘 활용하여 교과 수업에 활용할 수 있다. 다시 말해 1분짜리 글로 된 매체에 지루함을 느끼는 학생들도 10분짜리 영상자료는 흥미 있게 몰입하는 경향은 도덕 수업에서 모범적인 사례를 풍부하게 제공할 수 있는 좋은 학습 방법으로 활용될 수 있다. 미디어를 통해 도덕적 내러티브가 충분히 전달됨으로써 등장인물에 대한 동일시, 정서적 친근함을 바탕으로 나의 이야기와 연관지어 생각하는 좋은 학습 과정으로 활용하는 것이다. 미디어가 가진 강력한 권력이 학습 과정에서도 긍정적으로 활용될 수 있도록 다양한 학습 과정이 연구될 필요가 있다.

6 초등 도덕과에서 MIL 교육의 실제

앞서 논의된 초등 도덕과에서 MIL 교육에 관한 내용을 바탕으로 교육의 실제를 제시해보면 다음과 같다. 본 수업은 윤리적 성찰 및 실천성향의 역량과 관련지어 6학년 3. 나를 돌아보는 생활 단원을 선정하였다. MIL 교육요소로서는 2015 교육부 연구(정현선 외, 2015)를 바탕으로 설정한 미디어 리터러시 교육내용 체계[2]를 기초로 '책임 있는 미디어 이용'을 선정하여 도덕과 학습 단원과 연계하였다. 수업의 주안점은 미디어를 통한 소통의 과정에서 발생하는 무책임한 행동에 관하여 성찰해보고, 책임 있는 소통을 위하여 무엇을 실천해야 할지를 떠올려 본 후 직접 실천하기까지 이르는 것을 목표로 삼아 수업을 운영하였다. 이에 본 차시의 수업 계획은 다음과 같다.

 미디어 리터러시 ✓ 책임 있는 미디어 이용

1. 교수 · 학습활동의 개관

MIL 주제	책임 있는 미디어 이용	MIL 요소	책임 있는 미디어 이용
학년(군)/ 차시 분량	5,6학년군	교과 핵심역량	윤리적 성찰 및 실천성향
단원	3. 나를 돌아보는 생활	학습 주제	미디어를 통한 책임 있는 소통 방법 탐구
학습 목표	자신의 미디어 소통 방법을 반성해보고 책임 있는 소통을 실천할 수 있다.			
관련 성취기준	[6도04-02]올바르게 산다는 것의 의미와 중요성을 알고, 자기반성과 마음 다스리기를 통해 올바르게 살아가기 위한 능력과 실천 의지를 기른다.			
MIL 학습자료	노트북, 태블릿 등 인터넷 접속기기			

---

[2] 기초학습 요소 : 미디어 체험, 미디어 지식
수행목표 : 의미 이해와 전달, 책임 있는 미디어 이용, 감상과 향유, 미디어 기술 활용, 정보 검색과 선택, 창작과 제작, 사회 문화적 이해, 비판적 분석과 평가

2. 교수 · 학습 활동의 예시

> **도입**　무책임한 미디어 소통으로 인한 어려움 찾기

◉ 자신의 경험 속에서 무책임한 미디어 소통으로 인하여 겪은 어려움을 찾아 이야기를 나누어 본다.
- Q. 자신이 얻은 정보가 잘못되어 곤란했던 경험이 있나요?
  - 온라인 댓글에서 얻은 주소를 찾아갔더니 잘못된 것이었습니다.
  - 친구에 대한 잘못된 소문이 SNS에 퍼졌습니다.
  - 인터넷 방송에서 욕설이나 비난이 많이 나왔습니다.
- Q. 그때의 감정은 어땠나요?
  - 새롭게 알게 된 정보를 믿기 어려워졌습니다.
  - 기분이 나쁘고 불쾌했습니다. 등

◉ 학습 문제를 제시한다.
  - 자신의 미디어 소통 방법을 반성해보고 책임 있는 소통을 실천해봅시다.

◉ 학습활동 안내
  - 활동1 : 책임진다는 것은?
  - 활동2 : 나의 소통 발자국 돌아보기
  - 활동3 : 책임 있는 발자국 찍기

> **전개 1**　책임진다는 것은?

◉ 자신의 생활 속에서 '책임'이란 무엇인지 생각해보고 책임 있는 소통이란 무엇인지 추론한다.
- Q. '책임'이란 무엇일까요? 자신의 경험에 빗대어 설명해봅시다.
  - 내가 할 일을 끝까지 해내는 것입니다.
  - 학급의 구성원으로서 좋은 반이 되도록 솔선수범하는 것입니다.

- 거짓말하지 않는 것입니다. 등
- Q. 미디어를 통한 소통의 과정에서 책임진다는 것은 무엇일까요?
  - 내가 옳은 행동을 하고 있는지 반성하고 개선하는 것입니다.
  - 다른 사람과 어울려 살아가도록 배려하는 것입니다.
  - 정확한 정보를 주고받아 오해가 없도록 하는 것입니다.
  - 잘못된 행동으로 다른 사람이 피해를 입지 않도록 하는 것입니다. 등

(전개 1) **나의 소통 발자국 돌아보기**

◉ 미디어를 통하여 소통한 나의 기록을 찾아 살펴보고 책임 있는 소통을 해왔는지 성찰해본다.
- Q. 메신저, SNS, 댓글 등 나의 미디어 소통 기록(미디어 발자국)을 찾아 봅시다.
  - 자신의 소통 기록을 살펴보고 민감하게 반응해야할 점을 선택한다.
- Q. 나의 미디어 발자국에서 발견한 것은 무엇인가요?
  - 메시지를 무분별하게 주고받으며 과도한 시간을 썼습니다.
  - 비속어나 비난하는 말을 많이 사용했습니다.
  - 내가 올리는 영상이 어떤 영향을 미칠지 고민하지 않았습니다. 등
- Q. 나의 미디어 발자국이 향하는 곳은 어디일지 생각해봅시다.
  - 무책임한 행동이 가득한 세상입니다.
  - 중요한 정보는 가려지고 잘못된 정보가 많아질 것입니다.

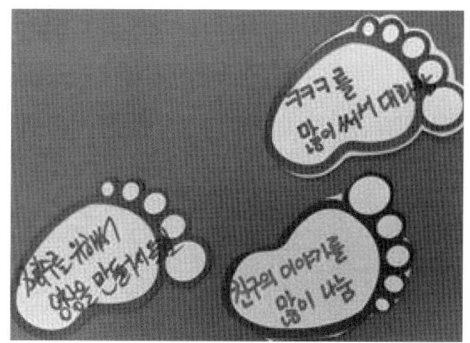

<그림 1> 나의 소통발자국 돌아보기

전개 3 **책임 있는 발자국 찍기**

● 책임 있는 소통을 위하여 실천할 수 있는 일을 찾아 직접 실천해본다.
  Q. 앞으로 미디어 세상에 남겨질 나의 발자국이 어떤 것이기를 바라는지 생각해봅시다.
   - 긍정적인 내용이 많았으면 좋겠습니다.
   - 다른 사람을 배려하는 내용이 많았으면 좋겠습니다. 등
- Q. 책임 있는 발자국을 찍기 위해 내가 할 수 있는 일을 찾아봅시다.
   - 좋은 글을 남깁니다. 바른 말을 사용합니다. 정확한 출처를 찾아 글을 씁니다. 등
- Q. 계획한 행동을 지금 바로 실천해봅시다. 미디어 내에서 자신의 활동 기록이 남겨진 곳에 직접 실천해봅시다.
   - 메신저, SNS, 댓글 등 자신이 평소에 소통하는 공간에 다짐한 내용을 직접 실천한다.
- Q. 활동하고 난 소감이 어떻습니까?
   - 책임 있는 행동을 하고 나니 뿌듯한 느낌이 들었습니다.

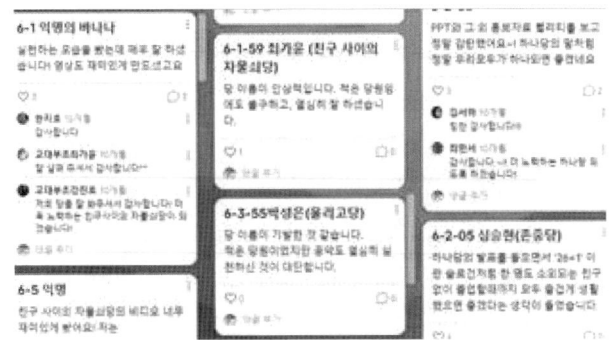

<그림 2> 책임 있는 소통의 실천

정리

● 학습 내용을 정리하고 실생활에서 실천하도록 격려한다.

- Q. 이번 시간에 배운 것은 무엇입니까?
  - 나의 미디어 소통 방법을 반성해보고 책임 있는 소통을 실천해보았습니다.
- Q. 오늘 배운 것을 실생활에서 어떻게 실천하겠습니까?
  - 미디어를 통해서 바람직한 정보가 오고갈 수 있도록 책임있게 실천해보겠습니다.

참고 문헌

교육부 (2015), 개정 초등학교 도덕과 교육과정
김여라 (2019), 디지털 시대의 미디어 리터러시 해외 사례 및 시사점, 국회입법조사처, NARS 현안분석, 제90호.
박주현 외 (2020), 미디어정보 리터러시 개념과 교육내용 개발. 한국도서관·정보학회지, 51(3), 223-250.
신미경 외(2020), 학교 미디어 리터러시 교육 활성화 방안, 충북교육정책연구소.
임상수 (2021), 미디어 리터러시와 도덕과 교육. 초등도덕교육, 75, 125-153.
이미식 (2012). 미디어 리터러시를 활용한 도덕과 교육 방법에 관한 연구. 초등도덕교육, 40, 217-238.
정현선 외 (2015), 미디어 문해력(Media Literacy) 향상을 위한 교실수업 개선 방안 연구, 교육부.
정현선 외 (2016), 핵심역량 중심의 미디어 리터러시 교육내용 체계화 연구. 학습자중심교과교육연구, 16(11), 211-238.
추병완 외(2021), 민주 시민을 위한 미디어 리터러시 교육,
홍유진 외 (2013), 미디어 리터러시(Literacy) 국내외 동향 및 정책방향, 한국콘텐츠진흥원, 코카포커스 2013-01호.
AML, https://aml.ca/resources/eight-key-concepts-media-literacy/
UNESCO (2011), Media and Information Literacy Curriculum for Teachers,.
Elizabeth Thoman (2008), "Literacy for the 21st Century: An Overview & Orientation Guide To Media Literacy Education",
Hobbs, R. (2010), Digital and media literacy: A plan of action, Washington, DC: The Aspen Institute.
Potter, W. J. (2016), Media literacy, Los Angeles: SAGE.

4장
국어 교과에서 미디어 리터러시 교육

배소현(서울대방초등학교 교사)

　지금의 초등학생은 디지털 원주민이자 영상세대이다. 이들은 글보다 영상으로 정보를 습득하는 경향을 보이고 있으며, 영상을 소비할 뿐 아니라 직접 생산하면서 영상으로 소통을 한다.[1] 그러나 미디어의 유형이 바뀌었을 뿐 이 새로운 세대가 '소통'을 하고 있음은 변하지 않았고, 소통의 바탕은 언어라는 점에서 국어과의 미디어 리터러시 교육은 중요한 위상을 갖는다.

　국어과에서 미디어 리터러시 교육은 주로 언어교육의 차원에서 접근되어왔다. 좁은 의미로는 '기호로 확장된 의사소통과, 정보적·미적 텍스트의 비판적 이해와 생산에 대한 교육'(정현선, 2004: 25)으로서 시행되었고, 넓게는 '미디어 텍스트의 생산·수용·유통을 소통의 사회적 맥락 속에 위치 지워보는 비판적 사고력으로서의 메타언어능력'(정현선, 2004: 24)을 기르는

---

[1] "10대에게 소통 수단이 된 '영상'…영상 세대가 온다", 조선에듀, 2019.2.28. (2022.5.3. 검색)

교육으로서 시행되었다. 국어과에서 미디어 리터러시 교육은 이 협의와 광의의 언어교육으로서 매우 중요하다. 좁은 의미의 언어교육으로서, 국어과의 미디어 리터러시 교육은 변화한 언어생활에 대한 가장 기본적이고 직접적인 교육이다. 또한 텍스트의 의미 작용과 가장 밀접하게 관련되기 때문에, 언어교육적 차원의 미디어 리터러시 교육이 탄탄하게 이루어질 때 그것을 바탕으로 윤리 교육적, 매체비평 교육적, 예술 교육적 차원의 미디어 리터러시 교육이 제대로 이루어질 수 있다(정현선, 2014: 26). 넓은 의미의 언어교육으로서, 국어과의 미디어 리터러시 교육은 언어를 매개로 하는 모든 인지활동의 바탕이 되는 메타언어능력을 함양한다는 의미를 갖는다(박혜림, 2019: 101). 국어과 미디어 리터러시 교육의 중요성은 언어교육의 관점 뿐 아니라 민주시민 교육의 관점에서도 찾을 수 있다. 민주시민의 기술에는 정보에 대한 비판적 조사, 사실과 견해 구별, 커뮤니케이션 기술, 적극적인 방식으로 미디어를 활용하기 등이 있는데(Dopanay, 2012: 34; 추병완 외, 2021: 26 재인용), 이는 언어 능력과 메타언어능력을 바탕으로 하는 국어과의 미디어 리터러시와 상통한다.

　이러한 중요성과 필요성이 널리 수용되어, 국어과는 미디어 리터러시 교육을 적극적으로 받아들였다. 그리고 여러 연구자들이 국어과에 반영된 미디어 리터러시 교육의 양상을 탐구하고 개선 방안을 제안하였다. 이 장에서는 여러 연구들에서 밝혀진 초등 국어과에서 시행하고 있는 미디어 리터러시 교육의 양상과 개선점을 살펴보고, 이를 종합하여 개선 방향을 탐색하고자 한다. 이후 이를 반영한 구체적인 교수·학습 활동 예시를 제안하고자 한다.

1 초등 국어과 미디어 리터러시 교육의 실태와 개선 방안

1) 국어과 교육과정에 반영된 미디어 리터러시 교육

국어과 교육과정에 반영된 미디어 리터러시 교육은 핵심역량과 목표, 그리고 성취기준에서 살펴볼 수 있다. 이를 분석하고 정리한 연구들을 통해, 국어과 교육과정에 반영된 미디어 리터러시 교육의 양상을 탐구하고자 한다. 2015 개정 국어과 교육과정은 국어과의 성격을 밝히며 핵심역량으로 〈표 6〉의 6가지를 제시하고 있다.

<표 6> 2015 개정 국어과 교육과정 핵심역량(교육부, 2015: 3-4)

핵심 역량	정의
비판적·창의적 사고 역량	다양한 상황이나 자료, 담화, 글을 주체적인 관점에서 해석하고 평가하여 새롭고 독창적인 의미를 부여하거나 만드는 능력
자료·정보 활용 역량	필요한 자료나 정보를 수집, 분석, 평가하고 이를 효과적으로 활용하여 의사를 결정하거나 문제를 해결하는 능력
의사소통 역량	음성 언어, 문자 언어, 기호와 매체 등을 활용하여 생각과 느낌, 경험을 표현하거나 이해하면서 의미를 구성하고 자아와 타인, 세계의 관계를 점검·조정하는 능력
공동체·대인 관계 역량	공동체의 가치와 공동체 구성원의 다양성을 존중하고 상호 협력하며 관계를 맺고 갈등을 조정하는 능력
문화 향유 역량	국어로 형성·계승되는 다양한 문화를 이해하고 그 아름다움과 가치를 내면화하여 수준 높은 문화를 향유·생산하는 능력
자기 성찰·계발 역량	삶의 가치와 의미를 끊임없이 반성하고 탐색하며 변화하는 사회에서 필요한 재능과 자질을 계발하고 관리하는 능력

국어과의 핵심역량은 그 의미를 고려할 때 모두 미디어 리터러시와 연관되어 있다. 이 중에서도 특히 자료·정보 활용 역량과 의사소통 역량이 미디어 리터러시 역량과 관련성이 높은데(이경화·박상준, 2020: 23), 의사소통 역량의 경우 그 정의 안에 '매체'를 명시하여 미디어 리터러시 교육을 직접적으로 반영하고 있다.

다음으로 국어과는 '목표'로 아래와 같은 내용을 제시하고 있다.(교육부, 2015: 4)

국어로 이루어지는 이해·표현 활동 및 문법과 문학의 본질을 이해하고, 의사소통이 이루어지는 맥락의 다양한 요소를 고려하여 품위 있고 개성 있는 국어를 사용하며, 국어문화를 향유하면서 국어의 발전과 국어문화 창조에 이바지하는 능력과 태도를 기른다.

가. 다양한 유형의 담화, 글, 작품을 정확하고 비판적으로 이해하고 효과적이고 창의적으로 표현하며 소통하는 데 필요한 기능을 익힌다.
나. 듣기·말하기, 읽기, 쓰기 활동 및 문법 탐구와 문학 향유에 도움이 되는 기본 지식을 갖춘다.
다. 국어의 가치와 국어 능력의 중요성을 인식하고 주체적으로 국어생활을 하는 태도를 기른다.

'목표'에서는 미디어 리터러시가 직접적으로 드러나지는 않으나, '국어로 이루어지는 이해·표현 활동', '의사소통이 이루어지는 맥락의 다양한 요소', '다양한 유형의 담화, 글, 작품'에 미디어 리터러시 신장을 위한 내용이 포함된 것으로 볼 수 있다.(노은희 외, 2018: 53) 이처럼 국어과는 그 성격과 목표를 통하여 미디어 리터러시를 국어과 교육내용으로 포함하고 있다. 이를 구체화한 것이 성취기준이다. 국어과 성취기준에 반영된 미디어 리터러시 교육의 양상과 개선 방향을 탐색하여 교육과정 수준에서 국어과 미디어 리터러시 교육의 개선 방향을 살펴보고자 한다.

이경화·박상준(2020)은 미디어 리터러시를 '미디어의 내용을 비판적으로 이해하고, 미디어를 적절하게 활용하며 생산하는 능력'으로 정의하고, 미디어 리터러시를 담고 있는 2015 개정 국어과 교육과정의 성취기준을 미디어 비판적 이해 측면, 미디어 활용 측면, 미디어 생산 측면에서 살펴보았다. 그 내용을 표로 정리하면 다음과 같다.

<표 7> 미디어 리터러시가 반영된 성취기준(교육부, 2015: 3-4)

미디어 리터러시의 측면		반영된 성취기준
미디어 비판적 이해	읽기	[6국02-05] 매체에 따른 다양한 읽기 방법을 이해하고 적절하게 적용하며 읽는다.
미디어 활용	듣기·말하기	[2국01-02] 일이 일어난 순서를 고려하며 듣고 말한다. [2국01-04] 듣는 이를 바라보며 바른 자세로 자신 있게 말한다. [4국01-03] 원인과 결과의 관계를 고려하며 듣고 말한다. [4국01-04] 적절한 표정, 몸짓, 말투로 말한다. [6국01-05] 매체 자료를 활용하여 내용을 효과적으로 발표한다.
	읽기	[4국02-05] 읽기 경험과 느낌을 다른 사람과 나누는 태도를 지닌다. [6국02-02] 글의 구조를 고려하여 글 전체의 내용을 요약한다.
	쓰기	[4국03-05] 쓰기에 자신감을 갖고 자신의 글을 적극적으로 나누는 태도를 지닌다. [6국03-03] 목적이나 대상에 따라 알맞은 형식과 자료를 사용하여 설명하는 글을 쓴다.
	문법	[4국04-01] 낱말을 분류하고 국어사전에서 찾는다. [4국04-05] 한글을 소중히 여기는 태도를 지닌다.
	문학	[2국05-05] 시나 노래, 이야기에 흥미를 가진다. [4국05-01] 시각이나 청각 등 감각적 표현에 주목하며 작품을 감상한다.
미디어 생산	쓰기	[6국03-02] 목적이나 주제에 따라 알맞은 내용과 매체를 선정하여 글을 쓴다.

이경화·박상준(2020)에 따르면 미디어 비판적 이해 성취기준은 5-6학년 군 읽기 영역에서 제시되며, 매체의 유형에 따라 적절한 읽기 능력을 기르는 것에 초점을 맞추고 있다. 미디어 활용 성취기준은 듣기·말하기, 읽기, 쓰기, 문법, 문학의 전 영역에서 제시되며, 읽기 영역과 쓰기 영역에서 매체를 활용한 공유가 이루어지는 것이 특징이다. 또한 미디어를 활용하는 것이 비판적 이해나 의미 구성보다는 듣기 활동, 말하기 태도 함양, 문법적 지식 이해를 위해 도구적으로 이루어진다. 미디어 생산 성취기준은 쓰기 영역에서 제시되며, 미디어를 이용해 글을 쓸 때 학습자의 의도에 따른 매체 선정에 초점을 맞추고 있다. 미디어를 활용해 글을 쓰는 기술에 대한 교육은 성취기준으로 드러나지 않는다. 이러한 점을 고려할 때, 첫째, 미디어 리터러시의 내용이 반영되는 학년군을 확대할 필요가 있다. 특히 미디어 생산 측면에서 미디어 생산 기술을 저학년 군부터 체계적으로 교육하여야 한다. 둘째, 국어과 교육과정의 전 영역에서 미디어 리터러시를 적극 수용해야 한다. 미디어는 복합양식 텍스트로서, 그것을 비판적으로 이해할 때나 활용할 때 그리고 생산할 때에 모든 언어 기능을 총체적으로 사용하기 때문이다.(이경화·박상준, 2020: 23-31)

2) 국어과 교과서에 반영된 미디어 리터러시 교육

정현선(2018)은 미디어 리터러시 학습 내용이 담긴 초등 3-4학년군 교과서의 사례를 분석하여 의미 있는 지점과 개선이 필요한 지점을 정리하였다. 그가 정리한, 초등 3-4학년군 국어 교과서에 반영된 미디어 리터러시 학습 내용의 양상은 다음과 같다.

<표 8> 3-4학년 국어 교과서에 반영된 미디어 리터러시 교육(정현선, 2018: 202-218)

항목	(학기)단원 주요 학습 활동	미디어 리터러시 관련 내용
①	(3-1)6. 일이 일어난 까닭 • 글을 읽고 사람들의 생활이 어떻게 달라질지 짐작해보기	- 구체적인 맥락 속의 문제 해결을 위한 시민 참여적 문식 활동을 제시함.
②	(4-1)7. 사전은 내 친구 • 낱말의 뜻을 생각하며 글 읽기	- 미디어의 역사에서 중요한 의미를 갖는 종이에 대한 내용을 담고 있는 제재를 사용함.
	(4-1)9. 자랑스러운 한글 • 문자가 필요한 까닭 알기	- 의사소통 및 미디어의 역사에서 문자의 의의와 역할에 대한 내용을 담고 있는 제재를 사용함.
③	(3-1)3. 알맞은 높임 표현 • 높임 표현과 언어 예절을 생각하며 대화하기	- 제시된 삽화와 학습활동을 통해 일상생활의 미디어 이용을 언어 예절의 측면에서 성찰하도록 함.
④	(3-1)7. 반갑다, 국어사전 • 국어사전에서 낱말을 찾는 방법 알기	- 사전 찾기 학습 내용을 통해 정보 활용 역량을 증진함.
	(4-1)7. 사전은 내 친구 • 여러 가지 사전에서 낱말의 뜻 찾기	- 스마트폰과 컴퓨터 등을 활용해서 사전에서 낱말을 찾는 방법을 제시함.
⑤	(3-1)10. 문학의 향기 • 만화 영화를 보고 재미와 감동 표현하기	- 시각적 이미지와 음악, 음향 등 복합양식적 표현의 미디어 컨텐츠를 이해하는 활동을 제시함.
	(4-1)3. 느낌을 살려 말해요 • 적절한 표정, 몸짓, 말투를 사용해 말하기	- 시각적 이미지와 음악, 음향 등 복합양식적 표현의 미디어 컨텐츠를 이해하는 활동을 제시함.
⑥	(4-1)3. 느낌을 살려 말해요 • 읽는 사람을 고려해 생각 쓰기	- 광고의 의미를 읽어내기 위한 학습 활동을 제시함.
⑦	(4-1국어활동)3. 느낌을 살려 말해요 • 읽는 사람을 고려해 생각 쓰기	- 자신의 생각을 담아 보는 이와 소통할 수 있도록 광고를 만드는 활동을 제시함.
	(4-1)8. 이런 제안 어때요 • 제안하는 글쓰기	- 자신의 생각을 담아 보는 이와 소통할 수 있도록 광고를 만드는 활동을 제시함.
⑧	(3-1)10. 문학의 향기 • 만화 영화를 보고 재미와 감동 표현하기	- 시각적 이미지와 음악, 음향 등 복합양식적 표현의 미디어 컨텐츠를 이해하는 활동을 제시함.

이를 바탕으로 정현선(2018)은 국어과의 미디어 리터러시 교육으로서 의

미 있는 사례를 두 가지 제시하고, 개선해야 할 사례를 여섯 가지 제안하였다. 우선 의미 있는 사례는 첫째, 〈표 8〉의 ①번 항목으로, 시민으로서 미디어로 의미를 구성하고 소통하여 일상생활 맥락 속의 문제 해결에 참여하도록 한 사례이다. 이 활동은 미디어 리터러시의 공적 참여라는 지향점을 초등 수준에서 적절히 수용한 것으로 평가된다. 둘째, ②번 항목으로, '변화하는 문식성, 미디어, 소통에 대한 이해를 돕는 제재'를 활용한 사례이다. 이를 통해 학생들이 자신의 삶에서 경험하는 미디어와 문식성을 이해할 수 있다. 개선해야 할 사례로는 총 다섯 가지를 제시하였다. 첫째, ③번 항목으로, 어린이의 미디어 활용이 지나치게 부정적으로만 재현되는 것을 지양해야 한다. 둘째, ④번 항목으로, 학생들의 실제 삶을 고려할 때 디지털 기기를 활용한 낱말 뜻 찾기 활동이 저학년군에서부터 도입되어야 한다. 또한 사전 활용뿐만 아니라 인터넷 검색에 대한 교육이 이루어져야 한다. 셋째, ⑤번 항목으로, 미디어 텍스트를 온전하게 깊이 읽고 의미와 의도를 이해하도록 하는 교육이 필요하다. 현재 교과서의 활동은 미디어 텍스트를 보고 인물의 비언어적 표현을 이해하는 등 미디어 텍스트를 도구적이고 분절적으로 활용하고 있다. 넷째, ⑥번 항목으로, 생산자의 의도적이고 선택적인 정보 전달을 이해하고 미디어 텍스트를 비판적으로 이해할 수 있는 비판적 읽기 활동이 이루어져야 한다. 단순히 사실과 의견을 구분하는 것뿐만 아니라 관점에 따라 달라지는 사실과 의견을 확인할 수 있도록 할 필요성이 있다. 다섯째, ⑦번 항목으로, 미디어 텍스트의 형식과 그에 따른 표현적 특성을 이해하도록 하는 학습활동이 필요하다. 광고 등 미디어 텍스트를 생산하는 활동의 경우 현재는 학생의 생활 경험을 통한 암묵지에 의존하여 텍스트를 표현하도록 하고 있기 때문이다. 여섯째, ⑧번 항목으로, 미디어의 종류와 범주에 관련해서 정확한 개념 정의와 용어 사용이 필요하다. 본 사례에서는 '만화 영화'와 '애니메이션'의 개념이 혼용되고 있다.(정현선, 2018: 202-218)

  홍윤정(2021)은 미디어 리터러시의 영역을 미디어 리터러시 개념에 대한 이해, 미디어 컨텐츠 이해, 미디어 컨텐츠 생산, 미디어 이용 윤리로 나누고, 초등 5-6학년군 국어 교과서에 반영된 미디어 리터러시 교육의 양상을 분석하였다. 그 내용을 표로 정리하면 다음과 같다.

<표 9> 5-6학년 국어 교과서에 반영된 미디어 리터러시 교육(홍윤정, 2021: 84-123)

영역	(학기)단원 주요 학습 활동	미디어 리터러시 관련 내용
미디어 리터러시 개념 이해	(5-1)9. 여러 가지 방법으로 읽어요 • 책, 뉴스 등에서 글을 찾아 읽은 경험 나누기	- 인터넷에서 글을 찾아 읽는 활동을 그림으로 제시함. - 인터넷 활용의 장점을 글로 제시함.
	(5-2)5. 여러 가지 매체 자료 • 여러 가지 매체 자료 알기	- 매체 자료 ㉮신문, ㉯뉴스, ㉰휴대전화 문자 메시지 등을 삽화로 제시함. - 교사 학습 도우미가 영화, 휴대전화 문자 메시지 등 매체 자료 특성에 관해 설명함. - 인쇄 매체인 잡지, 신문, 영상 매체인 영화, 연속극, 인터넷 매체인 누리소통망[SNS], 문자 메시지 등을 제시함.
	(6-2)3. 타당한 근거로 글을 써요 • 상황에 알맞은 자료를 활용해 논설문 쓰기	- 학습 도우미가 '누리 소통망(소셜 네트워크 서비스[SNS]'의 개념을 제시함.
	(6-2)4. 효과적으로 발표해요 • 여러 가지 매체 자료 살펴보기	- 학습 도우미가 매체 자료의 활용 방법에 대해 설명함.
	(6-2)6. 정보와 표현 판단하기 • 뉴스와 광고를 보고 세계에 관심 가지기	- 교사 학습 도우미가 뉴스와 광고의 성격에 대해 설명함. - 뉴스가 우리 생활에 미치는 영향에 관하여 이야기함.
	(6-2)6. 정보와 표현 판단하기 • 뉴스의 짜임 알기	- 교사 학습 도우미가 뉴스의 개념을 설명함.

미디어 컨텐츠 이해	해석	(5-1)9. 여러 가지 방법으로 읽어요 • 글을 찾아 읽은 경험 나누기		- 컴퓨터로 글을 찾아 읽는 삽화를 제시함. - 글을 찾아 읽은 경험을 함께 나눔.
		(5-2)3. 의견을 조정하며 토의해요 • 자료에 따른 읽기 방법 비교하기		- 자료에 따른 읽기 방법을 ㉮인터넷 신문기사, ㉯책으로 나누어 제시함. - 자료의 출처를 쓰는 까닭을 확인함.
		(5-2)5. 여러 가지 매체 자료 • 매체 자료의 표현 방법 알기 • 매체 자료의 특성을 생각하며 알맞은 방법으로 읽기		- 인물이 처한 상황, 사건을 파악하며 드라마「허준」을 감상함. - 각 장면의 음악이 어떤 느낌을 주는지 이야기 나눔.
		(5-2)5. 여러 가지 매체 자료 • 알맞은 방법으로 매체 자료 읽기 • 매체 자료의 주요 내용 정리하기		- 인물 소개를 위한 자료를 탐색함. - 김득신과 관련한 영상 자료에서 음악효과를 분석함. - 다른 매체를 이용해 김득신을 조사하고 글로 정리함.
		(6-1)7. 우리말을 가꾸어요 • 우리말 사용 실태를 보여주는 자료 알아보기		- 우리말 사용 실태를 여러 매체에서 조사함.
		(6-2)3. 타당한 근거로 글을 써요 • 자료를 수집하는 방법 알기 • 자료를 평가하는 방법 알기		- 논설문을 쓰기 위한 그림, 포스터, 동영상 자료 등을 수집함. - 수집한 자료의 타당성과 신뢰성을 친구들과 이야기함.
		(6-2)3. 타당한 근거로 글을 써요 • 상황에 알맞은 자료를 활용해 논설문 쓰기		- 가족 구성원이 디지털 기기를 사용하여 문자로 대화를 나누는 텍스트를 제시함.
		(6-2)4. 효과적으로 발표해요 • 여러 가지 매체 자료 살펴보기		- 사진, 도표 등을 활용할 때의 장점을 파악함. - 활용하려는 매체 자료의 종류와 그 매체 자료의 효과에 대해 살펴봄.
		(6-2)4. 효과적으로 발표해요 • 매체 자료에서 주제 찾기 • 매체 자료에서 효과적인 표현 방법 찾기		- 공익 광고㉮, 도표㉯의 주제를 파악하고 효과성을 까닭을 들어 평가함. - 영상 자료에서 주제를 효과적으로 표현하기 위해 사용한 방법을 장면 구성, 음악, 소리, 비유적 표현, 자막, 해설 등으로 나누어 분석함.
		(6-2)6. 정보와 표현 판단하기 • 광고의 표현 특성 알기 • 광고를 보고 비판적으로 보아야 할 부분 찾기		- 학습 도우미가 광고를 해석하는 방법에 대해 구체적으로 설명함.

	비판적 이해	(6-2)6. 정보와 표현 판단하기 • 광고의 표현 특성 알기 • 광고를 보고 비판적으로 보아야 할 부분 찾기	- 광고 표현의 적절성에 대해 친구들과 이야기하고 판단함. - 과장하거나 감추는 내용이 있는지 판단함. - 학습 도우미가 광고의 속성을 설명함. - 학습 도우미가 '과장 광고'와 '허위 광고' 개념을 제시함.
		(6-2)6. 정보와 표현 판단하기 • 뉴스에 나타난 정보의 타당성을 판단하는 방법 알기 • 뉴스를 보며 정보의 타당성 판단하기	- 교사 학습 도우미가 뉴스의 타당성을 판단하는 방법 두 가지를 설명함. - 뉴스의 타당성을 판단하는 방법을 제시하고 자신의 의견을 더하는 활동을 제시함.
미디어 컨텐츠 생산	제작	(5-2)3. 의견을 조정하며 토의해요 • 자료를 알기 쉽게 표현하기	- 찾은 자료를 알기 쉽게 표현하는 방법을 생각하고 표현함.
		(5-2)5. 여러 가지 매체 자료 • 알리고 싶은 인물 소개하기	- 만화 영화, 책, 인터넷 등 다양한 매체에서 자료를 조사함. - 알고 싶은 내용을 조사하는데 효과적인 매체 자료를 평가함.
		(6-1)3. 짜임새 있게 구성해요 • 말할 내용의 특성에 알맞은 자료 알아보기	- 표, 사진, 도표, 동영상 등 자료의 특성을 정리함.
		(6-1)3. 짜임새 있게 구성해요 • 발표할 주제와 내용 정하기 • 발표 자료 만들기	- 발표에 필요한 자료를 찾을 계획을 세움. - 학생 학습 도우미가 발표 자료 제작 시 컴퓨터 활용의 장점을 제시함.
		(6-1)6. 내용을 추론해요 • 알리고 싶은 내용을 영상 광고로 만들기	- 영상 광고를 만드는 순서를 알아봄. - 계획, 준비한 내용을 바탕으로 영상 광고를 만들어 봄.
		(6-2)4. 효과적으로 발표해요 • 발표 상황에 맞는 영상 자료 만드는 방법 알기	- 영상 자료를 제작하고 발표하는 과정을 알아봄. - 영상 자료를 만들어 인터넷에 올릴 때 주의할 점에 관해 확인함.
		(6-2)4 효과적으로 발표해요 • 발표 주제와 내용 정하기 • 효과적인 발표 자료 만들기	- 영상으로 제작하고 발표할 내용을 토의함. - 촬영 계획을 세우고 촬영을 한 뒤, 편집 과정을 점검함.
		(6-2)6. 정보와 표현 판단하기 • 뉴스 원고 쓰기	- 뉴스 만드는 과정을 살펴보고 취재 계획 세우기, 뉴스 원고 쓰기, 뉴스 원고 확인하기, 뉴스 원고 고쳐 쓰기 등을 함.

미디어 컨텐츠 생산	의사소통	(5-2)4. 겪은 일을 써요 · 매체를 활용해 글을 올리고 친구들과 의견 나누기	- 매체를 활용한 문식 활동의 장점을 제시함. - 매체를 활용해 겪은 일이 드러나는 글을 쓰는 방법을 단계별로 제시함.
		(6-1)3. 짜임새 있게 구성해요 · 발표할 주제와 내용 정하기 · 발표할 내용 정리하기	- 표와 동영상 자료를 활용한 발표 내용을 예시 자료로 제시함.
		(6-1)3. 짜임새 있게 구성해요 · 자료를 활용해 발표하기 · 친구들의 발표 평가하기	- 자료를 활용하여 모둠별로 발표함.
		(6-1)6. 내용을 추론해요 · 알리고 싶은 내용을 영상 광고로 만들고 발표하기	- 제작한 영상 광고를 친구들 앞에서 발표해 봄. - 학급 누리집에 영상 광고를 올리고 새로 알거나 추론한 내용을 댓글을 달아봄.
		(6-1)7. 우리말을 가꾸어요 · 우리말을 바르게 또는 잘못 사용한 사례를 다룬 매체 자료를 조사할 계획 세우기	- 우리말 사용 실태를 조사한 내용을 정리해 발표함.
		(6-1)9. 마음을 나누는 글을 써요 · 여러 매체를 활용해 글을 쓰는 상황과 목적 파악하기	- 학급 친구들에게 소식을 전하기 위해 누집에 글을 씀. - 친구에게 고마운 마음을 전하는 문자를 보냄.
		(6-1)9. 마음을 나누는 글을 써요 · 글을 쓰는 상황과 목적 확인하기 · 글로 쓸 내용 계획하기	- 친구에게 마음을 나눈 문자 메시지 보낸 것을 텍스트로 제시함.
		(6-1)9. 마음을 나누는 글을 써요 · 마음을 나누는 글 읽기 · 마음을 나누는 글 쓰기	- 학습 도우미가 글을 쓰는 방법으로 편지 쓰기, 학급 게시판에 쓰기, 누리집에 쓰기, 메일 쓰기, 문자 메시지 쓰기 등의 방법을 안내함.
		(6-2)6. 정보와 표현 판단하기 · 우리반 뉴스 발표회 하기 · 모둠별 뉴스 평가하기	- 제작한 뉴스 원고를 바탕으로 뉴스를 발표할 계획을 세움. - 우리 반 뉴스 발표회를 진행하고 잘한 점과 고치고 싶은 점을 찾아봄.

미디어 이용 윤리	(5-2)5. 여러 가지 매체 자료 · 알리고 싶은 인물 소개하기	- 학습 도우미가 조사한 내용의 출처를 밝혀야 함을 알려줌.
	(6-1)3. 짜임새 있게 구성해요 · 발표 자료 만들기	- 학생 학습 도우미가 저작권의 개념을 제시하고 출처를 밝혀야 함을 안내함.
	(6-1)3. 짜임새 있게 구성해요 · 발표할 주제와 내용 정하기 · 발표할 내용 정리하기	- 학생 학습 도우미가 다시 등장하여 자료의 출처를 밝혀야 함을 안내함.
	(6-2)4. 효과적으로 발표해요 · 비속어, 은어 등 격식에 맞지 않는 언어를 사용하지 않아야 함을 이해하기 · 영상에 나오는 사람들의 동의를 꼭 얻어야 함을 이해하기	- 학생 학습 도우미가 영상 자료를 만들어 인터넷에 올릴 때 주의할 점으로 언어 사용, 영상 출연자의 동의를 제시함.
	(6-2)4. 효과적으로 발표해요 · 발표 주제와 내용 정하기 · 효과적인 발표 자료 만들기	- 학습 도우미가 '촬영 동의를 얻어야 할 경우에는 촬영 목적, 일시, 내용을 미리 알리고 양해를 구해요.'라고 안내함.

이를 바탕으로 홍윤정(2021)이 제시하고 있는 미디어 리터러시 영역별 학습 내용 분석 결과는 다음과 같다. 우선 미디어 리터러시 개념에 대한 이해 영역에서, 첫째, 미디어(매체)의 개념을 정립할 수 있도록 하는 교과서 학습 내용이 보충되어야 한다. 둘째, 인쇄매체, 영상매체, 인터넷 매체의 경계가 허물어지고 있으므로 매체 자료의 범주를 다시 개념화하여야 한다. 셋째, 매체의 속성에 대한 학습 내용이 6학년 2학기에 다루어지는 것이 학생의 실생활과 맞지 않으므로, 5학년으로 내용을 이동하여 편성하여야 한다. 미디어 컨텐츠 이해 영역에서는 첫째, 국어 교과서에서 학생이 실생활에서 활용하는 매체를 적극 제시하여 학습의 효과를 높여야 한다. 둘째, 5-6학년 학생이 뉴스를 접하는 매체가 다양해지고, 그 종류에 따라 비판적 이해의 정도가 달라지므로, 가짜 뉴스를 선별할 수 있도록 하는 비판적 읽기 활동이 확대될 필요가 있다. 미디어 컨텐츠 생산 영역에서는 교과서에 영상 편집 방법 등 미디어 컨텐츠 제작을 위한 비계를 제시할 필요가 있

다. 마지막으로 미디어 이용 윤리 영역에서는 학생들이 이미 높은 수준의 미디어 생산 능력을 갖추고 프로슈머로서 미디어 컨텐츠를 대하고 있다는 점을 고려하여, 미디어 이용 윤리의 영역을 언어 사용, 저작권 등뿐만 아니라 창작물에 대한 책임 의식, 사회적 영향력 등까지 확대하여야 한다.

3) 국어과 미디어 리터러시 교육의 개선 방향

앞의 논의를 종합하면 초등 국어과 미디어 리터러시 교육의 개선 방향으로 다음과 같은 것들을 도출할 수 있다.

첫째, 국어과 교육과정의 성격과 목표에서 미디어 리터러시가 더 직접적으로 드러날 필요가 있다. 2015 개정 국어과 교육과정의 핵심역량인 의사소통 역량의 정의에서 '매체'가 명시되어 미디어 리터러시 교육이 직접적으로 드러나고 있으나, 목표 수준에서는 그렇지 않아 이에 대한 개선이 필요하다. 특히 목표 '가'항의 '다양한 유형의 담화, 글, 작품'에서 '다양한 유형'이 설명문, 논설문, 감상문 같은 글의 종류나 시, 소설, 희곡과 같은 장르뿐만 아니라 매체 유형도 포함함을 드러낼 수 있도록 해야 한다.

둘째, 미디어 리터러시에 대한 내용을 다루는 학년군이 확대되어야 한다. 현 교육과정과 교과서 구성에 따르면 저학년군에서는 주로 미디어 리터러시에 대한 간접적인 교육만 이루어지다가 학생들의 암묵지와 경험에 의존하여 고학년에서 미디어 활용 및 생산 활동을 하게 된다. 또한 학생들은 실제 삶에서 저학년 때부터 미디어를 활용하기 시작하기 때문에 교과서와 학생의 삶 사이에 괴리가 생긴다. 따라서 저학년군부터 미디어 비판적 이해, 활용, 생산에 대한 교육이 수준에 맞게 체계적으로 이루어져, 이를 바탕으로 고학년군에서 깊이 있고 확장된 미디어 리터러시 교육이 이루어져야 한다.

셋째, 미디어 리터러시 교육이 전 영역에서 적극적으로 도입되어야 한다. 미디어 비판적 이해는 읽기 영역에 국한되지 않으며, 미디어 생산은 쓰기 영역에 국한되지 않는다. 미디어 콘텐츠가 복합양식 텍스트이므로 다양한 언어기능 영역에서 미디어 리터러시교육이 이루어질 때 균형 잡힌 미디어 리터러시가 함양될 것이다.

셋째, 미디어 텍스트에 대한 '온읽기'가 필요하다. 현재 국어과에서 미디어 텍스트는 다른 언어 기능 함양을 위한 도구로서 활용되는 경우가 잦으며 미디어 리터러시 역량 함양을 직접적으로 목표하더라도 그것이 분절적으로 이루어지고 있다. 따라서 온책 읽기 활동처럼, 미디어 텍스트에 대한 '온읽기'를 통하여 미디어 텍스트의 맥락과 의미 및 의도를 비판적으로 이해하고 이를 바탕으로 미디어를 활용하여 소통하며, 미디어 텍스트를 생산할 수 있도록 하는 학습 활동이 구성될 필요가 있다.

넷째, 미디어 리터러시에 대한 더욱 직접적이고 포괄적인 교육이 필요하다. 미디어(매체)의 개념 직접적으로 다루는 내용이 없으며 매체 자료의 범주도 모호하여 학생들에게 혼란을 줄 수 있으므로, 미디어의 개념과 미디어 자료의 범주가 국어과 내에서 합의되어 학생들에게 적절하게 안내되어야 한다. 또한 미디어 리터러시의 공적 측면까지 포괄하여 창작물에 대한 책임 의식이나 사회적 영향력과 같은 미디어 윤리도 강조될 필요가 있다.

다섯째, 위 네 가지를 개선 방향의 큰 나침반이 되는 관점으로서, 민주시민교육의 일환으로서 미디어 리터러시 교육이 시행되어야 한다. 미디어 리터러시가 단순한 언어기능의 일부로서 수용되면 가장 직접적으로 관련되어 보이는 특정 영역에 치중되거나 미디어 리터러시 교육이 분절적으로 혹은 협소하게 이루어지게 된다. 국어과 교육과 미디어 리터러시 교육이 학생들이 '자아를 인식하고 타인과 교류하며 세계를 이해'(교육부, 2015: 3)하도록 돕고자 하는 방향성을 공유한다는 점을 유념하여 공적 차원까지 확대된 풍부한 내용의 미디어 리터러시 교육이 이루어질 필요가 있다.

② 초등 국어과 미디어 리터러시 교육의 예시

이 장에서는 앞서 정리한 개선 방향을 적용하여 미디어 리터러시 교육이 반영된 초등 국어과 수업의 예시를 제시하고자 한다. 4학년은 자료·정보 활용 역량을 함양하기 위한 수업으로, 특히 기술적 측면을 교육하여 이후 미디어 활용 및 생산 활동 시 학생의 암묵지에만 의존하지 않도록 하였다. 6학년 국어과 수업은 학생의 실제 삶과 밀접하게 연결되도록 제재를 선정하여, 미디어 콘텐츠의 맥락과 의도를 깊이 있게 파악하고 이를 토대로 비판적 이해를 하도록 하는 통합적이고 복합적인 '미디어 온읽기' 활동으로 구성하였다.

1) 초등 3~4학년군 국어과 수업 예시

| 미디어 리터러시 | | ✓ 미디어 활용 |

1. 교수·학습활동의 개관[2]

관련 MIL	미디어 활용 능력		
학년(군)/ 차시 분량	4학년/ 2차시	교과 핵심역량	자료·정보 활용 역량
단원	7. 사전은 내 친구	학습 주제	여러 가지 사전으로 낱말의 뜻 찾기

---

[2] 「초등학교 3~4학년군 국어 4-1 교사용지도서」 294-295쪽을 참고하였다.

학습 목표	여러 가지 사전에서 낱말의 뜻을 찾아보고 여러 가지 사전의 특징과 활용 방안을 탐구할 수 있다.
관련 성취기준	[4국04-01] 낱말을 분류하고 국어 사전에서 찾는다. [4국02-03] 글에서 낱말의 의미나 생략된 내용을 짐작한다. [4국04-02] 낱말과 낱말의 의미 관계를 파악한다.
MIL 학습자료	교과서 또는 교과서 수록 글('화성 탐사의 현재와 미래'), 태블릿 PC 등 검색기기, 국어사전
수업의 의도	본 수업은 사전이라는 미디어로부터 정보를 얻어 활용할 수 있는 역량을 함양하기 위한 수업이다. 본래 교과서 구성대로라면 국어사전, 백과사전, 인터넷 사전 등 다양한 사전에서 낱말을 찾아보고 그 경험을 비형식적으로 나누어보는 수준에서 자료·정보 활용 역량을 함양한다. 본 수업에서는 학생들의 실제 삶을 고려하여 국어사전과 인터넷 검색을 비교하고자 하였다. 전개 2에서 학생들은 국어사전을 찾았을 때 제공받는 정보와 인터넷에 검색하였을 때 제공받는 정보를 비교하여 인터넷 검색의 특징을 일반화하고 인터넷 검색 시 주의할 점을 살펴본다. 이후 전개 3에서 학생들은 자료·정보 검색의 의도에 따른 미디어 선택과 활용 방안을 탐구하여 정리한다. 이를 통해 학생들은 실제 삶의 차원에서 미디어 활용 능력을 함양할 수 있다.

2. 교수·학습활동의 예시

도입

◎ 전시 학습 상기와 동기유발

- Q. 지난 시간에 무엇을 활용해서 낱말 사이의 관계를 알아보았나요?
- Q. 국어사전을 찾아보는 것으로 부족한 경우가 있을까요?

전개 1

◎ 주어진 글을 읽고 물음에 답해봅시다.[3]

- Q. 내용을 탐색하는 질문을 주고 받아 봅시다.

---

[3] 글은 교사가 적절한 수준의 글을 준비할 수도 있고 교과서의 글을 활용할 수도 있다. 교과서에서는 화성 탐사에 대한 글을 제시하여 학생들이 낱말의 뜻에 호기심을 가질 수 있도록 하고 있다.

● 글에서 뜻을 잘 모르는 낱말을 찾아 써 봅시다. 국어사전과 인터넷을 활용하여 낱말의 뜻을 알아봅시다.
- Q. 국어사전에서 찾은 낱말의 뜻은 무엇인가요?
- Q. 인터넷으로 해당 낱말을 검색했을 때 나오는 정보는 무엇인가요?

전개 2

● 인터넷 검색의 특징 알아보기
- Q. 국어사전에서 낱말의 뜻을 찾아보는 것과 비교했을 때, 인터넷 검색의 특징은 무엇인가요?
  - 여러 가지 정보가 함께 나옵니다.
  - 사진 자료나 동영상 자료가 풍부합니다.
  - 국어사전이나 백과사전뿐만 아니라 오픈사전, 블로그, 개인SNS 등 다양한 정보원에서 정보를 얻을 수 있습니다.
- Q. 인터넷으로 낱말을 검색할 때 주의할 점에는 무엇이 있을까요?
  - 의도에 따라 다른 유형의 정보원을 선택합니다.
  - 여러 가지 정보를 비교하면서 정보의 사실 여부를 판단합니다.
  - 출처에 따라 신뢰도를 비판적으로 판단하고, 신뢰할 수 있는 정보원을 선택합니다.

전개 3

● 의도에 따라 인터넷으로 여러 낱말 검색하기
- Q. 낱말의 뜻이 궁금하다면 어디서 정보를 얻을 수 있을까요?
  - 온라인 국어사전, 온라인 백과사전 등에서 얻을 수 있습니다.
- Q. 낱말과 관련된 다양한 정보가 궁금하다면 어디서 정보를 얻을 수 있

을까요?
- 온라인 백과사전, 공식 유튜브 채널 동영상, 공식 블로그 등에서 얻을 수 있습니다.

◉ 인터넷으로 검색한 내용 나누기
- Q. 인터넷으로 더 알고 싶은 내용을 검색해봅시다. 새롭게 알게 된 내용을 발표해봅시다.

〔 정리 〕

◉ 국어사전과 인터넷 검색의 특징과 의도에 따른 선택 방안 정리하기
- Q. 국어사전과 인터넷 검색의 장단점은 무엇인가요?
  - 국어사전의 장점에는 출처가 명확하다, 정보가 보기 쉽게 정리되어 있다 등이 있습니다.
  - 국어사전의 단점: 더 알아보고 싶은 정보를 바로 찾을 수 없다, 자료의 양이 비교적 적다 등이 있습니다.
  - 인터넷 검색의 장점: 다양하고 많은 양의 정보를 찾을 수 있다 등이 있습니다.
  - 인터넷 검색의 단점: 출처의 신뢰도가 떨어질 수 있다 등이 있습니다.
- Q. 어떨 때 국어사전을 활용하고, 어떨 때 인터넷에 검색해보면 좋을까요?
  - 낱말의 정확한 정의가 궁금할 때는 국어사전이나 온라인 국어사전을 활용합니다.
  - 낱말의 정의와 함께 낱말과 관련된 여러 가지 정보가 필요할 때는 온라인 백과사전이나 인터넷의 동영상 자료를 검색합니다.

2) 초등 5~6학년군 국어과 수업 예시

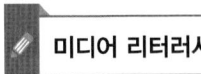 **미디어 리터러시**   ✓ 미디어 비판적 이해와 활용

1. 교수 · 학습활동의 개관[4]

관련 MIL	미디어 비판적 이해 능력, 미디어 활용 능력		
학년(군)/ 차시 분량	6학년/ 2차시	교과 핵심역량	비판적·창의적 사고 역량 공동체·대인관계 역량 의사소통 역량
단원	6. 정보와 표현 판단하기	학습 주제	광고에 나타난 표현의 적절성 살펴보기
학습 목표	3~4. 광고에 나타난 표현의 적절성을 살펴볼 수 있다.		
관련 성취기준	[6국02-04] 글을 읽고 내용의 타당성과 표현의 적절성을 판단한다. [6국01-05] 매체 자료를 활용하여 내용을 효과적으로 발표한다.		
MIL 학습자료	실제 광고 자료, 태블릿PC 등 검색기기		
수업의 의도	광고가 넘쳐흐르는 시대에 광고에 나타난 표현의 적절성을 살펴볼 수 있는 미디어 리터러시를 함양하는 것은 매우 중요하다. 교과서에서 제시하는 자료를 가지고 '광고가 과장하거나 감추고 있는 것'을 탐색해보는 활동도 매우 의미가 있으나, 학생들이 실제 삶에서 마주하는 광고는 더욱 복잡하고 교묘하여 이를 비판적으로 이해하고 활용할 수 있도록 하는 미디어 리터러시 능력을 길러주는 것이 필요하다. 이에 교과서에 제시된 광고 예시를 통해 광고의 비판적 이해에 대한 기본적인 이해와 연습을 먼저 하였다는 것을 전제로, 실제 삶에서 마주하는 광고로 적용 및 심화 학습을 하도록 하는 수업을 설계하였다.		

2. 교수 · 학습활동의 예시

> 도입

●전시학습 상기와 동기유발

- Q. 광고를 비판적으로 바라보려면 어떻게 해야 하나요?

---

4 「초등학교 5~6학년군 국어 6-2 교사용지도서」 252-257쪽을 참고하였다.

- 과장하거나 감추는 내용이 무엇인지 살펴본다.
- 과장된 표현이 있는지 살펴본다.
- Q. 광고를 하나 보여주겠습니다. 여러분은 이 제품을 사고 싶나요? 왜 그러한가요?[5]

<그림 3> 광고 예시

- 특허를 받았다고 하니까 효과가 좋을 것 같습니다.
- 좋은 후기가 많아서 사먹어 보고 싶습니다.
- 원료의 기능에 대한 설명이 표와 그래프로 자세하게 나와 있습니다.

<전개 1> 주어진 광고에서 과장하거나 감추는 내용 찾아보기

- 짝꿍과 함께 광고에서 과장하거나 감추는 내용 찾아보기

---

[5] 광고 예시는 가상의 광고이다. 그러나 필자가 본 수업안의 '도입'과 '전개1'에 해당하는 수업을 실제로 했을 때는 학생들의 실제 삶과 만나는 수업을 위해서 실제 제품의 광고를 보여주며 수업을 하였다. 본 수업안을 실제로 적용할 때는 실제 제품의 광고에서 제품 이름만 지우고 제시하는 것을 추천한다.

- Q. 광고에서 과장하거나 감추는 내용에는 무엇이 있나요?
  - 천재껌을 씹으면 12시간 동안 집중을 할 수 있을 것처럼 표현하고 있는 부분이 과장되었습니다.
  - 후기가 거짓일 수도 있습니다.
  - 원료 기능에 대한 연구가 언제 이루어진 것인지 나와 있지 않습니다.
- 식품 광고를 비판적으로 이해하기 위해 필요한 정보 탐색하기
- Q. 식품 광고를 비판적으로 이해하기 위해 탐색한 내용들 중에서 새로 안 것은 무엇인가요?
  - 꼭 엄청난 효과가 있지 않더라도 특정 조건이 충족되면 특허를 받을 수 있다는 점이 인상 깊었습니다.
  - 원료의 기능이 좋아도 원료의 함양에 따라 식품 자체의 기능이 달라질 수 있다는 것을 배웠습니다.
  - 건강기능식품이라고 생각했던 것들이 기타가공품일 수도 있다는 것을 알았습니다.
- 광고 다시 보기
- Q. '천재껌'광고를 다시 봅시다. 광고에서 과장하거나 감추고 있는 내용은 무엇인가요?
  - 원료에 대한 일반적인 설명이 마치 상품 기능에 대한 설명인 것처럼 과장되어 있습니다.
  - 리뷰이벤트를 진행하여 제품 리뷰가 과장되어 있습니다.

[전개 2] 여러 제품의 광고를 보며 좋은 제품 골라보기
- 다른 식품 광고를 찾아보고 비판적으로 이해하기
- Q. 광고가 감추거나 과장하고 있는 내용이 있나요?

- 전문가가 기능을 인정한 인터뷰를 한 것처럼 과장하였습니다.
- 10회 복용 분량의 영양성분 함량을 제시하여 기능을 과장하였습니다.
- Q. 어떤 제품을 선택하고 싶나요? 그 제품을 선택한 이유는 무엇인가요?
  - 건강기능식품으로 분류되어 있고 가격이 적당합니다.
  - 의약외품으로 분류되어 있고 많은 사람들이 구매하는 믿을만한 기업의 제품입니다.

◉ 광고의 기능 탐색하기
- Q. 우리가 제품 구매를 결정할 때 광고는 어떤 역할을 하나요?
  - 꼭 알아야 하는 정보를 제공합니다.
  - 제품의 장점을 소개합니다.
  - 광고를 보고 믿음직한 제품인지 따져볼 수 있습니다.

(정리) **수업 내용 정리하기**

◉ 광고에 나타난 표현의 적절성을 살펴보는 방법 정리하기
- Q. 광고에 나타난 표현의 적절성을 살펴보기 위해서는 어떻게 해야 할까요?
  - 광고에서 과장하거나 감추는 내용이 있는지 살펴봅니다.
  - 제품 및 광고와 관련된 법에 대해서 알고 있으면 도움이 됩니다.
  - 광고의 큰 문구 말고도 작은 글씨로 쓰인 정보 표기를 잘 살펴봅니다.

참고문헌

교육부(2015), 「국어과 교육과정」, 교육부 고시 제2015-74호 [별책5].
교육부(2021), 「초등학교 5~6학년군 국어 6-2 교사용지도서」, 서울: 미래엔.
교육부(2022), 「초등학교 3~4학년군 국어 4-1나 교과서」, 서울: 미래엔.
박혜림(2019), "메타언어적 효능감을 구성하는 요인 분석", 「새국어교육」, 120, 97-122.
안정임·서윤경(2014), "디지털 미디어 리터러시 격차의 세부요인 분석- 세대와 경제수준을 중심으로", 「디지털융복합연구」, 12(2), 69-78.
이경화·박상준(2020), "미국 공통 핵심기준과 2015 개정 국어과 교육과정의 미디어 리터러시 반영 양상 비교", 「초등교과교육연구」, 32, 17-32.
정현선(2004), "디지털 리터러시의 국어교육적 고찰", 「국어교육학연구」, 21, 5-42.
정현선(2018), "초등 국어 교과서에 반영된 미디어 리터러시 학습 내용에 대한 비판적 고찰- 3-4학년군 1학기 교과서를 중심으로-", 「한국초등국어교육」, 65, 191-224.
조선에듀(2019.2.28.), "10대에게 소통 수단이 된 '영상'…영상 세대가 온다", http://edu.chosun.com/site/data/html_dir/2019/02/08/2019020801095.html (검색일: 2022.5.3.)
추병완 외(2021), 「미디어 리터러시 교육의 이론과 실제」, 서울: 한국문화사.
홍윤정(2021), "초등 학습자의 미디어 리터러시 인식과 국어 교과서에서의 미디어 리터러시 수용 양상 분석 연구", 서울교육대학교 석사학위논문.

5장
사회 교과에서 미디어 리터러시 교육

금호정(진주교육대학교부설초등학교 교사)

1 제4차 산업혁명과 초등 사회과 교육

　디지털 네이티브, 디지털 2.0세대로 불리는 현재의 초등학생은 미디어에 대한 거부감이 크지 않으며 오히려 적극적인 자세로 보이며 쉽게 기능을 익혀 사용하는 모습을 보인다. 이에 반해 오히려 기성세대는 디지털 신생아, 디지털 이방인이 되어 미디어를 활용하는 교육을 평생교육 차원에서 천천히 배우며 기능을 익혀가고 있다. 빠른 속도로 시각화된 미디어를 통해 정보를 흡수하고 재구성하여 자신의 지식으로 습득하는 방식이 익숙한 오늘날의 초등 학생에게 가장 적합한 교수 방법을 연구하여 교육으로 제공해야하는 당면적인 고민이 시작되었다. 또한 최근에는 코로나바이러스의 계속된 변이로 길어진 펜데믹 현상에서 이전에 없었던 교육환경이 요구되어, 전국적으로 온·오프라인의 유연한 경계를 넘나드는 블렌디드 학습을 제공하였으며 미디어 기기를 제공하는 등의 지원체제를 촘촘하게 구축하기 위한 노력을 기울이게 되었다. 여기에 더해, 제 4차 산업 혁명의 파장은 초등학생의 학습을 단순한 디지털 미디어 도구를 활용하여 지식을 얻는 방식의 소극적 수혜자 모습에서 탈피하여 미디어 속 정보를 구성하고 변형·활용으로 재창출하는 등의 능동적 학습 주체자가 되도록 이끌었다. 이러한 사회 문화적 현상은 누구나 적극적으로 미디어를 통하여 정보를 창출하고 자신의 의사 및 감정 표현까지도 노출하여 생산·배포하는 등 낮은 문턱의 미디어 교육환경을 제시하기에 이르렀다.

이러한 시대적 흐름은 초등 사회과 교육은 학생의 교육 여건 및 환경, 세상에서의 소통 방식을 골고루 반영하여 현재 사회 현실 속에서 민주시민의 역량을 강화하는 사회 교과의 목표를 성취할 수 있어야 할 것이다. 미디어를 통한 학습의 거부감이 적은 세대라 할지라도 검증되지 않은 생산된 정보를 바르게 이해하고 활용하기 위해서는 초등학생 연령에 적합한 비판적 해석과 접근이 요구된다. 이러한 부분에서 초등 사회과 교육은 더욱 분명한 방식의 비판적 검토를 통해 편협한 시각을 형성하여 자라나지 않도록 미디어에 대한 교육, 미디어를 통한 교육, 미디어를 위한 교육을 포함하여야 한다.

2 미디어 리터러시와 초등 사회과 교육

1) 디지털 시민성 함양의 사회과 교육의 현주소

2015 개정 사회과 교육과정에서는 사회생활에 필요한 지식과 기능을 습득하고 가치·태도를 형성하여 민주 시민으로서의 자질을 기르는 교과로 정의한다. 민주 시민의 자질을 기르기 위하여 제시한 핵심역량은 창의적

사고력, 비판적 사고력, 문제 해결력, 의사 결정력, 의사소통 및 협업 능력, 정보 활용 능력이다(교육부, 2015). 핵심역량을 효과적으로 성취하기 위하여 참고할만한 2015 사회과 교육과정 해설서에는 다음과 같이 서술되어 있다. 이렇듯 시대적 맥락과 여건을 고려한 교육과정 성취를 이루어 나갈 것을 제안하면서 민주시민 양성을 돕는 교육 방법을 모색할 것을 교수자에게 요구하고 있다(문현진, 2019: 74).

그러면 현재 초등학교에서의 미디어 리터러시를 교과교육에 적용하고 있는 현주소는 어떠한가? 학교 교육 현장에서 미디어 리터러시의 개념의 생소함은 물론이고 미디어 리터러시 교육의 개념, 목적, 필요성, 방안 등 미디어 리터러시 교육의 총체적인 방향성에 대한 교육적 합의를 마련하고 있지 못하였다. 특히 미디어 리터러시가 무엇인지에 대한 개념이 부재하거나 혼동되는 상황이며 비판적 해석과 평가, 의미 구성의 대상으로 받아들이려는 교육적 인식 역시 미흡하다(신미경 외, 2020: 25). 또한 시대적으로 적합한 교육을 실현하기 위하여 미디어 리터러시 적용을 시도하고 이를 통한 학습의 효과성에 대한 기대감이 크지만, 미디어 리터러시를 교과 내 구체적 영역에서의 적용점을 찾기 위한 체계화된 기준 및 안내가 부족하여 혼란을 겪고 있다. 코로나 펜데믹으로 인한 온라인 학습을 제작하고 배포하는 등 미디어를 통한 교육을 제공하는 것에 일차적인 활용이 이루어진 상황에서 교사는 미디어 리터러시를 교육과정 내 녹아내어 적용하려는 각 개적인 노력을 기울이고 있다. 교사의 미디어 리터러시 역량에 의존하여 교육내용과 수준을 달리하여 진행되고 있는 상황에서 미디어 환경 역시 수준과 편차가 큰 상태로 교육이 이루어지고 있는 것이 현실이다. 미디어 리터러시 교육이 성공적인 교육 적용을 위해서는 구체적인 범위에서 단계적이며 지속적으로 교육이 연구되고 제안되어야 하겠다. 또한 교사에 대한 디지털 환경 속에서 미디어 리터러시의 개념 이해와 교육과정 적용을 위한 전문화된 연수 및 교육 연구회 및 교육 공동체의 연구 활동으로 미디어 리터러시 적용의 노력이 필요하다.

2015 개정 교육과정의 초등 사회과에서 미디어 리터러시와 관련한 성취기준을 찾아 발췌하면 다음과 같다.

<표 10> 2015 개정 교육과정 초등학교 사회과 성취기준

[4사01-02] 디지털 영상 지도 등을 활용하여 주요 지형지물들의 위치를 파악하고, 백지도에 다시 배치하는 활동을 통하여 마을 또는 고장의 실제 모습을 익힌다.
[4사01-06] 옛날과 오늘날의 통신수단에 관한 자료를 바탕으로 하여 통신수단의 발달에 따른 생활 모습의 변화를 설명한다.
[4사04-04] 우리 지역과 다른 지역의 물자 교환 및 교류 사례를 조사하여 지역 간 경제 활동이 밀접하게 관련되어 있음을 탐구한다.
[4사04-05] 사회 변화(저출산·고령화, 정보화, 세계화 등)로 나타난 일상생활의 모습을 조사하고, 그 특징을 분석한다.

이러한 성취기준을 달성하기 위하여 디지털 매체를 활용하는 교육으로서 탐구 학습의 주체가 주도적으로 인터넷 매체를 활용한 조사·탐구하고 능동적인 학습이 일어나도록 교수자는 학습을 유도해야 한다. 다양한 미디어를 통한 조사학습을 학습자가 능동적으로 실시하고 탐구하도록 이끌어 내야 한다. 하지만 여기에서 한 발자국 더 나아가 미디어를 단순히 활용한 교육 이외에도 "미디어 소통 역량"을 강화하는 방법으로 교과 목표를 성취하도록 해야 할 것이다. 즉, 사회 문제 해결을 위하여 미디어를 매개체로 소통하며 사회 참여적 실천 능력과도 관련시켜 나갈 수 있겠다. 사회 이슈에 대한 의사 결정 과정에 참여하거나 의견을 발의하고 여론을 형성하는 과정, 다양한 사회·정치적 문제가 개인과 사회의 문제로 법제화되는 과정에 직접 참여해 보는 경험을 중심으로 미디어 소통 역량을 미디어 정보 리터러시 적용을 통해 강화할 필요가 있다(신미경 외, 2020: 28-29).

  민주 시민으로서의 역할을 학습하는 구체적인 교육 방법을 다음과 같이 제안할 수 있다. "미디어 소통 역량" 강화하는 방법으로 교과 목표를 성취하도록 해야 하며, 이는 사회 문제 해결을 위하여 미디어를 매개체로 소통하며 사회 참여적 실천 능력과도 관련시켜 나갈 수 있다. 디지털 영상 지도 사용, 통신수단 발달 및 정보화 사회 모습 조사 활동부터 그 이상의 교실 환경에서의 메타버스 적용에서의 디지털 민주시민 역할(가상현실 속 선거 실천)을 학습할 수 있는 적극적인 미디어 활용을 통한 교육 성취를 이루어 나갈 것이 요구된다. 학생회의 의사 결정 과정, 임원 선출 과정 등에 미디어로 선거 공약을 내고 자신의 의견을 주장하며 자신의 목소리를 내고 의견을 공유하는 등의 실천적 시민으로서의 디지털 환경을 활용한 디지털 시민성을 가지도록 하는 경험 교육이 직접적으로 필요하다.

2) 미디어 리터러시와 디지털 시민성

  UNESCO(United Nation Educational, Scientific and Cultural Organnization, 2011, 2013)는 21세기에 표현의 자유와 정보의 자유라는 인간의 기본권을 유지 시키기 위해서는 시민들의 정보 리터러시 향상이 필요하다는 점을 인식하고 기존 미디어 리터러시 교육에서 미디어와 정보 리터러시(Media and Information Literacy, MIL)를 융합한 교육으로 변화를 주었다(박주현, 2020: 226, 재인용). 이것은 단순히 미디어에 접근하고 미디어라는 기기를 이용하는 기술적인 능력을 넘어서 미디어 속 정보를 평가하는 정보 리터러시 교육이 강조되어야 함을 알린 것이다. 이와 더불어 미디어 리터러시 역량이 21세기 시민들이 갖추어야 할 필수적인 역량이며, 세계 인권 선언 제 9조에 제시된 표현의 자유와 정보의 자유를 시민들이 온전히 누리는 데 있어 기본적인 역량으로 인정하였다(박주현, 2020: 368). 이것은 미디어를 통하여 자신의 생각과 느낌을 표현하며 다른 사람과 공유를 통해 새로운 지식으로 재창출하는 등의 소통을 통해 자유함 가운데 민주시민의 기본권을 충족하게 한다. 또한 주어진 정보를 비판적으로 검토할 수 있는 역량 개발을 통해 보다 바람직한 방향으로의 시민성을 가지도록 하는 것에 주안점을 둔다는 것을 함의(含意)하고 있다. 이와 같이 시민성의 개념이 시대와 사회의 변화에 따라 재정의되고 있는 바, 현재의 미디어를 기초로 한 디지털 시민성에 관한 논의가 요구되는 것이다. 즉, 미디어 정보를 다루는 기술 능력, 미디어 속에 담긴 정보의 공신력을 따져보는 비판적 검토 능력, 정보를 창출하고 소통 가운데 재창조를 거듭하는 협력적 소통 능력을 포함한 디지털시대 미디어 리터러시를 통해 탁월한 민주시민의 역할을 기대하게 한다. 또한 국내 학자 최숙(2018)은 디지털 기술을 비판적으로 이해하고 그것을 책임 있게 활용하는 능력은 인간이 사회에서 배제되지 않고 능동적으로 참여할 수 있도록 한다는 점에서 디지털시대의 인권의 필수 요소가 된다고 지적한다. 이러한 점에서 시민이 민주적 가치로서의 인권을 상호 존중하고 타인과 소통하며 미디어 콘텐츠 생산 등을 통해 문제 해결에 참여하도록 하는 계기가 될 수 있다(설규주, 2021: 70). 민주시민의 기본적 권리인 '자기 목소리 내기'를 낮은 진입 장벽으로 누구나 자유함 가운데 어렵지 않은 상태로 할 수 있는가에 따라 인권이 보장되는 사회, 민주시민성의 척도를 헤아려 볼 수 있기 때문이다. 이에, 앞서 상술한 바와 같이 사회과 교육에서는 시대적 흐름에 따른 교육 도구로서의 미디어 활용 측면을 넘어서 다양하게 적용하는 미디어 리터러시를 다양한 범위와 각도에서 체계적으로 적용할 수 있어야 한다.

3) 사회과 교육과정과 디지털 시민성 함양교육의 유의점

단순한 미디어 활용을 넘어서 그 속에 담긴 정보를 표현하고 연합하여 새 지식으로 창출되는 모든 과정이 자유롭고 적극적으로 이루어지는 것에 핵심이 있다. 하지만 누구나 자유롭고 적극적으로 자신의 생각과 느낌을 표현하는 것은 민주시민으로서 당연하지만 그만큼 검증되지 못하고 개인적이며 편협한 오류에 빠질 위험이 있는 양면의 동전과 같음을 인지할 필요가 있다. 누구나 자신의 의견을 미디어로 제작·배포할 수 있는 편리성을 누림과 동시에 그만큼 미디어의 정보의 공신력에 대한 불안정성을 가지게 되었기 때문이다. 이러한 부분에서 미디어 리터러시를 통한 사회과 교육 역할을 보다 건강하게 성취기준을 달성할 수 있도록 교육 방법을 연구할 필요가 있다. 미디어를 통한 정보를 비판적으로 분석하여 쟁점이나 문제 상황에 합리적인 의사결정을 내리고 행동으로 실천하는 민주시민의 자질을 함양하도록 해야 한다. 이것은 미디어를 통해 제공된 정보가 특정한 시각과 가치 및 이해관계를 배경으로 형성된다는 점에서 자신의 의견이 전체를 대변하지 않으며 지속적인 소통의 창으로 미디어를 활용하여 더 나은 방향으로 다듬어질 수 있다는 지식의 유연함과 더불어 미디어 정보에 대한 사회적 책임 의식을 가지도록 교육해야 한다. 이러한 주안점을 놓치지 않은 사회과 교육을 통해 건강한 디지털 시민성을 함양해 나갈 수 있도록 미디어 리터러시가 적용되어야 할 것이다.

3 미디어 리터러시를 적용한 초등 사회과 교육

1) 초등 사회과 교과 역량과 미디어 리터러시 요소

사회과에서 육성하고자 하는 민주시민은 사회 현상을 이해하고 사회 생활을 영위하는 데 필요한 지식을 습득하여 인권 존중, 관용과 타협의 정신, 사회 정의의 실현, 공동체 의식, 참여와 책임 의식 등의 민주적 가치와 태도를 함양하고 나아가 개인적·사회적 문제를 합리적으로 해결하는 능력을 길러 개인의 발전을 물론, 사회·국가·인류의 발전에 기여 할 수 있는 자질을 갖춘 사람이다(교육부, 2019:330). 이와 관련해서 사회과에서는 길러야 할 핵심역량으로 5가지 역량을 제시하고 있다.

<그림 4> 2015 개정 교육과정 사회과 교과 핵심역량

사회과의 핵심역량 5개를 미디어 리터러시 요소와 다음과 같이 연결 지을 수 있다(설규주, 2021: 71).

<표 11> 사회과 핵심역량과 미디어 리터러시(MIL) 요소 연결

사회과 교과 핵심역량 의미와 연결되는 MIL 요소		
창의적 사고력	새롭고 가치 있는 아이디어를 생성하는 능력 →	창의적 표현 능력
비판적 사고력	사태를 분석적으로 평가하는 능력 →	비판적 이해 능력
문제해결력 및 의사결정력	다양한 사회적 문제를 해결하기 위해 합리적으로 결정하는 능력 →	미디어 접근 능력 사회적 소통 능력
의사소통 및 협업 능력	자신의 견해를 분명하게 표현하고 타인과 효과적으로 상호작용하는 능력 →	사회적 소통 능력
정보 활용 능력	다양한 자료와 테크놀로지를 활용하여 정보를 수집, 해석, 창조할 수 있는 능력 →	미디어에 대한 이해 미디어 접근 능력

교육부는 2015 개정 교육과정에서 각 교과의 지식 정보 사회가 추구하는 인간상과 창의 융합형 인재가 갖추어야 할 핵심역량을 구체화 시켜 실현해야함을 제안하였다. 따라서 사회과 핵심역량과 연결된 미디어 리터러시 요소를 사회 교과 내용과 관련지어 재구성하여 미디어 리터러시를 교육을 적용할 수 있다. 여기에서 초등 사회과 교육과정 내용을 통해 직접적인 방법으로 미디어 리터러시 교육을 실시한다면 전체로서 균형 있는 미디어 리터러시 영역의 학습이 어렵다. 따라서 교육과정 내용을 적용하기 어려운 요소별 미디어 리터러시 역량은 초등연령에 적합한 학습 주제를 선정하여 보충적 교육과정 내용을 실시하도록 하며 그 구체적인 교육 방안은 한국교육학술정보원에서 제작한 『민주시민 육성을 위한 미디어 리터러시 교육 방안 연구』에서 발췌하여 적용하면 다음과 같다(김현진, 2019: 157).

<표 12> 초등 사회과에 적용하는 미디어 리터러시 교육과정 연결

사회과 핵심역량	학년군	성취기준코드	MIL 학습주제	MIL 요소
창의적 사고력	3~4	[4사01-01] [4사01-02] [4사01-06]	앱 활용	창의적 표현
	5~6	[6사06-02] [6사06-04] [6사07-01]	온라인 놀이 저작 도구 사용 프로슈머	
비판적 사고력	3~4	[4사01-06] [4사04-05]	저작권(개인 정보) 가짜뉴스	비판적 이해
	5~6	[6사02-01] [6사02-02] [6사02-05] [6사02-06]	사이버 범죄 사이버 불링 혐오 표현 편견 차별	

문제해결력 및 의사 결정력	3~4	[4사01-06] [4사04-05] [4사04-06]	검색엔진 앱 사용 지식재산권 사이버 불링	미디어 접근 사회적 소통
	5~6	[6사06-04]	갈등 해결	
의사소통 및 협업 능력	3~4	[4사03-06]	SNS 활용 전자투표 참여	사회적 소통
	5~6	[6사02-01] [6사05-04] [6사06-04]	정치참여 민주적 의사결정 가상 공동체	
정보 활용 능력	3~4	[4사01-02] [4사03-01] [4사01-06]	검색엔진 사용 공정무역	미디어 이해 미디어 접근
	5~6	[6사02-02] [6사07-01]	위치 정보 시스템	

2) 미디어 리터러시를 적용한 교수·학습 활동 예시

2015 사회과 개정 교육과정에 미디어 리터러시를 적용하여 핵심 역량을 성취하기 위하여 다음과 같이 구체적인 교수·학습 활동을 핵심 역량별로 적용하여 제시하고자 한다. 〈표 12〉의 음영표시가 된 부분의 교수 학습 활동을 다음과 같이 예시로 제안하면 아래와 같다.

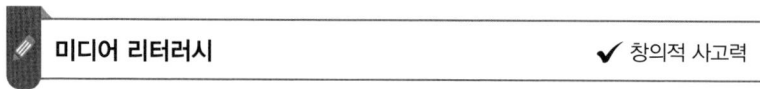
미디어 리터러시   ✔ 창의적 사고력

1. 교수·학습활동의 개관

MIL 주제	사이트, 앱 활용	MIL 요소	창의적 표현
학년군/ 차시 분량	3~4학년군/ 3학년 1학기 1차시	교과 핵심역량	창의적 사고력
단원	우리 고장의 모습	학습 주제	하늘에서 내려다 본 고장
학습 목표	디지털 영상 지도를 이용해 우리 고장의 주요 장소를 살펴볼 수 있다.		

관련 성취기준	[4사01-02] 디지털 영상 지도 등을 활용하여 주요 지형지물들의 위치를 파악하고, 백지도에 다시 배치하는 활동을 통하여 마을 또는 고장의 실제 모습을 익힌다.
MIL 학습자료	• 지리 정보 시스템 • 국토 지리 정보원 • 구글 어스 등

2. 교수·학습활동의 예시

도입 "생활 편리를 도와주는 인터넷 생활 도구"로 생각 열기

◉ 우리 동네에서 집에서 문구점까지 가는 길을 모르면 어떤 방법이 있을지 생각해보도록 유도합니다.

◉ 모르는 장소나 처음 가는 길을 안내해주는 사이트나 앱을 알고 있는지 질문합니다.

- Q. 부모님의 차를 타고 모르는 길을 찾아갈 때, 네비게이션을 이용한 경험이 있지요? 네비게이션에 등장하는 길과 지도의 모습은 어떻게 구현되어 안내되는 걸까요?
  - 국토지리원에서 만든 지형도를 디지털 정보로 바꾼 전자지도에 위성 위치 추적시스템(GPS)과 송수신하여 실시간으로 변화는 좌푯값으로 이동 방향과 속도, 거리 등을 확인하여 길을 안내하는 원리이다.

전개 1 우리 지역 탐색을 위한 디지털 영상지도 소개하기

◉ 우리 지역을 탐색하기 위하여 고장 신문이나 관광 안내도를 살펴볼 때의 불편한 점 이야기를 모둠별로 나누게 합니다.

- Q. 고장의 안내도나 고장 신문으로 주요 장소를 살펴볼 때 불편한 점이 있나요?
  - 고장의 모든 장소가 안내도에 나와 있지 않고, 주요 장소의 정확한

위치를 찾아보기 어렵습니다.
◉ 고장의 주요 장소를 탐색하는 디지털 영상지도 매체를 소개합니다.
- Q. 디지털 영상지도란 무엇일까요?
  - 인공위성이나 비행기 등에서 찍은 수많은 사진으로 입체적으로 만든 지도입니다.
  - 그 사진에 지형과 지물의 모습, 지명을 표시한 영상 지도로 컴퓨터나 스마트폰 등을 이용하여 찾아볼 수 있습니다.
◉ 디지털 영상지도를 이용 시 이점을 인식하도록 합니다.
- Q. 디지털 영상 지도를 이용해 고장의 주요 장소를 찾아보면 어떤 점이 좋을까요?
  - 높은 곳에서 내려다보는 것처럼 한눈에 주요 장소가 보이고 입체적으로 원하는 방향을 돌려 볼 수 있어서 주변 모습을 생생하게 알 수 있습니다.
  - 확대와 축소 등의 기능을 이용하여 정확하게 원하는 위치를 인식할 수 있습니다.

> 전개 2 디지털 영상지도로 주요 장소 찾아보기

◉ 디지털 영상지도를 제공하는 플랫폼을 소개하고 자신의 원하는 플랫폼에 접속하여 주요 장소를 영상지도로 찾아봅니다.
- Q. 국토정보플랫폼(www.ngii.go.kr), 공간 정보 오픈 플랫폼(map.vworld.kr), 네이버 지도(map.naver.com), 카카오 맵(map.kakao.com), 구글 지도(www.google.com/maps) 등의 플랫폼을 이용하여 '우리 학교'를 찾아보아요.
- Q. 디지털 영상지도로 우리나라의 독도의 모습을 살펴볼 수 있습니다.

독도의 꼬끼리 바위와 촛대 바위를 찾아볼까요?
• 디지털 영상지도 플랫폼을 이용하여 독소의 꼬끼리 바위와 촛대 바위를 찾아본 후 국립 해양 조사원의 해양 공간 가상 체험 서비스 독도 VR(탐험海: www.khoa.go.kr/exploreSea)과 한국 방송 공사에서 제공하는 독도 라이브 영상(world.kbs.co.kr/special/dokdo)을 함께 살펴봅시다.
• Q. 구글 어스(Google Earth)를 통하여 세계 주요 도시의 건축물을 찾아보아요. 프랑스의 에펠탑과 그 주변 도로 환경을 찾아볼 수 있나요? 입체적인 지구의 모습을 3D 형태로 묘사하여 상하좌우의 건축물의 모습을 다각도로 살펴볼 수 있습니다. 구글 어스를 사용하는 세계의 많은 사용자가 찍은 사진을 통해 특정 지점의 유명한 장소의 모습 및 위치 정보를 더욱 풍성하게 알 수 있습니다. 위치 기반 시스템으로 원하는 지점의 교통 환경 및 경로를 확인해볼 수 있습니다.

> 전개 2 　**디지털 영상지도의 특징 및 사용 방법, 이점 정리하기**

● 본 차시 학습 소재인 '디지털 영상지도'의 특징 및 사용 방법을 모둠별로 정리하여 발표 플랫폼 "학급 패들렛(Padlet)"에 탑재하도록 합니다.

☞ 학습 정리를 위한 학급 패들렛 발표 예시

• Q. 디지털 영상지도의 활용 방법을 익혀, 직접 가보지 못한 장소를 찾아보거나 길 찾기에 활용하는 등, 실생활에 유익하게 사용해보도록 합니다. 다양한 디지털 영상지도의 플랫폼 중에서 자신에게 적합한 플랫폼을 선정하여 사용하도록 합니다. 디지털 영상 지도를 활용하여 거리를 계산해보고 이동하면 길 찾기에서 실수가 줄어들 수 있고 낯설게 느껴지지 않은 장점이 있습니다.

◉ 학생들이 직접 자신의 원하는 정보를 플랫폼을 이용하여 얻는 기술적 방법을 충분히 인식하게 하며, 실생활에서 적용하여 유용하게 활용할 수 있도록 안내하며 수업을 마무리합니다.

미디어 리터러시 ✔ 비판적 사고력

1. 교수 · 학습활동의 개관

MIL주제	지식재산권, 안전 정보	MIL 요소	비판적 이해
학년군/ 차시 분량	3~4학년군/ 4학년 2학기 1 차시	교과 핵심역량	비판적 사고력
단원	3. 사회 변화와 문화의 다양성	학습 주제	정보화 사회의 문제점과 해결 방안
학습 목표	정보화 사회의 문제점과 해결 방안을 알아볼 수 있다.		
관련 성취기준	[4사04-05] 사회 변화(저출산 · 고령화, 정보화, 세계화 등)로 나타난 일상생활의 모습을 조사하고, 그 특징을 분석한다.		
MIL 학습자료	• 누리 소통망 서비스(SNS) • 한국 저작권 위원회 • 한국 정보화 진흥원		

2. 교수·학습활동의 예시

도입 "정보화 도구-스마트폰의 의존도 알아보기"로 생각 열기

● 우리 반 친구들의 스마트폰 소지 비율과 하루 중 사용 시간을 알아보고 스마트폰에 의존하는 정도를 인식하게 합니다.

● 인터넷이나 스마트폰 사용으로 인해서 해야 할 일을 미루거나 하지 않은 경우가 있으면 이야기를 나누어 보도록 안내합니다.

- Q. 스마트 폰 사용으로 해야할 일을 못한 경험을 모둠 친구와 함께 나누어 봅시다.
  - "학교 숙제를 해야 하는데 스마트폰으로 유튜브 채널을 보는데 시간을 다 써서 결국 숙제를 다 하지 못했어요. 친구와 함께하는 소셜미디어(SNS)에 친구의 웃긴 모습을 찍어 올렸는데 그 친구가 속상해했어요." 등의 경험을 함께 나누어 볼 수 있습니다.

전개 1 정보화 사회가 되면서 겪는 문제점을 알아보기

정보화 사회가 되면서 겪는 문제점을 자신의 경험에 빗대어 설명해보고 문제가 해결되지 않으면 어떻게 될지 예상해보게 합니다.

- Q. 인터넷을 이용해 악성 댓글이 달리고 거짓 소문이 퍼져서 속상한 경험이 있나요?
  - 온라인에 올린 욕설, 폭언, 거짓 소문 등은 빠른 시간에 퍼지고 쉽게 삭제되지 않기 때문에 피해자에게 큰 고통과 상처를 줍니다.
- Q. 인터넷을 이용해 악성 댓글이 달리고 거짓 소문이 퍼지는 등의 문제가 발생하면 일상생활은 어떻게 변할 수 있을까요?
  - 소문을 당하는 당사자는 거짓 소문으로 괴로워하며 정신적으로 큰 상처를 받게 되고 쉽게 치료되지 않습니다.

- Q. 내가 모르는 사람에게 나의 정보가 유출되면 어떤 문제가 발생할 수 있나요?
  - 개인 정보가 유출되어 내가 모르는 사람이 나를 알고 연락을 할 수 있어서 공포심이 생길 수 있습니다. 사생활이 노출되고 보호받지 못하게 됩니다.
- 정보화 사회가 되면서 겪는 문제점 중 최근 문제가 된 뉴스 기사를 안내합니다.

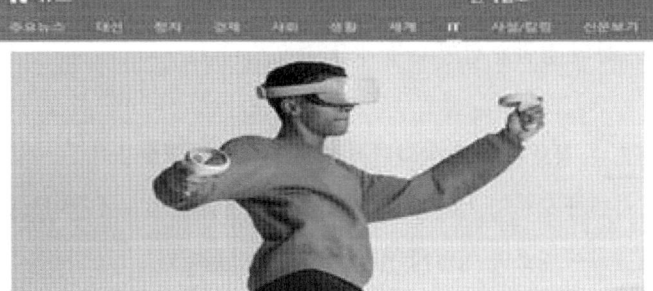

기사 출처: 한국일보(2022.02.08.)

- Q. 제페토, 이프렌드 앱과 같이 자신의 가상 아바타를 통해서 친구와 소통하는 경우가 많은 요즘입니다. 여러분은 안내된 뉴스 기사의 아바타 성범죄에 대해서 어떻게 생각하나요?
  - 가상 아바타가 각 개인의 인격을 온라인 환경 속에서 대표하기 때문에 원하지 않은 아바타끼리의 접촉이 충분히 문제가 된다고 생각합니다.

(전개 2) **정보화 사회 문제점을 해결 방안 찾아보기**

◉ 정보화 사회에 발생하는 문제점을 해결할 방안을 친구와 함께 토의해 봅니다.
- Q. 보석맵 방법을 통하여 모든 모둠 학생들의 해결 방안 찾기를 해 보아요.
  - 한 친구의 생각에 자신의 생각을 보태어 모둠 보석맵을 완성해도 좋고, 자신의 의견을 보석맵 한 칸에 채워 넣어도 좋습니다. 정보화 사회의 문제점을 함께 해결해 나가는 마음으로 보석맵을 완성해 보도록 합니다.

◉ 정보화 사회에 발생하는 문제점을 해결할 방안을 정리 합니다.
- Q. 모둠 친구들과 의논하여 결론을 내린 정보화 사회의 문제점을 해결하기 위한 방안을 정리해 봅시다.
  - 모둠별로 정리한 내용을 본 차시 패들렛에 정리하여 올리고 화면을 보면서 모둠 발표자가 발표를 하도록 합니다.
- Q. 정보화 사회의 문제점을 해결하기 위한 방안을 발표해 봅시다.
  - 인터넷이나 스마트폰을 사용하게 될 때 예의를 지키도록 합니다.
  - 개인 정보가 유출 되지 않도록 무조건 동의를 선택 하지 않고, 내용을 읽어보고 결정합니다.

- 다른 사람의 저작물을 소중하게 생각하고 함부로 복제하지 않습니다.
- 메타버스 상에서 만나게 되는 다양한 아바타 캐릭터를 움직일 때 다른 아바타에게 불쾌감을 주지 않도록 움직임을 설정합니다.
- 메타버스 VR플랫폼에서 아바타 간의 거리 유지 등의 기능이 전문 기술적인 도입이 되어 있도록 건의합니다.

[정리] 더 나은 정보화 사회를 만들기 위하여 지녀야 할 태도

● 정보화 사회에서 내가 할 수 있는 "행동 다짐 문장"을 써 봅니다.
- Q. 올바른 정보화 사회를 만들기 위해 우리는 어떤 태도를 지녀야 할까요?
  - 각자의 개인 정보와 지식을 소중하게 생각하면 함부로 전파하지 않습니다.
- Q. 올바른 정보화 사회를 만들기 위해 나는 무엇을 실천할 수 있는지 "행동 다짐 문장"을 써 봅시다.
  - 자신의 인터넷 플랫폼-소셜미디어(페이스타임, 카카오톡스토리, 틱톡, 유튜브 채널 등)에 올바른 정보화 사회를 만들기 위한 나만의 노력을 3개 이상 쓰고 업로드 해 보도록 추천합니다.

미디어 리터러시 ✓ 문제해결 및 의사결정력

1. 교수 · 학습활동의 개관

MIL 주제	검색엔진, 앱 사용	MIL 요소	미디어 접근, 사회적 소통
학년(군)/ 차시 분량	3~4학년군/3학년 1학기 1차시	교과 핵심역량	문제해결력 및 의사결정력

단원	2. 통신수단의 발달과 생활 모습의 변화	학습 주제	통신수단의 발달과 생활 모습의 변화
학습 목표	오늘날 사람들이 통신수단을 이용하는 모습을 설명할 수 있다.		
관련 성취기준	[4사01-06] 옛날과 오늘날의 통신수단에 관한 자료를 바탕으로 하여 통신수단의 발달에 따른 생활 모습의 변화를 설명한다.		
MIL 학습자료	• 스마트 폰　　• 태블릿 PC　　• 길 도우미(네비게이션)		

도입　"우리 생활 속 통신수단 알아보기"로 생각 열기

◉ 내가 사용하는 통신수단의 종류를 알아보고 친구들과 나누도록 합니다.
- Q. 여러분은 언제 통신수단을 이용하고 있나요?
  - 부모님께 전화하면서 휴대폰을 사용합니다. 숙제 할 때 집에 있는 컴퓨터로 검색을 하기도 합니다. 휴대폰으로 멀리 있는 가족과 영상 통화를 하면서 안부를 묻습니다.
- Q. 여러분이 사용하고 있는 통신수단을 사용하지 못할 경우는 어떻게 될까요?
  - 부모님에게 연락해야 할 때 연락하지 못해서 답답할 듯 합니다. 컴퓨터로 정보를 찾아보지 못해서 도서관에 가야 하거나 빨리 원하는 정보를 찾기 어려울 것 같습니다.

전개 1　다양한 통신수단을 이용하는 모습 살펴보기

◉ 우리 주변의 다양한 통신수단의 종류를 제시합니다.
- Q. 학교 교실에서 이용하는 통신수단은 어떤 것이 있을까요?
  - 텔레비전을 이용하여 영상을 이용한 수업에 참여할 수 있습니다. 교실 스피커로 수업의 시작과 끝을 알리는 종소리를 들을 수 있습니다. 태블릿을 통해 수업 중 궁금한 내용을 찾아 볼 수 있습니다.

- Q. 학교 밖에서 이용하는 통신수단은 어떤 것이 있을까요?
  - 부모님께서 운전할 때 네비게이션을 이용하여 쉽게 목적지까지 운전할 수 있습니다. 학원이나 집 입구에 폐회로 텔레비전(CCTV)가 설치되어 있어 컴퓨터나 핸드폰으로 누가 오고 갔는지 살펴볼 수 있습니다. 필요한 물건을 사기 위해 가족들과 인터넷으로 쇼핑을 합니다.

(전개 2) **학교에서 일어나는 공동의 문제 알아보기**

● 학교에서 오늘날 사람들이 이용하는 통신수단의 특징을 알아봅니다.
- Q. 오늘날 사람들이 이용하는 통신수단의 특징은 무엇일까요?
  - 여러사람들과 많은 정보를 많은 사람에게 동시에 주고 받을 수 있습니다. 인터넷 망을 통해 정보를 빠르고 실시간을 전달 할 수 있습니다. 하나의 통신수단으로 다양한 통신 방법을 선택하여 이용할 수 있습니다.
- Q. 오늘날 내가 누리는 통신수단의 편리한 점은 무엇일까요?
  - 감염병 유행으로 학교에 등교하지 못하였을 때 담임선생님께서 온라인으로 수업을 제작해서 주셨고, 실시간으로 온라인 수업을 할 수 있었습니다.
  - 해외에서 사는 친구와 가족에게 전자 메일을 통해 편지를 주고 받을 수 있습니다.
  - 스마트폰을 이용하여 내가 원하는 동영상을 찍어서 인터넷 채널에 업로드를 하고 저장할 수 있습니다.

(정리) **내가 편리하게 누리는 통신수단 사용 방법 공유하기**

● 자신이 누리는 생활에 편리함을 주는 통신수단을 개발하고, 사용하는

법을 알려주는 안내문(카드뉴스)를 제작하며 학습을 마무리합니다.
- Q. 본 차시의 학습한 내용을 바탕으로 자신이 가장 많이 사용하는 통신 수단을 선택하여 사용하는 방법을 카드 뉴스로 제작하여 학급 홈페이지 학습 방에 업로드를 해 보아요.. 개인 학습 테블릿을 이용하여 인터넷 카드 뉴스 제작 플랫폼에 접속하여 "내가 누리는 통신수단"이라는 제목으로 카드 뉴스를 제작하도록 합니다. 업로드가 된 카드 뉴스를 학급 친구들이 다음 주까지 열어 보고 댓글로 응원 메시지(선플)를 작성합니다.

 미디어 리터러시 ✔ 의사소통 및 협업 능력

1. 교수 · 학습활동의 개관

MIL 주제	민주적 의사결정, 전자투표 참여	MIL 요소	사회적 소통
학년(군)/ 차시 분량	5~6학년군/ 6학년 1학기 1차시	교과 핵심역량	의사소통 및 협업 능력
단원	1. 우리나라의 정치 발전	학습 주제	민주적 의사결정 원리에 따라 문제 해결하기
학습 목표	민주적 의사결정 원리에 따라 우리 학교의 문제를 해결할 수 있다.		
관련 성취기준	[4사05-04] 민주적 의사결정 원리(다수결, 대화와 타협, 소수 의견 존중 등)의 의미와 필요성을 이해하고, 이를 실제 생활 속에서 실천하는 자세를 지닌다.		
MIL 학습자료	• 스마트 폰 • 테블릿 PC • 학교 홈페이지, 페들렛 앱		

2. 교수 · 학습활동의 예시

> 도입   "의견 대립이 일어나는 뉴스 기사 검색"으로 생각 열기

● 각자의 모둠별 테블릿 PC를 통하여 "의견 대립 상황의 뉴스"를 검색해

서 학급 학습 패들렛에 붙여 넣기 해 봅니다.
- Q. 여러분이 직접 테블릿PC를 통하여 서로의 의견이 달라 갈등 상황에 있는 경우의 뉴스를 찾아보고 우리 학급의 학습 패들렛에 업로드 해 보아요. 학습자 개인이 세상 속에서 만날 수 있는 다양한 의견 대립 상황을 뉴스를 통해 만나보고 학습 테블릿에 업로드 합니다. 뉴스에 대한 자신의 의견을 학습 패들렛 댓글로 표현하게 합니다.

> 전개 1 학교에서 일어나는 공동의 문제 알아보기

● 우리 학교의 학년별 운동장 사용에 대하여 갈등이 발생하고 있는 상황을 제시하고 각자 또는 모둠원과 소통하여 해결 방안을 의논해 봅니다.
- Q. 점심 시간에 운동장을 사용할 때 각 학년 간 다툼이 자주 생깁니다. 이것에 대하여 여러분은 어떤 해결책을 낼 수 있나요?
  - 학급 학습 패들렛에 자신 또는 모둠별 의견을 자유롭게 업로드 합니다.

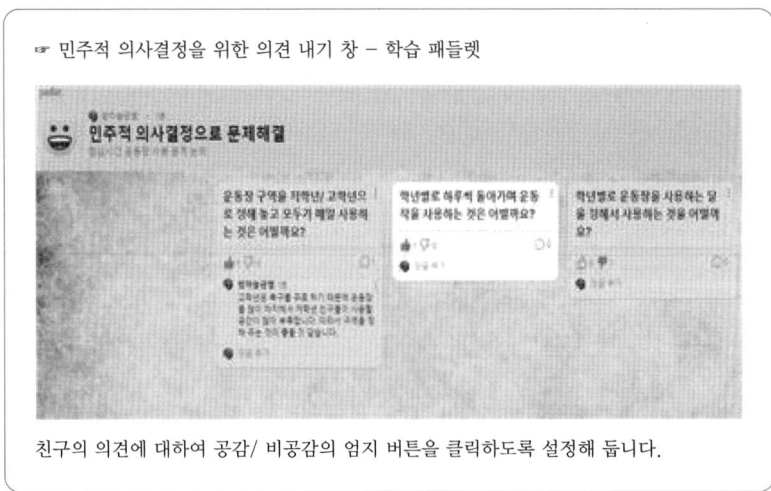

☞ 민주적 의사결정을 위한 의견 내기 창 - 학습 패들렛

친구의 의견에 대하여 공감/ 비공감의 엄지 버튼을 클릭하도록 설정해 둡니다.

전개 2　학교 공동의 문제에 대한 학급 목소리 내기

◉ 학급 구성원 모두가 각자 공감/ 비공감 표시를 하게 하여 모두의 의견을 반영하도록 합니다.

◉ 최고의 공감 반응이 나온 문제 해결 방안에 대하여 학습 패들릿 창에 연결(접속)할 수 있는 URL을 학교 홈페이지 학생 의견 게시판에 내용을 업로드하며 게재 합니다.

- Q. 학교 운동장 사용에 대한 우리 학급의 의견을 전교생이 함께 공유하며 볼 수 있는 학교 홈페이지 게시판을 이용하여 관련 내용을 업로드 해 공식적인 방법으로 해결책을 찾아 보는 것이 어떨까요?
  - 학교 홈페이지에 연결된 [민주적 의사결정 문제 해결] URL을 통하여 전교생의 공감/ 비공감 의견을 클릭하게 설정하고 공감/ 비공감의 정도를 알아봅니다.

정리　다수결의 원칙으로 문제 해결하는 방안 알기

◉ 전교생이 참여한 "학교 운동장 사용에 대한 문제 해결 방안" 공감/ 비공감의 수치를 통해 각 개인의 의사를 표현하되 다수가 원하는 방법으로 의사결정이 이루어짐을 경험하게 합니다.

- Q. 학교 홈페이지와 [민주적 의사결정 문제 해결] 학습 패들렛을 통해 공감/ 비공감의 수치를 명확하게 수치로 확인하여 보았나요?
  - 개인의 의견이 반영되었으나 함께 쓰는 공간인 운동장 사용에 대하여 최대한 다수가 공감하는 의견을 채택하여 문제를 해결하는 방법이 있음을 안내합니다.

◉ 다수결에 의해 결정된 민감한 문제에 대한 해결책을 교사 그룹에서도 의논하여 최종적인 결정을 내리고 실제 학교 규칙으로 공표합니다. 다수의

의견으로 만들어진 문제 해결 방안에 대한 안내를 카드 뉴스로 제작하여 각 학급 홈페이지 및 오프라인 게시판에 게시하여 전교생이 결정한 내용을 실천할 수 있도록 안내합니다.

- Q. [민주적 의사결정 문제 해결] 방법으로 우리 학교 운동장 사용 문제를 해결해본 경험을 통해 무엇을 느꼈나요?
  - 우리들의 의견이 모두 반영될 수 있는 목소리 창이 있었고 그 방법이 쉽고 민주적입니다. 또한 눈으로 바로 확인할 수 있는 공감/ 비공감 수치를 통해서 다수가 원하는 해결 방안이 무엇인지 쉽게 파악할 수 있습니다. 명확한 다수의 의견을 확인하여, 학교 전체 규칙을 바꿀 수 있는 것을 경험합니다.

미디어 리터러시 ✓ 정보 활용 능력

1. 교수·학습활동의 개관

MIL 주제	위치 정보 시스템	MIL 요소	미디어 이해, 미디어 접근
학년(군)/ 차시 분량	5~6학년군/ 6학년 2학기 1차시	교과 핵심역량	정보 활용 능력
단원	1. 세계 여러 나라의 자연과 문화	학습 주제	세계지도, 지구본, 디지털 영상 지도의 특징 알아보기
학습 목표	세계지도, 지구본, 디지털 영상 지도의 특징을 설명할 수 있다.		
관련 성취기준	[6사07-01] 세계지도, 지구본을 비롯한 다양한 형태의 공간 자료에 대한 기초적인 내용과 활용 방법을 알고, 이를 실제 생활에 활용한다.		
MIL 학습자료	• 구글 어스 • 메타버스(거울 세계)		

2. 교수·학습활동의 예시

> **도입** '한국인 세계여행가 김찬삼' 이야기로 생각 열기

◉ '동양의 마르코폴로' 김찬삼(1926~2003)은 세계를 여행하면서 어떤 자료를 활용했는지 안내하며 지도의 중요성을 알려줍니다.
- Q. 세계여행가 김찬삼의 세계 일주 경로를 나타낸 세계지도를 보고 이동의 위치가 어떠했는지 경로를 살펴보아요.
  - 1차, 2차, 3차 세계 일주 경로를 세계지도를 통해 한눈에 평면적으로 볼 수 있어서 쉽게 이해할 수 있습니다. 한 눈에 세계를 직관적으로 볼 수 있는 지도를 통해 여행 경로를 확인하고 또 다른 계획을 세우는 데 도움을 받을 수 있습니다.

> **전개 1** '구글어스' 작동법 익히기

◉ 세계지도는 여러 나라의 위치, 영역을 한눈에 살펴볼 수 있습니다. 위선, 경선, 본초자오선, 적도를 통해 구체적인 위치를 알아낼 수 있음을 안내합니다.
- Q. 위선, 경선, 본초자오선, 적도는 무엇인가요? 각자 가지고 있는 교육용 태블릿을 통해 검색창에서 뜻을 찾아봅니다.
  - 위선은 가로로 그은선으로 위도를 나타냅니다. 적도를 기준으로 하여 북극까지는 북위, 남극까지는 남위라고 합니다. 경선은 세로로 그은 선으로 경도를 나타냅니다. 본초자오선은 최초의 경선으로 영국 그리니치 천문대를 지나는 선입니다. 적도는 위선의 기준이 되는 위도 0°의 선입니다.

◉ [정보활용능력 신장①] 디지털 영상지도 플랫폼인 '구글어스'에 접속하여 손쉽게 사용하는 방법을 익혀 세계 여러 나라 명소를 찾아 한눈에 살펴

볼 수 있도록 합니다.
- Q. 디지털 영상지도 '구글어스'를 손쉽게 사용할 수 있는 단축기 학습을 통해 직접 디지털 영상지도를 조작해보는 실습을 해보는 것이 어떨까요? '구글어스'를 쉽게 사용하는 단축기 학습으로 디지털 영상지도 활용 능력을 키워 봅시다.

☞ 출처: Youtube "열정김선생TV" 구글어스 사용법(2) 프로젝트와 단축기 사용법 총정리
https://youtube.com/watch?v=rsSlskyFAD0&feature=share

[전개 2] '구글어스'를 통한 나만의 세계지도 만들기

● [정보활용능력 신장②] 디지털 영상지도 플랫폼인 '구글어스'에 접속하여 모둠별로 세계 여러 관광지 3개씩 소개하는 프로젝트를 생성하여 공유하는 URL를 학급 학습 인터넷 게시판 패들렛에 업로드할 수 있도록 학습 안내합니다.

- Q. 프랑스 에펠탑, 이탈리아 피사의 사탑, 그리스 산토리니 등과 같이 세계의 유명 관광지를 '구글어스'를 통해 찾아보고 나만의 지도 만들기 프로젝트에 참가해 보아요. 상하좌우로 유명한 관광지를 한눈에 살펴볼 뿐만 아니라 스트리트뷰 버전을 통해 실제 관광지를 디지털 세상 속에서 직접 걸으며 관광하는 느낌을 가져 봅니다.

☞ 디지털 영상지도 구글어스 프로젝트 "내가 소개하고 싶은 장소"

정리 세계지도, 지구본, 디지털 영상지도 특징 비교하기

● 세계지도, 지구본, 디지털 영상지도가 담고 있는 세계 여러 나라의 정보와 특징이 다르므로 각 자료의 특징을 비교해 보는 활동으로 학습을 정리합니다.

· Q. 세계지도, 지구본, 디지털 영상지도의 장단점을 말해볼까요?
  – 세계지도는 세계 여러 나라를 한눈에 평면적으로 볼 수 있으나 나라와 바다 거리가 실제와 다르게 표현되기도 합니다. 지구본은 지구의 실제 모습과 비슷한 장점을 가지고 있습니다. 하지만 세계 모습을 한눈에 보기 어렵고 가지고 다니기 불편합니다. 디지털 영상 지도는 세계지도나 지구본에서 찾아볼 수 없는 다양한 기능을 사용할 수 있습니다. 또한 스마트 기기가 있다면 원하는 장소의 정보를 쉽게 찾아 볼 수 있습니다.

4 미디어 리터러시를 적용한 수업의 유의점

1) 디지털시대 재정의된 민주시민 교육이념 실현의 구체적 노력

　현재와 미래 사회에 요구되는 교육의 방향성을 설정하여 그 사회에 맞는 인재를 육성하기 위한 사회 교과는 더욱 디지털 시대 속 재정의되는 민주시민의 역량을 강화시키는 방법을 심도 있게 고민할 필요가 있다. 정보의 이해와 소통 문제를 화두로 하여 정보의 소통 매커니즘에 대한 이해와 그 속에서 양산되는 부적합 요소들(가짜 뉴스, 사이버 불링, 트롤링, 저작권 분쟁 등)에 대한 직접적인 교육을 통해 디지털 시민성이 단단하게 뿌리 내릴 수 있도록 노력해야 한다. 즉 사회 활동 참여를 통한 능동적 민주시민으로 성장하기 위하여 받아들이는 정보를 비판적으로 검토하고 다양한 미디어 기기를 활용하여 미디어 정보를 재창출하며 공유하고 소통을 통한 건강한 민주시민 육성하는 교육으로의 노력이 필요하다. 또한 미디어 리터러시 교육은 학습자의 학교와 학교 밖(학습자 일상, 가정, 학교, 지역사회, 시민단체 등)의 모든 장면에서의 사회 문화적 참여와 실천 중심 학습을 지향해야 할 것이다(김현진 외, 2020: 478).

2) 디지털 소외로 발생하는 디지털 시민성 함양 차이 최소화

　민주 시민으로 성장하기 위해서는 사회 변동의 양상을 정확하게 인식하고 그에 대하여 능동적으로 대응하여 그 변화를 바람직한 방향으로 주도하는 능력을 길러야 한다. 이러한 관점에서 디지털 기술을 비판적으로 이해하고 그것을 책임 있게 활용하는 능력은 인간이 사회에서 배제되지 않고 능동적으로 참여할 수 있도록 한다는 점에서 디지털 시대의 인권의 필수 요소라고 할 수 있다(최숙, 2018: 318; 설규주, 2021: 70에서 재인용). 디지털 기기 및 컨텐츠 사용 통해 자신의 생각을 창출하고 재구성하며 공유하면서 사회에 참여하고 있는 현실에서 학습자가 디지털 기기 활용 기술을 학습할 기회를 놓치지 않은 교육 환경이 공평하게 주어지고 있는지를 확인해 볼 필요가 있다. 디지털 기기 및 컨텐츠 접속의 불평등이 곧 디지털 시민성 함양의 불평등으로 이어져 또 다른 인권 훼손 및 민주 시민 역량 개발 차별로 존재할 수 있음을 인식하여야 한다. 디지털 미디어를 읽고 수용하는 것 외에도 적극적으로 활용할 수 있는지 여부에 따라 정보 확보 및 참여의 수준이 달라지므로, 이로 인해 발생하는 이용자 간 '디지털 격차'를 해소하기 위해 미디어 사용 방법과 기술 등의 환경을 면밀히 검토 후 공평하게 제공되어야 한다(홍유진 외, 2013: 06). 2022학년도부터 실시하는 '1인 1디바이스 (BYOD:Bring Your Own, Device)' 제공 등의 정책으로 학습자의 미디어 리터러시 역량 및 디지털 시민성 함양의 차이를 최소화 노력의 적극성이 필요하다.

3) 디지털 템플릿 종류별 교과 적용을 위한 정보 활용 능력 신장

사회 교과의 적합성을 고려한 주제별, 단원별 학습에서의 여러 가지 템플릿을 적소에 활용할 수 있도록 교사가 먼저 다양한 템플릿 활용에 대한 배움이 일어나야 한다. 교사 스스로 미디어 리터러시의 개념 및 교육적 사용의 목적과 필요성에 대한 인식이 부족하게 되어 시대 적합한 교수 학습 방법을 제공하는 부분을 놓치지 않도록 성취기준과 학습 내용에 대한 중점을 둔 디지털 활용 연수 과정에 참여하고 수업을 구성할 수 있어야 한다. 또한 어느 한 단원이나 주제 중심의 미디어 리터러시의 적용이 아닌, 전체 교육 과정 내 적합한 디지털 도구와 템플릿을 적용하여 단계적이며 계열성을 가지도록 심화되는 디지털 정보 리터러시 역량을 개발될 수 있어야 하겠다.

참고문헌

교육부(2015), 『사회과 교육과정』, 교육부 고시 제2015-74호 [별책7].
교육부(2019), 『초등학교 3~4학년군 사회 3-1 교사용지도서』, 서울: 지학사.
교육부(2019), 『초등학교 3~4학년군 사회 4-2 교사용지도서』, 서울: 지학사.
교육부(2019), 『초등학교 5~6학년군 사회 5-1 교사용지도서』, 서울: 지학사.
김현진 외(2020), 민주시민육성을 위한 미디어 리터러시 역량의 의미와 정규교육과정 통합 방안, 학습자중심교과교육연구, 20(11), 473-500.
문현진(2019), 미디어 생태학 관점에서의 초등 사회과 수업 연구, 사회과교육연구, 26(4), 69-84.
박주현 외(2020), 미디어 리터러시 개념과 교육내용 개발, 한국도서관·정보학회지, 51(3), 223-250.
신미경 외(2020), 학교 미디어 리터러시 교육 활성화 방안, 학습연구년 특별연수 정책개발연구영역보고서, 충청북도교육연구정보원.
정현선 외(2016), 핵심역량 중심의 미디어 리터러시 교육내용 체계화 연구, 학습자중심교과교육연구, 16(11), 211-238.
추병완 외(2019), 『디지털 시민성 핸드북』, 서울: 한국문화사.
추병완 외(2021), 『미디어 리터러시 교육의 이론과 실제』, 서울: 한국문화사.
한춘희 외(2021), 『초등학교 3~4학년군 사회 3-1 교사용지도서』, 서울: 아이스크림미디어
홍유진 외(2013), 미디어 리터러시 국내외 동향 및 정책방향, 『코카포커스』, 한국콘텐츠진흥원, 통권 67호.
한국일보(2016.11.05), "빅데이터 등 첨단 기술 집약체, 내비게이션 작동원리는?" https://www.hankookilbo.com/News/Read/201611050421476822(검색일:2022.02.28.)
한국일보(2022.02.08.), "남성 아바타에 성폭행 당했다"…현실 닮아가는 메타버스 성범죄, https://n.news.naver.com/article/469/0000656837?cds=news_my(검색일:2022.02.09.)
그림이미지출처: 칸바무료요소이미지
Youtube"열정김선생TV", https://youtube.com/watch?v=rsSlskyFAD0&feature=share
구글어스 사용법(2) 프로젝트와 단축기 사용법 총정리(검색일:2022.03.10.)

6장
수학 교과에서 미디어 리터러시 교육

금호정(진주교육대학교부설초등학교 교사)

1 패러다임의 변화와 초등수학과 교육

    지면(紙面)를 통하여 세상을 이해하던 삶의 구조에서는 글을 읽고 의미를 헤아리는 문해력(literacy)을 가지는 것이 중요하였다. 그 이후, 대중화된 텔레비전의 생산으로 말미암은 영상 언어의 노출 환경은 시각적으로 재현된 삶의 모방에 대한 보호주의적 '시각적 해독 능력(visual literacy)'이 중요하도록 이끌었다. 최근에는 정보화의 급속한 기술력 증대와 감염증 확산으로 인한 온라인 삶으로의 초대가 일상화되는 시점으로 '리터러시'에 대하여 또 한번의 재정의가 요구되고 있다. 우리는 현재 소셜미디어 플랫폼의 정교화된 발전과 안정적 인터넷을 기반으로 미디어 소비자를 넘어 생산자로서의 역할을 함께 담당하게 되었다. 따라서 '리터러시'의 정의는 다양한 미디어 언어가 상호 융합함으로 새로운 개념들의 리터러시로 정의가 분화되고 정교화되고 있다.

　이러한 미디어 리터러시의 패러다임 변화에서 핵심적인 내용은 미디어 속 '정보'를 비판적으로 해석하고 창의적으로 생산하며 네트워크 공유 활동을 통한 협력적 의사소통의 방향으로 나아가야 한다는 것이다. 이러한 활동을 통해 미디어 정보의 소비자이자 생산자는 더욱더 개별적이고 주체적 모습이 요구된다.

　이러한 맥락에서 UNESCO(United Nation Educational, Scientific and Cultural Organization, 2011:2013)는 미디어 리터러시, ICT 리터러시, 디지털 리터러시, 인터넷 리터러시 등의 용어적 혼란을 넘어서 2007년부터 '미디어 리터러시(MIL: Media and Information Literacy)'라는 용어를 공식적으로 사용하였다. 21세기에 표현의 자유와 정보의 자유라는 인간의 기본권을 유지 시키기 위해서는 시민들의 정보 리터러시 향상이 필요하다는 점을 인식하고 기존 미디어 리터러시 교육에서 미디어와 정보 리터러시를 융합한 교육으로 변화를 주었던 것이다. 이렇듯 디지털 세상 속에 살아가는 미래 인재를 양성하기 위하여 소통, 협업, 실천 능력을 바탕으로 미디어 환경의 특성을 교육 안에서 학생 교육에 미디어와 정보를 담아 내는 교육내용을 구성하고 교육 방법을 강구해야 한다. 다시 말해, 미디어 리터러시를 바탕으로 효과적인 학습 성취가 일어나도록 교육을 설계하고 제안할 필요가 있다.

　2015 초등학교 교육과정에서 서술하고 있는 수학 교과는 수학의 개념, 원리, 법칙을 이해하고 기능을 습득하여 주변의 현상을 수학적으로 관찰하고 해석하며 논리적으로 사고하고 문제를 합리적으로 해결하는 능력과 태도를 기르는 교과로 정의한다. 수학의 지식을 이해하고 기능을 습득하는 것과 수학 교과 역량을 효과적으로 기르기 위하여 디지털 정보를 개인적인 학습 활동을 통해 지식으로 전환하는 능력(비트 리터러시), 자신의 지식을

다른 사람과 공유하면서 가상 공동체를 형성하는 능력(버츄얼 커뮤니티 리터러시)을 통해 더욱 도구교과 학습으로서의 수학 교과 학습을 단단하게 구성하여 교육의 효과를 성취할 수 있다.

2 미디어 리터러시와 초등수학과 교육

UNESCO는 탐구 기반 역량의 개발과 미디어 및 정보 채널에 의미 있게 참여할 수 있는 역량을 강조하고자 미디어 리터러시(MIL) 개념을 제시하였으며 '시민들이 개인적, 전문적, 사회적 활동에 참여하기 위하여 다양한 도구를 사용하여 효과적인 방법으로 모든 형식의 정보 및 미디어 콘텐츠에 접근·검색·이해·평가·사용·창작·공유할 수 있도록 하는 역량 집합'으로 정의하였다(박주현, 2020: 358). 국내 학자 이숙정은 미디어 리터러시에 대하여 미디어에 대한 이해, 미디어 콘텐츠에 대한 접근, 미디어 콘텐츠에 대한 비판적 해석, 미디어 콘텐츠 생산, 미디어를 활용한 사회적 소통으로 구분하여 제시하기도 하였다(설규주, 2021: 66). 이렇게 구분된 요소를 바탕으로 한 미디어 리터러시의 역량을 제안하면 미디어 이해 및 접근 능력, 사회적 소통 및 비판적 이해 능력, 창의적 표현 능력으로 발현시켜 나아갈 수 있다.

전미 수학 교사 협의회(NCTM: National Council of Teachers of Mathematics, 1989)는 수학 교육은 사회적 요구와 학생의 필요성을 반영해야 하는 것과 사회에서 개인에게 요구하는 능력과 학생들이 자신의 미래를 위해 준비해야 할 소양(literacy)이 달라지고 있음을 인식하여 2010년에는 『학교 수학을 위한 공동 핵심 규준』을 발간하기도 하였다. 이에 따르면 현대인들은 전통적인 수학 기초 능력을 넘어서는 지식과 기능을 갖추어야 한다고 주장한다. 따라서 학생들은 수학 교육을 통하여 현대 사회가 추구하는 수학적 소양으로 문제를 해결하기 위해 수학적 방법을 다양하게 사용하는 능력과 탐구하고 추측, 논리적으로 추론하는 능력, 자신의 생각을 수학적으로 표현하고 소통할 수 있는 능력을 개발시켜야 한다(교육부, 2018:12). 이러한 관점으로 현시대의 적합한 교육적 방법을 고찰하면서 미디어 리터러시(MIL)를 바탕으로 한 초등학교 수학 교과의 적용점을 살펴보는 일이 필요하다.

그러면 수학과에서 함양하고자 하는 구체적인 역량은 어떠한가? 2015 개정 수학과 교육과정에서는 수학과의 성격을 제시하면서 창의적 역량을 갖춘 융합 인재를 길러내기 위해 "학생들은 수학의 지식을 이해하고 기능을 습득하는 것과 더불어 문제 해결, 추론, 창의·융합, 의사소통, 정보 처리, 태도 및 실천의 6가지 수학 교과 역량을 길러야 한다."라고 제시하고 있다.

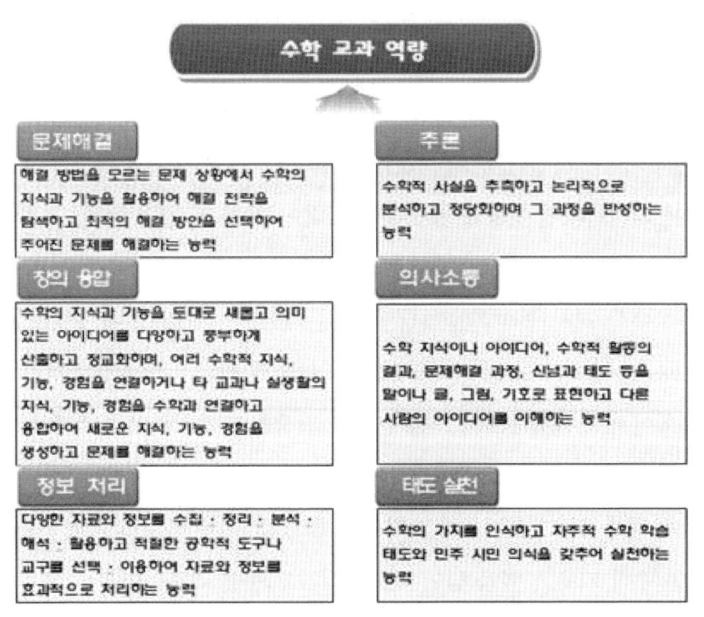

<그림 5> 2015 개정 교육과정 수학과 핵심역량

수학 교과 핵심역량 함양을 통하여 복잡하고 전문화되어 가는 미래 사회에서 사회 구성원의 역할을 성공적으로 수행하며 개인의 잠재력과 능력을 발현시킬 수 있도록 수학의 필요성과 유용성을 이해하고, 수학 학습을 할 수 있는 가장 효과적이며 시대에 적합한 교육 방법을 연구해야 한다. 이를 성취 하기 위한 초등 수학과의 구체적인 교육내용 영역은 5개 영역으로 수와 연산, 도형, 측정, 규칙성, 자료와 가능성으로 구성되어 있다.

<표 13> 2015 개정 교육과정 초등학교 수학과 5개 영역

영역	핵심 개념	일반화된 지식
수와 연산	수의 체계	수는 사물의 개수와 양을 나타내기 위해 발생했으며, 자연수, 분수, 소수가 사용된다.
	수의 연산	자연수에 대한 사칙계산이 정의되고, 이는 분수와 소수의 사칙계산으로 확장된다.
도형	평면도형	주변의 모양은 여러 가지 평면도형으로 범주화되고, 각각의 평면도형은 고유한 성질을 갖는다.
	입체도형	주변의 모양은 여러 가지 입체도형으로 범주화되고, 각각의 입체도형은 고유한 성질을 갖는다.
측정	양의 측정	생활 주변에는 시간, 길이, 들이, 무게, 각도, 넓이, 부피 등 다양한 속성이 존재하며, 특정은 속성에 따른 단위를 이용하여 양을 수치화하는 것이다.
	어림하기	어림을 통해 양을 단순화하여 표현한다.
규칙성	규칙성과 대응	규칙성은 생활 주변의 여러 현상을 탐구하는 데 중요하며 함수 개념의 기초가 된다.
자료와 가능성	자료 처리	자료의 수집, 분류, 정리, 해석은 통계의 주요 과정이다.
	가능성	가능성을 수치화하는 경험은 확률의 기초가 된다.

전미 수학 교사 협의회(NCTM)에서는 수학을 안다는 것(Knowing mathematics)은 수학을 실제 행함(Doing mathematics)으로써 이루어지며, 학생들이 무엇을 배우냐는 그들이 "어떻게" 배우느냐에 달려 있다고 단언하였다(김민경, 1997:369). 단순히 수학 지식적 이해를 넘어선 행함으로서의 실천적 경험으로 수학 개념을 구성해 나가며, 초등 수학 교과 5개 영역에서 자신의 배움을 창의적이며 주도적으로 재구성할 수 있어야 한다. 따라서 미디어에 관한 교육(수학 미디어에 대한 지식과 이해를 제공), 미디어를 통한 교육(수학 미디어 활용을 통한 수학적 지식 습득), 미디어를 위한 교육(수학적 문제 해결력 함양과 더불어 수학 학습 미디어 제작)으로 능동적이며 창의적인 수학적 이해를 돕는 다양한 교육 방법을 연구하고 제공하는 것이 시대 적합성을 가지는 수학 교육의 자연스러운 모습이다.

3 미디어 리터러시를 적용한 수학 교육 방법

수학과는 수학의 개념, 원리, 법칙을 이해하고 기능을 습득하여 여러 가지 현상을 수학적으로 관찰하고 해석하며 논리적으로 사고하고 합리적으로 문제를 해결하는 능력과 태도를 기르는 교과이다(교육부, 2018: 19). 객관주의의 관점에서의 수학 교수법은 보상과 벌 등의 강화를 제공하면서 주로 수학적 개념을 학습을 위한 연습 방법을 제공하는 학습으로 주어졌다. 하지만 이러한 학습 방법은 단순 연산 과정에서의 계산력의 향상에 도움을 주지만 수학에 대한 탐구와 해결을 통한 즐거움을 놓치게 하며 다양한 탐구 방법으로 풀어낼 수 있는 역량 개발에 부족함을 주었다. 여기에 반(反)하여, 최근 구성주의 교수법은 활동적이며 학습자가 내적으로 조정되는 학습 과정으로 보고 수학적 다양한 경험을 통하여 수학 개념의 의미를 획득해 간다고 바라보았다. 학습자는 주어진 수학적 상황을 일반화하고 추상화하면서 기존의 지식에 수학적 개념을 다양하게 적용하며 실질적인 문제 해결로 발전해 나아간다. 예를 들어 시뮬레이션, 게임, 문제 해결 프로그램들과 같은 컴퓨터 테크놀로지의 이용은 학생들로 하여금 조사, 실험, 탐구, 문제 해결을 직접 경험하게 함으로써 효과 있는 교육 현장으로의 실현이 가능하다(김민경, 1997: 370). 또한 교사는 학생들이 실생활의 다양한 문제에 질문을 가지고, 수학적 지식과 기능을 활용해 문제를 해결할 수 있도록 도식과 연계하거나, 수학적인 담화를 촉진하고, 개념 이해를 통해 유창성 능력을 증진할 수 있도록 지원해야 한다.(NCTM, 2014: 김은숙 외, 2020: 21에서 재인용) 구체적인 방법으로 색 단서, 그림, 사진 등의 시각적 자료를 수치와 함께 제시하여 직관적으로 수리적 파악을 할 수 있는 플랫폼을 이용하거나, 그래픽 조직자를 이용하여 선분 및 각도의 이해를 도울 수 있다. 이렇듯 학문의 기초가 되는 수학과에서도 미디어 리터러시를 활용한 보다 효과적인 학습 방법을 통해서 보다 명시적이며 체계적인 교수·학습 활동을 성취하도록 도움을 받을 수 있다.

미디어 리터러시를 적용한 초등 수학과 교육의 제안을 통하여 교수·학습 활동을 구안하고 실제 교육 현장에서 활용하는 접근도가 높을 수 있도록 교과 핵심역량을 성취하기 위해 설정된 5개 수학과 영역을 바탕으로 미디어 리터러시 역량과 연결하여 제안하고자 한다.

국내 학자 이숙정의 미디어 리터러시의 분류인 미디어 이해, 미디어 접근, 비판적 이해, 창의적 표현, 사회적 소통 능력을 참고하여 2015 개정 교육과정 초등학교 수학과 영역별 미디어 리터러시 요소와 연결하면 다음과 같다.

<표 14> 수학과 영역별 연결되는 미디어 리터러시 요소

영역	핵심 개념	일반화된 지식		MIL 요소
수와 연산	수의 체계	수는 사물의 개수와 양을 나타내기 위해 발생했으며 자연수, 분수, 소수가 사용된다.	→	미디어 접근 능력
	수의 연산	자연수에 대한 사칙계산이 정의되고, 이는 분수와 소수의 사칙계산으로 확장된다.		
도형	평면 도형	주변의 모양은 여러 가지 평면도형으로 범주화되고, 각각의 평면도형은 고유한 성질을 갖는다.	→	창의적 표현 능력
	입체 도형	주변의 모양은 여러 가지 입체도형으로 범주화되고, 각각의 입체도형은 고유한 성질을 갖는다.		
측정	양의 측정	생활 주변에는 시간, 길이, 들이, 무게, 각도, 넓이, 부피 등 다양한 속성이 존재하며 측정은 속성에 따른 단위를 이용하여 양을 수치화하는 것이다.	→	사회적 소통 능력
	어림 하기	어림을 통해 양을 단순화하여 표현한다.		
규칙성	규칙성과 대응	규칙성은 생활 주변의 여러 현상을 탐구 하는데 중요하며 함수 개념의 기초가 된다.	→	미디어에 대한 이해 및 활용
자료와 가능성	자료 처리	자료의 수집, 분류, 정리, 해석은 통계의 주요 과정이다.	→	비판적 이해 능력
	가능성	가능성을 수치화하는 경험은 확률의 기초가 된다.		

1) 미디어 리터러시를 적용한 교수·학습 활동 예시

2015 수학과 개정 교육과정의 핵심역량을 성취하기 위하여 다음과 같이 미디어 리터러시를 적용하여 구체적인 교수·학습 활동을 제안하면 아래와 같다. 제안하는 수학과 하위 요소 영역은 아래 〈표 14〉에 음영으로 표시하였다.

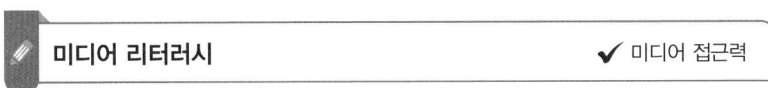

1. 교수·학습활동의 개관

MIL 요소	미디어 접근 능력	MIL 학습자료	수학학습엑셀표, 띵커벨
학년군/차시 분량	초등학교 4학년 1학기 1차시	교과 핵심역량 하위요소	수와 연산
단원	큰 수	학습 주제	다섯 자리 수 읽기
학습 목표	• 다섯 자리 수를 쓰고, 읽을 수 있다. • 다섯 자리 수의 자릿값과 위치적 기수법을 이해할 수 있다.		
관련 성취기준	[4수01-01] 1000 이상의 큰 수에 대한 자릿값과 위치적 기수법을 이해하고, 수를 읽고 쓸 수 있다.		

2. 교수·학습활동의 예시

도입 "세계 명소를 방문한 방문객 수 알기"로 생각열기

● 구글 어스 플랫폼을 통하여 내가 가고 싶은 세계 명소를 찾아 보고, 하루 평균 관광객 수를 인터넷 검색창에서 찾아 읽어 보도록 활동을 유도합니다.

● 세계 명소 및 국내 유명 관광지 홈페이지를 인터넷 검색을 통해 방문해 보고 방문객 수의 정보를 스스로 찾아보면서 자연스레 방문객 수를 읽어야 하는 필요성과 궁금함을 가지도록 안내 합니다.

- Q. 세계 문화 체험관의 방문한 사람은 몇 명 일까요?
  - 현재까지 방문객 수는 239명 이고, 누적 방문객 수는 44364명입니다. 이것은 10000보다 큰 수이며, 50000보다 적은 수를 나타냅니다.

(전개 1) **다섯 자리 수를 읽는 방법을 직관적으로 제시하기**

◉ 다양한 자연수를 다섯 자리 칸에 넣어 직관적으로 자릿수와 연결하여 수를 읽을 수 있는 엑셀표를 제시하여 활용합니다.

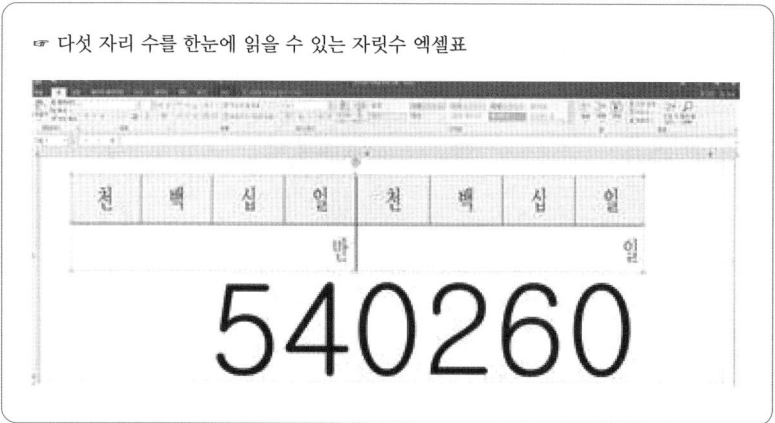

- Q. 각 모둠별 태블릿으로 다섯 자리 수 읽기 엑셀 파일을 열어서 5개의 자연수를 넣고 자릿수 읽기를 할 수 있나요?
  - 모둠 짝이 다섯 자리 수를 엑셀 파일 칸에 넣어주면 다른 짝이 다섯 자리 수를 정확하게 읽어 보는 반복·완전 학습을 실시해 봅니다. 10문제씩 교차로 내고 맞추는 학생 주도 교육 활동을 합니다.

(전개 2) **디지털 수 카드 배열을 통해 다섯 자리 수 읽기 학습**

◉ 띵커벨 플랫폼을 소개하고 자연수 5의 수 카드를 디지털에서 자동 추천

으로 제시되는 게임으로 다섯 자리 수를 빠르고 정확하게 읽기 연습으로 학습을 실시합니다.
- Q. 띵커벨(www.tkbell.co.kr) 플랫폼을 이용하여 제시된 자연수 카드 맞추기 게임에 참여하여 어느 모둠이 집중하여 다섯 자리 수 읽기를 잘하는지 알아볼까요?
  - 모둠 또는 개인이 수학 게임에 직관적으로 참여하고 학습 성취를 바로 확인하면서 자신의 수학 학습 성취률을 바로 확인합니다.

〔 정리 〕 교과서 다섯 자리 수 읽기 쓰기 문제 풀이로 학습 정리하기
● 본 차시 학습을 정리하며, 움직이는 숫자 카드의 배열을 통해 자릿수 읽기 문제를 직접 풀어 보면서 학습을 점검합니다.

☞ 자연수 카드 정렬을 통한 자릿수 확인 학습(ppt)

미디어 리터러시 ✓ 창의적 표현력

1. 교수·학습활동의 개관

MIL 요소	창의적 표현	MIL 학습자료	3D
학년군/ 차시 분량	초등학교 6학년 2학기 1차시	교과 핵심역량 하위요소	도형
단원	3. 공간과 입체	학습 주제	입체도형
학습 목표	• 실생활 공간 속 물체의 사진을 보고 어느 방향에서 본 것인지 안다.		
관련 성취기준	[6수02-11] 쌓기나무로 만든 입체도형의 위, 앞, 옆에서 본 모양을 표현할 수 있고, 이러한 표현을 보고 입체도형의 모양을 추측할 수 있다.		

2. 교수·학습활동의 예시

도입 포털 사이트 지도 플랫폼을 통해 거리뷰 따라 길 찾기

● 포털 사이트에 있는 지도앱(네이버맵, 카카오맵 등) 실행 해보고, 학교에서 우리 집까지 로드뷰를 따라 시선을 옮겨 봅니다.
- Q. 우리 집까지 거리 모습이 실사로 담겨진 것을 확인하면서 그 속의 건물의 느낌이 어떤지 서로 발표해 볼까요?
  - 실제 눈으로 보면서 거리를 직접 걷는 것과 같이 느껴집니다. 내가 등교하거나 하교하면서 보았던 건물들이 상·하·좌·우 입체적으로 느낄 수 있습니다.

전개 1 교실 교구를 태블릿 카메라로 방향에 따라 사진 찍기

● 교실 책상, 의자, 교탁 등의 교구의 모습을 모둠별로 여러 방향에서 사진을 찍어 학습 패들렛 창에 올려 다른 친구들이 다양한 방향에서 찍은 사진을 비교해 봅니다.

- Q. 개인 태블릿에 탑재된 카메라를 통해 교실의 책상, 의자, 교탁의 모습을 사진으로 남기고 비교해 볼까요?
  - 위에서 바라본 방향, 정면, 뒷, 옆에서 바라본 위치에 따라 다른 모습으로 보입니다.

◉ 각자 찍은 교실 책상, 의자, 교탁 등의 여러 방향의 교구의 모습을 사진 편집 툴을 이용하여 1분 컷 동영상으로 어떤 물건 인지 맞춰 보는 동영상으로 제작해 보도록 합니다.

- Q. 동영상 편집 앱(류마퓨전, 블로, 키네마스터) 등을 활용하여 "무슨 물건일까요?"학습 동영상 1분 컷을 만들어 학습 패들랫에 올려 볼까요? 여러 방향에서 바라본 모습으로 어떤 물건인지 추측하게 하는 활동을 통해 전체적인 물건의 모양을 파악하는 능력이 커집니다.

전개 2 윈도우 3D 입체물 구성 및 방향 전환하기

◉ 3D 입체물을 만들어 보고 다양한 각도의 움직임으로 통해 2D, 3D에서의 움직임과 모습을 관찰해보도록 안내합니다.

- Q. 윈도우 검색창에 그림판 3D를 검색해서 사용해봅시다. 자신이 원하는 도형을 입체적으로 그려보아도 좋고, 다양한 물건을 검색창에서 불러와서 3D 형식으로 전환해서 살펴 볼까요? 세밀하게 여러 방향에서 보는 모습을 관찰하고 수치상 설정할 수 있는 점이 편리합니다. 혼합 현실(MR)로 전환하여 실제 손이 뻗어서 방향을 회전하는 모습을 경험할 수 있습니다.

☞ 3D 그림판 활용 입체 방향감각 익히기

☞ 3D 그림판 활용 입체 방향 전환(혼합현실 MR 적용)

> **정리** 바라보는 각도에 따라 다른 모습으로 보여짐을 이해하기

● 본 차시 3D 입체물이 다양한 각도에서 보이는 모습에 대하여 3D 입체 그림 그리기를 통해 바라보는 모습에 따라 완전히 다른 모습일 수 있음을 이해하며 활동을 마무리합니다.

– 그림판 3D의 사물을 직접 그림으로 그려보는 활동을 통하여 직관적

으로 방향에 따라 다른 모습임을 알게 될 수 있어요.
- 마우스, 3D 펜을 통해서 내가 원하는 각도로 회전한 모습을 그림 그리기로 선을 표현하는 활동을 통해 각도에 따라 다른 모습이 보여짐을 바르게 인식합니다.

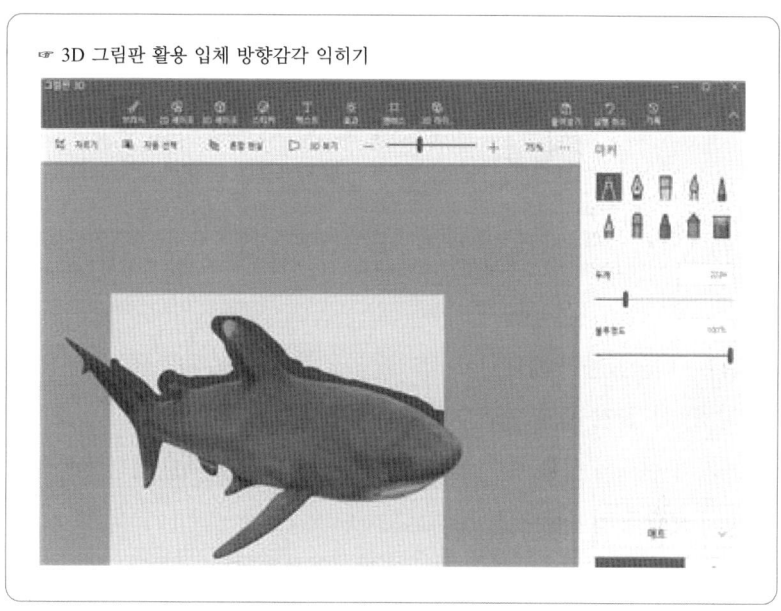

☞ 3D 그림판 활용 입체 방향감각 익히기

미디어 리터러시

1. 교수·학습활동의 개관

MIL 요소	미디어에 대한 이해	MIL 학습자료	디지털 기기, 앱 활용
학년군/ 차시 분량	초등학교 2학년 1학기 1차시	교과 핵심역량 하위요소	측정
단원	4. 길이 재기	학습 주제	양의 측정
학습 목표	· 자의 바른 사용법을 알고, 여러 가지 물건의 길이를 바르게 잴 수 있게 한다. · 여러 가지 물건의 길이를 재고 길이의 양감을 느낄 수 있게 한다.		
관련 성취기준	[2수03-05] 길이를 나타내는 표준 단위의 필요성을 인식하고, 1cm, 1m의 단위를 알며, 상황에 따라 적절한 단위를 사용하여 길이를 측정할 수 있다. [2수03-07] 여러 가지 물건의 길이를 어림해 보고, 길이에 대한 양감을 기른다.		

2. 교수·학습활동의 예시

도입 물건 재기 도구 "자"에 대한 탐색으로 생각열기

● 과거와 현재의 생활 주변에서 길이를 잴 수 있는 도구를 검색하며 다양한 자의 모습을 알아봅니다.

- Q. 개인 테블릿 PC 포털 검색창을 열어 "물건 재기 도구"에 대하여 과거와 오늘날의 도구를 검색 해 볼까요?
  - 도량형 단위에는 척관법, 미터법, 야드 파운드법 등이 있어요. 척관법의 기본 단위는 척(尺)이며, 우리나라는 전통적으로 중국 문명의 영향을 받아 토지, 건물을 재는 단위로 사용하였어요.

● 주변의 자들이 가지는 공통점을 살펴보고, 자를 이용하여 길이를 재면 어떤 점이 좋은지 탐색하도록 합니다.

- Q. 여러 가지 모습의 자에서 공통적으로 나타나는 특징은 무엇인가요?
  - 모두 눈금이 있고 숫자가 똑같은 간격으로 표시되어 있습니다. 숫자

0부터 눈금 단위가 나타나 있습니다.
- Q. 자를 이용하여 길이를 재면 어떤 점이 좋을까요?
  - 어느 누구라도 길이를 재면 똑같은 수치를 잴 수 있습니다. 또한 길이를 정확하게 잴 수 있고, 자를 이용하여 쉽게 수치화된 길이를 알아낼 수 있습니다.

(전개 1) **자를 이용하여 학용품 길이 재기**

◉ 자를 이용하여 길이를 재는 바른 방법을 알아봅니다.
- Q. 자를 이용하여 길이를 바르게 재는 방법을 알아볼까요?
  - 물건의 한 쪽 끝을 자의 눈금 0에 맞추어 놓습니다. 다른 쪽에 닿은 물건의 위치에 보이는 숫자를 확인하여 읽습니다. 자와 물건이 나란하고 붙어 있도록 위치해 놓고 길이를 나타내는 숫자를 읽습니다.

◉ 격자판이 그려진 자를 이용하여 길이를 재어봅시다.
- Q. 단위길이(cm)가 일정하게 그어진 격자판에 길이가 궁금한 학용품을 올려두고 길이를 재어 볼까요? 격자판에 물건을 가로선 또는 세로선에 평행하게 올려두고 길이를 확인합니다. 지우개, 색연필, 가위 등의 길이를 격자판 위에서 칸수를 세어가며 숫자로 읽어봅시다.

(전개 2) **미디어 기기를 이용하여 길이 재기**

◉ 길이 재기가 필요한 직업들은 무엇이 있을지 살펴보고, 크기가 크고 높이가 높은 물체의 길이를 재는 방법을 토의해 봅니다.
- Q. 높고 큰 건물을 만드는 목수나 건축가에게는 모든 면을 자로 직접 재어보지 않아도 길이를 잴 수 있는 도구가 필요해요. 건축 설계사나 목수와 같은 직업을 가진 사람들은 큰 건물의 길이를 재기 위하여 특

정한 미디어 기기(레이저를 이용한 길이 재기)를 사용하고 있습니다.

◉ 높이 달린 교실 창문 가로 길이, 강당 빔 프로젝트 화면 세로 길이 등의 손이 닿지 않은 물건에 대하여 미디어 기기를 이용하여 길이 재기 활동에 참여합니다.

• Q. 스마트 폰이나 휴대용 테블릿 PC의 길이 재기 앱을 설치하여 손을 닿지 않고 물건의 길이를 재어 볼까요? 증강 현실(AR)을 이용한 줄자 어플리케이션을 설치하고 높거나 먼 물체의 길이를 재어 볼 수 있습니다.

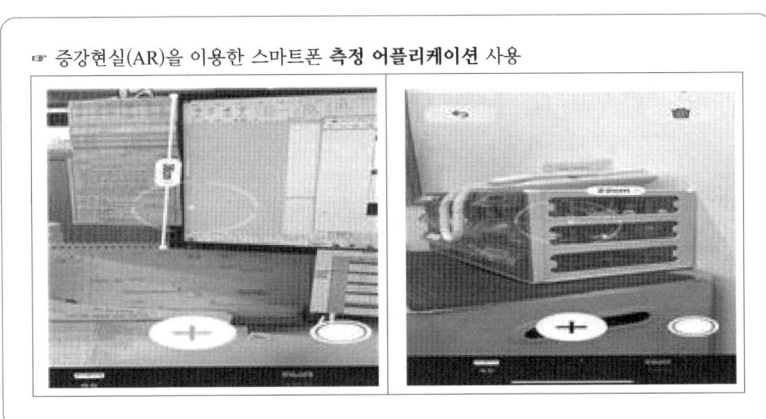

☞ 증강현실(AR)을 이용한 스마트폰 **측정 어플리케이션** 사용

정리 다양한 도구로 학용품 길이 재기

◉ 자신이 가지고 있는 학용품 3종류를 선택하여 다양한 형태로 존재하는 실제 자를 사용하여 길이를 재어 보는 활동에 참여하기

• Q. 곧은 자, 삼각 자, 눈금이 일부 지워진 자, 부러진 자 등의 다양한 자를 활용하여 정확하게 길이를 재어 보는 방법을 알아볼까요? 물건의 한쪽 끝을 눈금 0이 아닌 한 눈금을 기준점으로 하여 길이를 재어 볼 수 있

으며 한 칸(1cm)가 몇 번 들어가는지를 세어보고 길이를 재어 보는 방법이 있습니다.
- Q. 가상의 자로 실제의 사물 길이를 재어 보는 방법이 장점은 무엇일까요?
  - 실제 자를 가지고 있지 않아도 정확하게 길이를 잴 수 있습니다. 다양한 자 형태를 선택하여 길이를 잴 수 있으며, 직선 뿐만 아니라 곡선의 다양한 형태를 3D 필터를 통해 길이 재기 활동을 할 수 있습니다.

미디어 리터러시 ✓ 미디어 이해 및 활용

1. 교수·학습활동의 개관

MIL 요소	비판적 이해 능력	MIL 학습자료	수학 앱, 수학 프로그램
학년군/ 차시 분량	초등학교 2학년 2학기 1차시	교과 핵심역량 하위요소	규칙성
단원	6. 규칙 찾기	학습 주제	규칙성과 대응
학습 목표	• 무늬에서 규칙을 찾아 설명할 수 있으며 규칙에 따라 무늬를 꾸밀 수 있다.		
관련 성취기준	[2수04-01] 물체, 무늬, 수 등의 배열에서 규칙을 찾아 여러 가지 방법으로 나타낼 수 있다. [2수04-02] 자신이 정한 규칙에 따라 물체, 무늬, 수 등을 배열할 수 있다.		

2. 교수·학습활동의 예시

> **도입**   "생활 속 발견할 수 있는 규칙적인 무늬"로 생각 열기

◉ 교사가 제시하는 포장지와 타일의 사진을 보고 규칙적인 무늬가 있는지 살펴보도록 안내합니다.
- Q. 포장지에 어떤 무늬가 반복되는지 살펴보고 규칙을 말해 볼까요?
  - 같은 모양이 대각선 방향으로 반복되어 그려져 있습니다. 꽃무늬가 잎사귀 무늬와 1:2 패턴으로 반복되어 있습니다.

● 우리나라 전통 문살 무늬 사진을 보고, 어떤 규칙적인 무늬가 나타나고 있는지 살펴보도록 합니다.
- Q. 「날살문」, 「띠살문」, 「우물살문」, 「소슬살문」 등 한국 전통 문살 무늬 속에서도 다양한 규칙성을 발견할 수 있나요?
  - 오래전부터 우리 생활 주변의 장식에서 규칙적인 무늬를 활용하여 아름다운 장식을 만들었습니다.

전개 1 규칙을 찾아 무늬 완성하기

● 그림 그리기 미디어 프로그램을 이용하여 규칙적 색, 무늬 그리기를 할 수 있도록 합니다.
- Q. 구글 오토드로우 사이트를 활용하여 내가 그리는 모양을 자동 그리기 기능을 통해 일관된 형태로 변형하여 배치해 볼까요? 그림을 잘못 그리고 규칙적 패턴을 찾아 그리기 어려운 사람들에게 머신러닝 알고리즘 기능을 가지고 자동으로 그림을 완성해서 규칙적으로 쉽게 배열할 수 있도록 돕는 프로그램을 활용할 수 있습니다.

☞ 머신러닝 알고리즘 기술이 포함된 오토 드로우 프로그램(https://www.autodraw.com) 활용으로 규칙적인 나만의 무늬 만들기

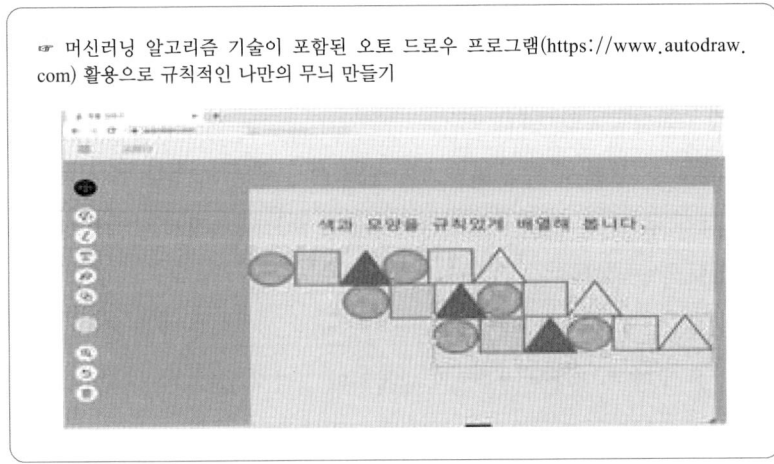

> [전개 2] "테셀레이션(쪽매맞춤)" 무늬 구성하기

● 도형 규칙을 배열하여 나만의 테셀레이션 무늬를 완성해 보도록 합니다.
• Q. 정규 테셀레이션, 준정규 테셀레이션, 비정규 테셀레이션의 종류를 검색 사이트에서 찾아 살펴보고, 자신이 원하는 형태의 테셀레이션을 정해 봅니다. 나만의 규칙으로 테셀레이션 만들기 프로그램을 각자의 PC로 접속해볼까요? https://sciencelove.com/2517 [김정식 허명성의 과학사랑] 사이트에 접속하여 자신만의 테셀레이션을 만들어 봅니다.

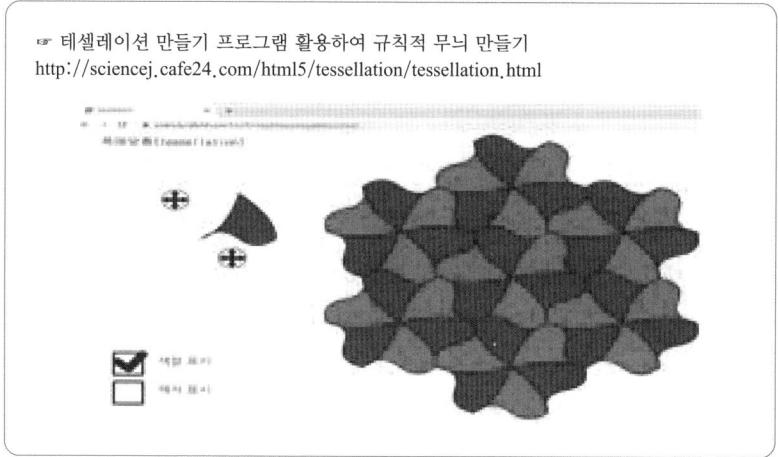

☞ 테셀레이션 만들기 프로그램 활용하여 규칙적 무늬 만들기
http://sciencej.cafe24.com/html5/tessellation/tessellation.html

> [정리] 자신이 만든 규칙적 무늬를 실생활에 활용하고 공유하기

● 자신이 만든 규칙적 무늬를 인쇄하여 꾸미기 활동에 활용해 봅니다.
• Q. 자신이 만든 단 하나의 규칙적 무늬를 라벨지나 천 스티커 용지에 출력하여 학용품에 붙이고 꾸미기를 해볼까요? 실생활에서 규칙이 활용되는 실용적 가치를 이해하고 수학적 사고를 촉진하고 관심을 가

질 수 있도록 합니다.

◉ 자신이 만든 규칙적 무늬가 활용된 사례를 소셜미디어를 통해 관련 내용을 탑재하고 친구에게 "좋아요"를 받으며 미디어를 통한 사회적 소통을 해봅니다.

- Q. 자신의 소셜 미디어(카카오스토리, 페이스북, 인스타그램)을 활용하여 자신이 만든 규칙적 무늬 꾸미기 작품을 업로드하여 "좋아요"를 받아볼까요?

☞ 지역 내 수학 교육 센터를 이용하여 데셀레이션 꾸미기 프로그램을 조작해보는 경험을 가집니다.

출처: 경상남도 진주 수학체험센터 테셀레이션 꾸미기

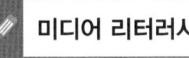 미디어 리터러시　　　　　　　　　　　　　✓ 비판적 이해 능력

1. 교수 · 학습활동의 개관

MIL 요소	비판적 이해 능력	MIL 학습자료	그래프 전환 프로그램, 앱 활용
학년군/ 차시 분량	초등학교 4학년 1학기 1차시	교과 핵심역량 하위요소	자료 처리
단원	5. 막대그래프	학습 주제	막대그래프
학습 목표	• 실생활 자료를 조사하여 막대그래프로 그릴 수 있다.		
관련 성취기준	[4수05-01] 실생활 자료를 수집하여 간단한 그림그래프나 막대그래프로 나타낼 수 있다. [4수05-03] 여러 가지 자료를 수집, 분류, 정리하여 자료의 특성에 맞는 그래프로 나타내고, 그래프를 해석할 수 있다.		

2. 교수 · 학습활동의 예시

도입　"생활 질문 설문을 하는 방법 알기"로 생각 열기

◉ 학급 회의 주제로 나온 설문에 대한 설문으로 학급 전체 학생의 의견을 조사해 보도록 합니다.

- Q. 조사 준비 단계(통계적 내용 파악하기, 조사 항목 정하기, 조사 방법·대상·시기 정하기, 조사 알리기), 자료 수집 및 분류, 집계 등 단계에 맞는 설문 조사하는 방법을 알아볼까요? 모둠별로 조사 준비 단계, 자료 수집 방법과 분류 방법을 학습 패들렛을 통해 발표해 봅니다.

전개 1　자료 처리 프로그램을 활용하여 막대그래프 읽기

◉ 데이터 플래닛 사이트(https://www.dataplanet.co.kr)를 활용하여 학습 회의 주제로 나온 자료가 담긴 설문이 있는지 검색해보도록 합니다.

- Q. 각자의 테블릿 PC으로 데이터플래닛에 접속하고 통계 주제를 검색해 볼까요? 학급 회의 주제로 나온 "스마트 폰에 설치된 게임 수

는?", "적절한 게임의 수는?"을 찾아 검색해보고 시각화된 데이터를 찾아봅니다.

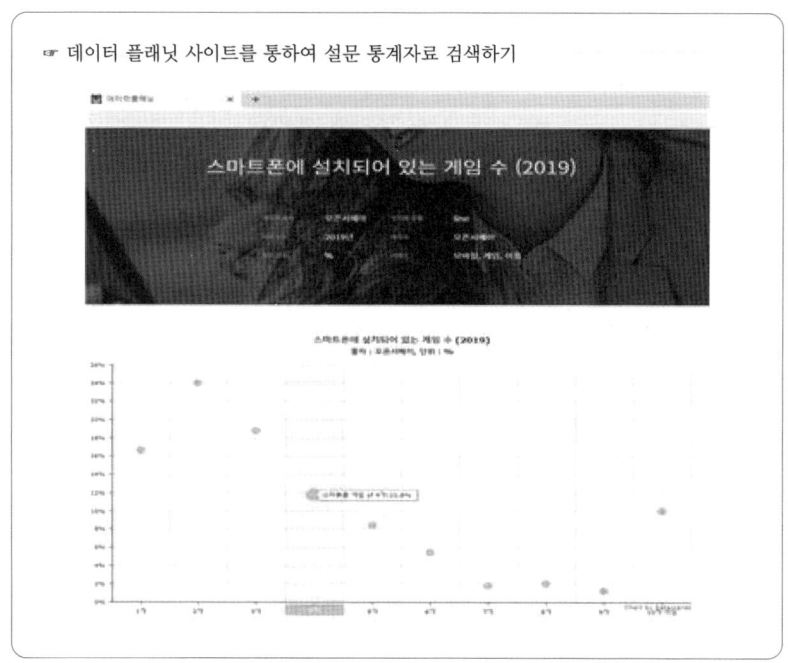

● 사회적 이슈가 되는 주제를 검색해보고 설문 자료를 그래프로 시각화된 자료의 수치를 확인하도록 합니다.
- Q. 검색된 자료의 수치를 확인하고 정보를 비판적 시각으로 해석하고 해결방안을 모색하는 것에 활용해볼까요? 모둠별로 막대그래프로 알 수 있는 내용을 이야기 합니다. 가로와 세로 항목에 무엇을 나타내고 있는지 알아봅니다. 눈금 한 칸의 크기가 어떤지 알아봅니다. 막대 그래프가 나타내는 수치를 확인하고 알 수 있는 정보를 바탕으로 수치를 긍정적으로 전환할 수 있는 방안을 알아봅니다.

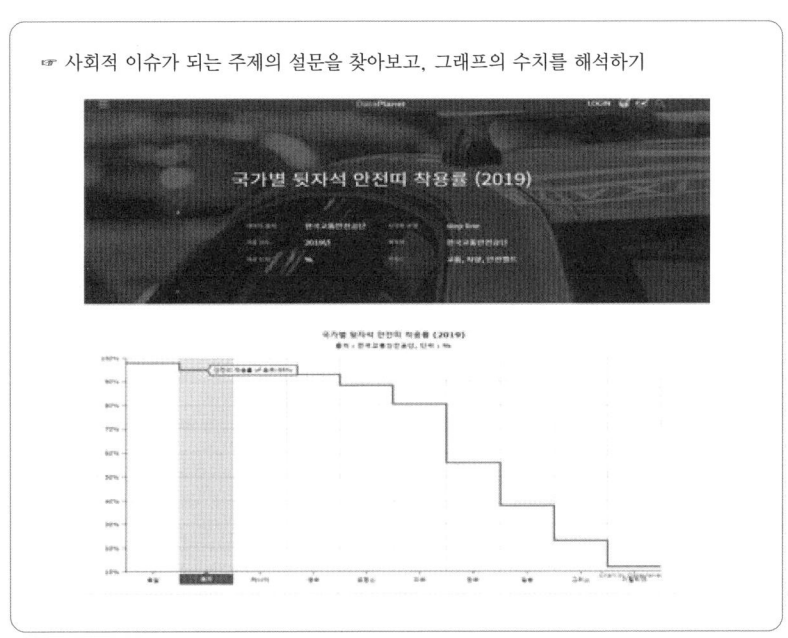

전개 2   자료 처리 어플리케이션으로 막대그래프 그리기

● 검색 사이트를 통하여 막대그래프 시각화를 위한 수치 자료를 수집합니다.
• Q. 국가통계포털(KOSIS) 접속하여 "미세먼지 월별·도시별 대기 오염도"등을 검색해보고, 사회적 이슈가 되는 주제 중 하나를 데이터 시각화로 전환 어플리케이션을 사용하여 관련된 수치를 입력해 볼까요? 스마트기기에 있는 "넘버" 어플리케이션 을 실행합니다. 실행된 화면에서 자료 수치를 직접 입력하고 2D, 3D 버전의 막대그래프로 전환 시켜 완성합니다.

1〉 주제별 데이터(수치) 수집

2〉 그래프 전환 앱 실행 및 수치 기입

3〉 그래프 전환 확인 및 그래프 분석

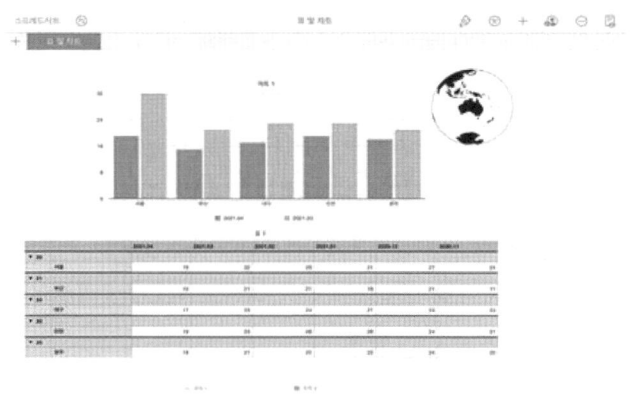

> 정리 그래프를 분석하여 알 수 있는 내용 발표 하기

● 데이터 시각화 및 스토리텔링 사이트(https://flourish.studio)에 접속하여 사회적 이슈가 되는 주제를 검색해보고 슬라이드를 추가하여 발표합니다.

- Q. 움직이는 그래프 플로리쉬 사이트를 이용하여 그래프를 구성하고 발표 슬라이드를 만들어 그래프를 통해 알 수 있는 내용을 발표해 볼까요? 데이터 수치가 변화되면서 실시간 움직이는 그래프를 만들어 보고, 그래프 내용이 담긴 발표 슬라이드를 구성하여 모둠별로 그래프를 통해 알게 된 내용을 발표합니다.

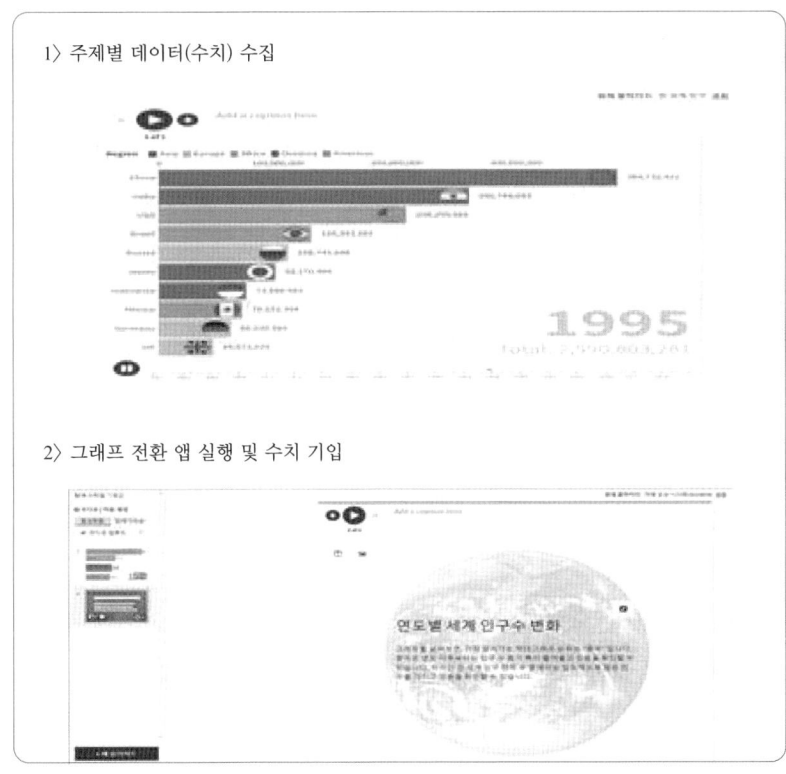

1) 주제별 데이터(수치) 수집

2) 그래프 전환 앱 실행 및 수치 기입

6장 | 수학 교과에서 미디어 리터러시 교육 **175**

4 미디어 리터러시를 적용한 수업의 유의점

　수학 학습의 수준과 계열을 고려해 볼 때 미디어 리터러시를 수학 교과의 모든 수학 영역에서 적용하면서 가장 적합한 교수·학습 방법으로 제안하기에는 무리가 있다. 하지만 상술한 바와 같이 수학과 핵심 역량별 하위 요소에 미디어 정보의 요소와 연결 가능하며 보다 직관적이고 수학적 정보와 지식을 재창출하며 소통하도록 이끌 수 있는 방법을 찾을 수 있다는 점에서 미디어 리터러시를 수학 교과 학습에 적용할 충분한 이유가 있는 것이다.

　이러한 교수·학습 활동을 계획 시 유의할 사항은 다음과 같다.

　첫째, 학습자의 교육적 요구와 특성을 파악하고 수업을 설계하는 교사가 미디어 리터러시를 교육에 실천하려는 의지가 있어야 한다. 이를 위하여 미디어 정보와 관련한 이슈에 관심을 가지고 세밀하게 교육 방법으로 확장해 나갈 수 있도록 미디어 정보를 활용하는 방법에 대한 연수 및 동료 교사 간 전문적 학습 공동체 연구 등으로 구체화하여 적용 가능성을 높일 수 있도록 한다. 둘째, 미디어 정보 활용을 통한 수학 교과 학습의 사례 및 학습 자료를 적시성을 가지며 교육 현장에 적용할 수 있도록 포털사이트를 이용하여 다양하게 누적된 데이터 형식의 플랫폼으로 시스템을 제공할 필요가 있다. 셋째, 초등학교 수학 교과에 적용하는 미디어 리터러시임을 고려하여, 초등학생 연령에 적합한 수준에서의 미디어에 접근하고 다룰 수 있는 역량을 고려해서 적용하도록 한다. 미디어 정보의 수준이 고도의 기술이 요구되는 어플리케이션이나 시스템을 다루며 수학 교과 학습을 하게 하는 것은 본래의 수학 교과의 학습 목표를 성취하는데 오히려 방해되는 요소가 될 수 있음을 간과해서는 안된다. 넷째, 학생별 미디어 리터러시의 접근성이 공평하게 확보되고 있는지를 검토하여야 한다. 1인 1디바이드(divide)가 충족되는 환경인지, 학습 모둠별 디바이드 제공인지에 따라 디지털 정보 리터러시의 적용점이 구체적으로 달라질 수 있다. 여기에 미디어를 익숙하게 다룰 수 있는지는 개인과 가정의 환경적 요소가 영향을 줄 수 있으므로 미디어 리터러시 적용에 따른 기초 활용 방법에 대한 사전 지식을 갖추고 교과 학습에 적용할 수 있도록 하며, 추가적 도움이 필요한 경우를 파악하여 학습 활동 사전에 지원하도록 해야한다.

참고 문헌

교육부(2020), 『장애학생 통합교육 교육·학습 자료 수학 4』, 국립특수교육원.
교육부(2018), 『초등학교 3~4학년군 수학 3-1 교사용지도서』, (주)비상교육.
김현진 외(2020), 민주시민육성을 위한 미디어 리터러시 역량의 의미와 정규교육과정 통합 방안, 학습자중심교과교육연구, 20(11), 473-500.
문현진(2019), 미디어 생태학 관점에서의 초등 사회과 수업 연구, 사회과교육연구, 26(4), 69-84.
박주현 외(2020), 미디어정보 리터러시 개념과 교육내용 개발, 한국도서관·정보학회지, 51(3), 223-250.
신미경 외(2020), 학교 미디어 리터러시 교육 활성화 방안, 학습연구년 특별연수 정책개발연구영역보고서, 충청북도교육연구정보원.
정현선 외(2016), 핵심역량 중심의 미디어 리터러시 교육내용 체계화 연구, 학습자중심교과교육연구, 16(11), 211-238.
추병완 외(2019), 『디지털 시민성 핸드북』, 서울: 한국문화사.
추병완 외(2021), 『미디어 리터러시 교육의 이론과 실제』, 서울: 한국문화사.
홍유진 외(2013), 미디어 리터러시 국내외 동향 및 정책방향, 『코카포커스』, 한국콘텐츠진흥원, 통권 67호.
NCTM(2014), 『Principles to actions: Ensuring mathematical success for all. Reston』, VA: NCTM.

참고 사이트
https://www.dataplanet.co.kr
https://flourish.studio
https://kosis.kr/index/index.do
https://www.tkbell.co.kr
http://sciencej.cafe24.com/html5/tessellation/tessellation.html

7장
과학 교과에서 미디어 리터러시 교육

박상아(진건초등학교 교사)

1 초등학교 과학과 미디어 리터러시

유튜브는 오늘날 전 세계적으로 수많은 사람이 찾는 온라인 동영상 플랫폼으로 큰 영향력을 행사하고 있다. 특히 까다로운 절차 없이 누구나 동영상을 올릴 수 있는 시스템으로 동영상 뷰어(Viewer)가 곧 업로더(Uploader)로서 역할을 행사한다. 동영상으로 다룰 수 있는 주제 또한 매우 자유로운데, AI가 자동으로 분류하는 일명 '노란딱지(욕설, 폭력, 선정성, 테러 옹호 등의 성격이 짙은 영상에 수익 창출을 금지하는 시스템)'가 붙을 정도의 수위가 아니라면 단순한 일상기록 같은 취미활동부터 각 분야 전문가들의 전문 지식 설명까지 그 범위를 총망라하여 다룰 수 있다.

우리나라 또한 유튜브를 매우 사랑하는 나라 중의 하나이다. 앱 조사업체 와이즈앱에 따르면 2021년 1월 기준 만 10세 이상 한국인의 안드로이드·ios 스마트폰 이용자 중 국내 유튜브 앱 사용자는 4041만명에 달하고 총 사용 시간은 무려 12억 3549만 시간으로 집계되었다고 한다. 연령별 사용자 비율은 10대가 13.4%, 20대가 17.2%, 30대가 19.4%, 40대가 21.3%, 50대 이상이 28.7%로 집계되었다. 10대부터 50대 이상까지 세대를 막론하고 고른 비율로 유튜브를 즐겨 사용하고 있다는 것이다. 총 사용 시간은 10대가 20.6%, 20대가 23.3%, 30대가 17.2%, 40대가 13.6%, 50대 이상이 25.4%로 50대 이상이 가장 많은 비율을 차지하였다. 하지만 1인당 평균사용시간은 10대가 월 46시간 52분으로 하루에 평균적으로 사용하는 시간이 1시간 30분을 넘기며 하루에 가장 많은 시간을 유튜브에 소요하는 세대라는 것이 나타났다.

이렇게 유튜브에 열광하는 현상은 우리나라뿐만이 아니라 해외도 마찬가지이다. 지난 2018년 미국의 여론조사기관 퓨리서치 센터에 따르면 청소년의 무려 85% 이상이 유튜브 사용자이며 가장 인기 있는 플랫폼 또한 유튜브라는 응답이 나타났다고 한다. 또한, 2018년 8월 "Think with google"에서 Z세대들이 유튜브를 사용하는 이유를 설문조사한 결과 무언가 배우기 위해서라는 응답이 높았으며 다국적 시장 조사 및 컨설팅 회사인 'Ipsos(입소스)'의 연구에 따르면 Z세대의 80%가 유튜브가 무언가를 더 잘 알도록 도와준다고 응답했다. 이는 일명 '디지털 네이티브' 세대인 10대들이 유튜브를 통해 무언가 배우고자 하는 성향이 있다는 것을 확인할 수 있다. 2021년 KT 미디어랩 나스미디어가 발표한 '2021 인터넷 이용자 조사(NPR)'에 따르면 유튜브가 응답자 중 57.4%의 지지를 받으며 검색 서비스 순위 2위에 올랐다. 또한, 유튜브를 활용한 정보검색을 40~60대가 10명 중 5명꼴로 하는 것에 비해 10~20대는 그보다 조금 더 높은 수치인 10명 중 6명꼴로 정보 검색을 한다고 드러났다.

이 모든 통계를 통해 알 수 있는 사실은 유튜브라는 플랫폼이 일상의 심심함을 달래는 유희적 도구로서의 플랫폼을 넘어 정보획득 및 지식확장의 도구로 사용하는 경향이 커졌으며, 전 연령 중에서도 특히 '디지털 네이티브' 세대인 10대가 그러한 경향이 크게 나타난다는 것이다. 무분별한 지식의 습득이 우려되는 이러한 현상을 잘 대처하고, 학습자가 현명하게 정보를 수집하는 역량을 기를 수 있도록 초등학교 과학과의 특성과 미디어 리터러시 역량을 접목할 필요가 있다.

1) 과학적 탐구 능력 습득을 통한 비판적 미디어 읽기 능력의 배양

전 세계적으로 수많은 10대 학생들이 유튜브와 같은 온라인 동영상 플랫폼을 통해 정보를 찾고 지식을 획득한다. 또한, 코로나19 감염병 사태와 맞물리면서 비대면 온라인 수업이 늘어나고 쉽게 접근할 수 있는 매체인 유튜브를 활용하여 스스로 정보를 찾는 학생도 많아졌다. 하지만 유튜브는 '누구나' 동영상을 업로드할 수 있는 플랫폼이라는 특성에서 모든 동영상 속 정보 혹은 지식이 100% '사실'이라고 단정 지을 수 없다. 실제로 동영상의 조회수가 곧 수익으로 직결되는 유튜브의 수익창출 구조에서 많은 조회수를 올리기 위해 사실과 다르게 허위로 꾸며낸 정보, 흥미를 끌기 위해 과장된 정보, 출처가 분명하지 않은 정보 등 가짜 정보들이 양산되고 있다. 특히 정치적·사회적으로 편향된 가짜 뉴스가 성행하는 것은 물론이거니와, 최근에는 어린 아이들이나 10대가 관심 있어 하는 동물, 우주, 공룡 등 과학정보와 관련한 영역에서 과장된 제목과 근거 없는 이론으로 시청자를 혼란스럽게 하는 거짓 과학정보 동영상도 늘어나고 있다.

이러한 거짓 정보의 홍수 속에서 콘텐츠의 내용을 무조건 신뢰하지 않고 사실과 거짓을 판단하는 눈을 길러 비판적으로 습득하기 위해 초등학교 교과의 과학적 탐구 능력을 활용하는 것은 좋은 방법이 될 수 있다. 교육학 용어사전에 따르면 '탐구(探究, inquiry)'는 어떤 가설, 혹은 신념의 입증을 위하여 정보의 수집, 질문의 제기, 자료의 조사, 이론의 검토 등을 하는 행위다. 이를 학습할 수 있도록 초등학교 6학년의 '과학자처럼 탐구해볼까요?' 단원에서는 통합 탐구 기능(문제 인식, 가설 설정, 변인 통제, 자료 변환, 자료 해석, 결론 도출, 일반화)을 통해 일련의 탐구 과정을 경험하며 과학적 탐구 능력과 과학적 사고력을 학습할 수 있도록 한다. 어떤 문제에 대해 의문을 갖고 그 의문에 대한 답을 찾기 위해 분절적으로 탐구하는 태도를 기른다면 각종 미디어에서 콘텐츠를 비판적으로 이해하는 것에 큰 도움을 줄 수 있으며 그 일련의 과정을 활용하여 미디어 리터러시 수업까지 연계할 수 있을 것이다.

2) 과학 성취기준 달성을 위한 미디어 기기 및 콘텐츠 사용 능력 배양

코로나19로 인해 비대면 사회의 도래가 빨라지고 미디어 기기 및 정보에 접근하는 기회가 늘어나고 있다. 미디어 속 폭발하는 지식과 정보 사이에서 학생이 스스로 이를 판별하고 활용하는 '미디어 리터러시' 교육을 과학과 연계해야 하는 또 하나의 이유는 과학 지식을 학습하고 과학적 탐구력을 기르는 과학 교과 본연의 목적 달성을 위해 미디어를 도구로써 사용하는 사례가 매우 많기 때문이다. 스마트 기기를 활용한 자료수집 및 동영상 탐색은 이미 보편화되었고, 디지털교과서의 QR코드 활용과 증강현실(AR)을 통한 과학지식 습득 및 실험을 대리 체험하는 활동이 늘어나는 등 미디어를 지식 습득의 통로로서 매우 적극적으로 활용하고 있다. 또한, 학생들이 미디어 기기와 자료를 활용하여 과학적 의사소통 능력과 표현능력을 발휘하기 위한 매개물로 적극적으로 활용하고 있다. 과학 교과는 특성상 과학 개념에 대한 이해와 탐구 능력을 기반으로 새롭게 탐색한 정보를 발표하거나 과학과 관련된 개인과 사회의 문제를 주체적으로 인식해 공동체 내에서 공유하고 발전시키는 활동을 많이 하게 된다. 이 과정에서 미디어 기기는 효율적으로 학생의 학습을 보조하며 토의·토론을 위한 자료수집, 프로젝트를 위한 자료수집 및 발표 자료 생성, 실험 보고서·포트폴리오·산출물 등 다양한 활동에 기여한다. 이처럼 과학과에서 미디어 기기의 활용은 필연적이나 그만큼 학생들이 미디어 기기와 정보에 가감 없이 노출되어있는 만큼 보다 현명하고 비판적으로 활용할 수 있도록 미디어 리터러시 교육을 해야 할 필요성이 있다.

따라서 본 장에서는 이와 같은 현실을 반영하여 초등학교 과학과 교육과정에 포함되어있는 미디어 리터러시 교육내용을 분석하고, 학교 현장에서 직접 활용할 수 있는 교육 주제를 선정하여 과학과 미디어 리터러시 수업 사례를 제시하고자 한다.

2 과학 교육과정에서 미디어 리터러시 교육내용 분석

1) 과학 교육과정의 핵심 역량과 미디어 리터러시

과학과 2015 초등학교 교육과정의 성격에 따르면 과학 교과는 모든 학생이 과학의 개념을 이해하고 과학적 탐구 능력과 태도를 함양하여 개인과 사회의 문제를 과학적이고 창의적으로 해결할 수 있는 과학적 소양을 기르기 위한 교과다. 또한 일상의 경험과 관련이 있는 상황을 통해 과학 지식과 탐구 방법을 즐겁게 학습하고 과학적 소양을 함양하여 과학과 사회의 올바른 상호 관계를 인식하며 바람직한 민주 시민으로서 성장할 수 있는 것을 목표로 한다. 이처럼 과학과에서는 과학적 문제 해결력 및 과학적 의사소통능력 함양을 위하여 컴퓨터, 시청각 기기를 포함한 여러 가지 미디어 자료를 활용할 것을 권하고 있으며, 과정 중심 평가까지 연계하여 학생들이 스스로 자료를 수집하여 발표하고 산출물을 만들어 내는 활동을 제시하고 있다. 과학 탐구 활동 시 목적에 맞는 미디어 및 기술 도구를 능숙하게 찾아서 사용하고, 적절한 정보를 판별해 다른 학생과 공유할 수 있는 역량을 함양하기 위해 과학과에 적합한 미디어 리터러시 교육의 논의 및 성취기준의 설정이 필요하다.

초등학교 과학과 2015 개정 교육과정을 살펴보면 이러한 사회적 변화에 발맞춰 미디어 리터러시 교육에 대한 요구가 '과학적 의사소통 역량' 및 '과학적 탐구 능력'으로 제안되고 있는 것을 확인할 수 있다.

과학 교과의 목표를 실현하기 위한 과학 교과의 5가지 역량 중 미디어 리터러시 역량의 의미와 필요성을 그대로 내포하고 있는 '과학적 의사소통 역량'은 과학적 문제 해결 과정과 결과를 공동체 내에서 공유하고 발전시키기 위하여 자신의 생각을 주장하고 타인의 생각을 이해하며 조정하는 능력을 말하며 말, 글, 그림, 기호 등 다양한 양식의 의사소통 방법과 컴퓨터, 시청각 기기 등 다양한 매체를 통하여 제시되는 과학 기술 정보를 이해하고 표현하는 능력, 증거에 근거하여 논증 활동을 하는 능력 등을 포함한다. 특정 과학 문제를 해결하기 위해 컴퓨터, 시청각 기기, 다양한 미디어 콘텐츠 플랫폼을 활용하여 과학과 관련한 정보를 수집할 시 출처를 확인하고 내용을 비판적으로 이해하는 과정이 동반된다면 정확하고 올바른 정보를 찾아내는 데 도움이 될 것이다.

다음으로 '과학적 탐구 능력'은 과학적 문제 해결을 위하여 실험, 조사, 토론 등 다양한 방법으로 증거를 수집·해석·평가하여 새로운 과학 지식을 얻거나 의미를 구성해 가는 능력을 이야기한다. 다양한 실험이 동반되는 과학 교과에서는 여건과 상황에 따라 미디어 기기를 활용해 대체 실험을 하거나 미디어 콘텐츠 속 실험자료를 활용하는 경우가 생긴다. 예를 들면, 계절에 따라 보이는 별자리가 달라지는 까닭을 알기 위해 스마트 기기를 활용해 밤하늘의 별자리를 관찰하는 경우나 습도의 높음과 낮음을 비교하기 위해 습도 측정 프로그램을 활용하는 경우 등 미디어 기기를 활용하여 실험 및 조사 활동을 해야 하는 경우가 있다. 이처럼 미디어 기기 및 콘텐츠를 선별하고 비판적으로 활용하며 교과 역량을 습득하는 과정에서도 교과 연계 미디어 리터러시 교육이 필요하다.

2) 미디어 리터러시 역량을 함양할 수 있는 과학과 성취기준

미디어 및 기술 도구를 능숙하게 찾아서 사용하고, 관련 있는 정보를 적절하고 비판적으로 찾아내 공유하는 역량을 함양하기 위해 과학과 맞춤 미디어 리터러시 수업사례를 개발할 필요가 있다. 초등학교 3~6학년군 교육과정 성취기준을 기반으로 미디어 리터러시 교육을 적용할 수 있으며 과학적 의사소통능력과 과학적 탐구 능력을 강조하는 내용을 정리하면 다음과 같다.

<표 15> 과학과 초등학교 3~6학년군 교육과정 성취기준 일부

학년군	성취기준
3~4 학년군	[4과02-03]일상생활에서 자석이 사용되는 예를 조사하고, 자석의 성질과 관련지어 그 기능을 설명할 수 있다 [4과03-03]동물의 특징을 모방하여 생활 속에서 활용하고 있는 사례를 발표할 수 있다 [4과05-03]식물의 특징을 모방하여 생활 속에서 활용하고 있는 사례를 발표할 수 있다 [4과09-01]일상생활에서 물체의 무게를 측정하는 예를 조사하고 무게 측정이 필요한 이유를 설명할 수 있다 [4과10-03]여러 가지 동물의 한살이 과정을 조사하여 동물에 따라 한살이의 유형이 다양함을 설명할 수 있다 [4과11-03]화산 활동이 우리 생활에 미치는 영향을 발표할 수 있다 [4과13-03]여러 가지 식물의 한살이 과정을 조사하여 식물에 따라 한살이의 유형이 다양함을 설명할 수 있다. [4과15-04]일상생활에서 거울을 이용하는 예를 조사하고 거울의 성질과 관련지어 그 기능을 설명할 수 있다 [4과16-01]지구와 관련된 자료를 조사하여 모양과 표면의 모습을 설명할 수 있다 [4과17-02]물의 중요성을 알고 물 부족 현상을 해결하기 위해 창의적 방법을 활용한 사례를 조사할 수 있다
5~6 학년군	[6과01-01]일상생활에서 온도를 어림하거나 측정하는 사례를 조사하고 정확한 온도 측정이 필요한 이유를 설명할 수 있다 [6과02-01]태양이 지구의 에너지원임을 이해하고 태양계를 구성하는 태양과 행성을 조사할 수 있다 [6과04-03]우리 생활에 첨단 생명과학이 이용된 사례를 조사하여 발표할 수 있다 [6과05-03]생태계 보전의 필요성을 인식하고 생태계 보전을 위해 우리가 할 수 있는 일에 대해 토의할 수 있다 [6과06-01]습도를 측정하고 습도가 우리 생활에 영향을 주는 사례를 조사할 수 있다 [6과07-03]일상생활에서 속력과 관련된 안전 사항과 안전장치의 예를 찾아 발표할 수 있다 [6과10-02]온도와 압력에 따라 기체의 부피가 달라지는 현상을 관찰하고, 일상생활에서 이와 관련된 사례를 찾을 수 있다 [6과12-03]여러 가지 식물의 씨가 퍼지는 방법을 조사하고, 씨가 퍼지는 방법이 다양함을 설명할 수 있다 [6과17-01]생물이 살아가거나 기계를 움직이는 데 에너지가 필요함을 알고, 이때 이용하는 에너지의 형태를 조사할 수 있다

위 성취기준의 수업 시 학습 도구로 미디어 기기와 인터넷의 콘텐츠를 활용할 수 있으며 실제로 적극적으로 권장되고 있다. 학생들이 과학정보를 찾기 위해 다양한 미디어 중 본인에게 필요한 미디어를 선택하고, 콘텐츠의 근거, 신뢰도, 출처를 비판적으로 판단해보며 새로운 콘텐츠를 올바른 시각을 갖고 제작하는 과정에서 미디어 리터러시 교육이 이루어질 수 있을 것이다.

예를 들어 '미디어 활용/제작' 측면에서는 '[6과06-01] 습도를 측정하고 습도가 우리 생활에 영향을 주는 사례를 조사할 수 있다'의 성취기준을 활용해볼 수 있다. 먼저 습도를 측정하여 알려주는 어플을 사용하여 정보를 수집하고 어플에서 제공하는 내용과 인터넷 상의 정보를 함께 조사하여 정보의 정확성을 비판적으로 검증할 수 있도록 수업을 설계한다. 또한, 미디어 기기를 활용하여 습도가 우리 생활에 어떤 영향을 미치는지 다양한 사례와 관련된 사진 및 동영상 조사할 수 있도록 한다. 그리고 해당 자료가 습도와 관련이 있는 정보인지 판별할 수 있는 기준을 설정하고 모둠토의를 진행하여 한 번 더 자료를 검증할 수 있도록 한다. 추후 습도와 관련된 다양한 사례를 모아 미디어 기기를 활용해 동영상 형식으로 발표자료를 만들어보는 등의 활동까지 생각해 볼 수 있다.

또한 '미디어 접근/비평' 측면에서는 '[6과04-03] 우리 생활에 첨단 생명과학이 이용된 사례를 조사하여 발표할 수 있다'의 성취기준을 활용할 수 있다. 첨단 생명과학이 이용된 사례를 조사하기 위해 먼저 어느 플랫폼을 이용하면 정확한 사실을 찾을 수 있을지 생각하는 시간을 가진다. 네이버나 다음 같은 검색엔진, 유튜브 같은 동영상 플랫폼처럼 넓은 범위의 미디어를 선택하는 것뿐만 아니라 미디어 내에서 어떤 홈페이지나 채널을 활용하면 좋을지 검토하도록 한다. 여러 가지 근거를 설정하여 믿을만한 플랫폼과 사이트를 비교·분석하여 선택할 수 있도록 하며 본격적으로 첨단 생명과학이 이용된 자세한 사례를 찾을 때는 콘텐츠의 의도, 출처, 명확한 근거를 토대로 비판적으로 정보를 읽어내는 연습을 할 수 있도록 수업을 설계하면 좋을 것이다.

덧붙여, 위와 같이 과학과 미디어 리터러시 수업을 진행할 경우 유네스코에서 제시한 MIL 교수·학습법 중 하나로 협동 학습을 활용한다면 수업이 더 효과적으로 진행될 수 있을 것이다. 미디어 리터러시 수업은 인터넷상의 수많은 지식과 정보들을 비교·분석한 후 근거를 세워 비판적으로 판단하는 과정이 무엇보다 중요한데 이 과정에서 학습자들은 공동의 목표를 달성하기 위해 서로의 의견을 토의를 통해 공유하고 조율하게 된다. 특히 과학 관련 정보 같은 경우는 인터넷상에 각종 광고성 가짜 정보나 과장된 정보, 편향된 정보가 매우 많으므로 더 주의가 필요하다. 따라서 하나의 자료에 대해 많은 학습자가 다양한 각도로 해석해볼 수 있도록 협동 학습을 적극적으로 활용하면 좋을 것이다.

이 외에도 과학적 의사소통능력과 과학적 탐구능력 향상에 기반한 여러 성취기준을 활용하여 과학 콘텐츠에 대한 접근과 비판적 판단, 수집과 활용 측면의 미디어 리터러시 수업을 구상할 수 있다.

3 과학과 미디어 리터러시 수업 제안

미디어 리터러시	✔ 접근/비평, 활용/제작

1. 교수 · 학습활동의 개관

MIL 주제	다양한 미디어 콘텐츠 (유튜브, 블로그, 뉴스 등), 앱	MIL 요소	미디어 접근/비평, 미디어 활용/제작
학년(군)/ 차시 분량	6학년 / 3차시	교과 핵심 역량	과학적 탐구능력 과학적 의사소통능력
단원	6-2-4. 우리 몸의 구조와 기능	학습 주제	건강박람회 열기
학습 목표	• 미디어 속 여러 가지 정보 중 가짜과학을 비판적인 태도로 접근할 수 있으며 콘텐츠의 의도, 출처, 명확한 근거를 판단할 수 있다 • 타당하고 분명한 과학정보를 찾아 건강박람회에 사용될 자료를 만들고 발표할 수 있다		
관련 성취기준	[6-2-4] 우리 몸의 구조와 기능 단원의 전 성취기준		
MIL 학습자료	• 스마트폰, 태블릿 PC (자료 검색용) • 다양한 미디어 콘텐츠 (유튜브, 블로그, 뉴스 등)		

2. 교수 · 학습활동의 예시

도입   '우리가 알고 있는 과학정보, 진짜일까?'로 생각 열기

● 여러분들은 얼마나 많은 과학정보를 알고 있나요? '물은 100℃가 되면 끓어 오른다', '해는 동쪽에서 뜨고 서쪽으로 지는 것처럼 보인다', '산처럼 높은 곳에 올라가면 기압 차이로 과자봉지가 부풀어 오른다', '햇빛은 여러 가지 빛깔로 이루어져 있다' 등 우리는 여러 가지 과학정보를 교과서에서 혹은 우리가 자주 사용하는 인터넷 상에서 배워왔을 것입니다. 그렇다면 제시된 다섯 가지 질문에 대해 OX 퀴즈로 대답해 보도록 합시다.

<우리가 알고있는 과학정보, 진짜일까?>

	질문	O (사실)	X (거짓)	△ (모름)
1	양파는 칭찬을 받으면 잘 자란다			
2	혈액형 B형은 자신감이 많은 성격이다			
3	선풍기를 틀고 자면 공기가 희박해 죽을 수도 있다			
4	금붕어의 기억력은 3초다			
5	밥에다가 욕이나 나쁜 말을 하면 빨리 상한다			

※다섯 가지 질문 중 사실이라고 판단한 정보가 있다면 왜 그렇게 생각했나요?

● 위 질문들은 우리에게 매우 익숙한 질문들이지만 사실은 모두 잘못된 정보입니다. 이처럼 실제로 사실이 아니지만, 진짜 과학정보처럼 여겨지는 과학을 '유사과학' 혹은 '가짜과학'이라고 합니다. 과학이란 실험과 같은 논리적인 탐구 방법으로 자연의 원리 및 원칙을 정확하게 밝혀낸 지식을 의미합니다. 물론 기술의 발전과 시대의 흐름에 따라 과학적 사실이 변화하는 경우도 있으나 대체로 오랜 시간 동안 탐구되며 형성된 지식이며 학계의 많은 과학자가 그 근거를 인정해야만 합니다.

하지만 인터넷으로 전 세계가 연결되고 접근이 쉬워지면서 누구나 정보를 주장할 수 있는 시대가 되었습니다. '가짜과학' 같은 경우도 정확한 근거는 없지만 그럴듯한 포장으로 하나의 미신처럼 믿게 되며 사람들의 올바른 판단을 방해하고 있습니다. 앞으로도 우리는 우리의 궁금증을 쉽고 빠르게 해소해주는 인터넷 검색포털 사이트나 동영상 플랫폼을 통해 정보를 접하게 될 것입니다. 이렇게 수많은 정보가 범람하는 시대에 미디어 속 여러 가지 정보 중 가짜과학을 비판적인 태도로 접근하고 콘텐츠의 의도, 출처, 명확한 근거를 판단하는 역량은 굉장히 중요합니다. 따라서 이번 수업 활동에서는 미디어 속 과학정보를 비판적으로 읽어내는 방법을 익힌 후, 건강박람회에 쓸 정확한 과학정보를 찾아 자료를 만들어 보는 활동을 전개하도록 합니다.

전개 1) 인터넷에서 진짜 과학을 구별해보자!

◉ [전개1]에서는 인터넷상의 가짜과학 혹은 유사과학을 어떻게 하면 구별할 수 있는지 알아보고 실제로 비판적으로 판단해보는 활동을 진행합니다. 총 3가지 분야(①의도파악 ②출처확인 ③비판적으로 읽기)로 나누어 사례 분석을 합니다.

◉ [①의도파악] 활동에서는 '게르마늄 팔찌'와 관련한 기사를 읽고 기사의 중심내용, 게르마늄 팔찌의 효능에 대한 근거를 토대로 기사의 목적을 알아보는 활동을 진행합니다. 이를 통해 광고 목적으로 정확한 근거가 없는 유사과학 정보가 온라인 상에 많이 존재한다는 것을 인지하고 인터넷에서 정보를 찾을 때 글쓴이의 의도를 꼭 비판적으로 판단해볼 필요가 있다는 것을 이해할 수 있도록 합니다. 또한, 요즘은 학생들이 많이 사용하는 인스타그램, 페이스북에도 일상생활 속 이야기인 것처럼 꾸며 놓은 광고 목적의 유사과학 정보가 많다는 것을 이야기합니다.

<①의도파악 활동지>

※기사를 읽고 물음에 답해보세요.

게르마늄 커플 팔찌 선물 인기

연인과 커플로 착용할 수 있는 다양한 디자인의 팔찌는 오랫동안 기억되는 특별한 선물이다. 이런 가운데 △△ 브랜드가 게르마늄과 음이온으로 구성된 커플 게르마늄 팔찌를 선보여 주목받고 있다.

게르마늄은 면역력이 향상되고 혈액순환이 원활해져 신경통과 두통, 스트레스 해소 효과에 좋은 것으로 알려져 있다. 또한 음이온을 다량으로 방출하는 순도 99.9% 게르마늄을 사용하여 제작되어 더욱 이목을 끌고 있다. 현재 △△제품은 1+1 이벤트 진행 중이며 홈페이지를 살펴보면 더 다양한 제품을 확인할 수 있다.

(1) 이 기사의 중심내용은 무엇인가요?	
(2) 게르마늄의 효능과 그 근거는 무엇인가요?	
(3) 인터넷을 활용하여 게르마늄의 효능과 관련한 다른 근거를 찾아 적어보세요.	
(4) 이 글은 무슨 목적으로 쓰인 글일까요?	

※여러분들이 자주 사용하는 온라인 플랫폼(유튜브, 페이스북, 인스타그램 등)에서 유사과학 광고를 본 적이 있는지 경험을 적어보세요.

_____

_____

● [②출처확인] 활동에서는 누구나 질문과 답변을 할 수 있는 네이버 지식인의 '코로나19 예방법으로 소금물이 도움이 되는가?'에 대한 질문과 답변을 살펴보고 과학적 근거가 있는 사실인지 그 출처를 검토해보는 활동을 진행합니다.

<②출처확인 활동지>

※다음 내용을 보고 과학정보의 출처를 확인해야 하는 이유를 알아봅시다.

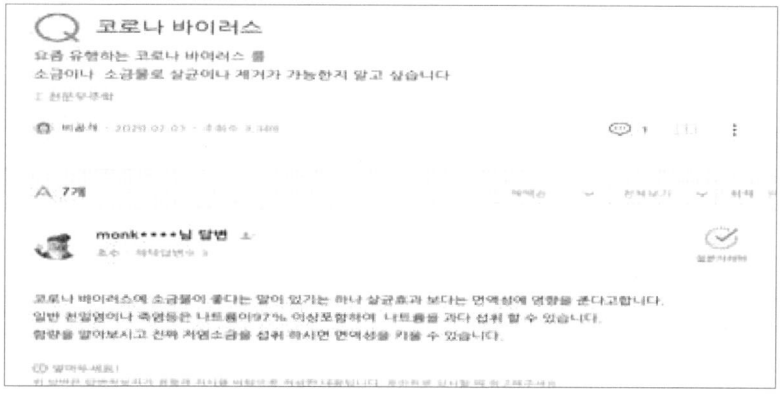

1) 무엇에 대한 질문인가요?	
2) 답변의 근거와 출처를 찾을 수 있나요?	
3) 인터넷 검색을 활용하여 답변의 근거를 찾아 적어봅시다. ※근거가 없다면 그 이유의 출처를 찾아 적어봅시다.	
4) 다음 기사를 읽고 과학정보의 출처를 확인해야 하는 이유를 적어보세요. "▨▨▨▨▨ 교회, 코로나 잡는다며 신도 입에 소금물 분사… 오히려 집단 감염 확산"	

● [③비판적으로 읽기] 활동에서는 '운동하기 전 커피를 마시면 좋을까?' 와 관련한 두 가지 뉴스를 제시한 후 하나의 주제에 대해 여러 정보를 비교 분석하지 않으면 다소 편향된 과학정보를 알게 될 수도 있다는 것을 인지하도록 합니다.

<③비판적으로 읽기 활동지>

(가) 뉴스	**운동하기 전, 커피를 마시면 좋은 이유** 먼저 커피 속에 들어있는 카페인은 '신진대사'를 촉진하는 기능을 한다. 따라서 운동 전에 마시는 카페인은 칼로리 소모를 효과적으로 하게 만들어주는데, 이는 많은 연구를 통해서도 밝혀졌다. '국제스포츠영양 운동대사저널'에 실린 한 연구에 따르면, 커피를 마신 후에 운동한 그룹이 커피를 마시지 않고 운동한 그룹보다 운동후 3시간 동안 소모한 칼로리가 약 15% 더 많았다. 여기에 '더 컨버세이션'의 연구에 따르면 카페인을 적절히 섭취할 경우 운동수행 능력을 3% 정도 더 높일 수 있다고 발표했다. 카페인을 섭취했을 시, 뇌 속에서 수면작용을 관장하는 아데노신 수용체의 작용을 방해해 뇌의 각성을 유지시키는 것이다. 이러한 각성은 뇌와 척수를 포함한 중추신경계를 자극해서 결과적으로 움직임이 더 빨라지고 강력해질 수 있도록 만들어준다. 출처:FT스포츠(http://www.ftimes.kr/news/articleView.html?idxno=16762) 발췌
(나) 뉴스	**운동 전 카페인, 정말 좋기만 할까?** 다만, 아메리카노 한 잔은 크게 효과가 없다. 카페인 효과를 증명한 연구는 대부분 3~6mg/kg을 운동 전 30~90분 전에 먹도록 했다. 이는 70kg 성인 남성을 기준으로 했을 때 210~420mg에 해당하는 양인데, 아메리카노 한 잔(250~300㎖)에는 약 100mg 함량의 카페인만 들어있기 때문이다. 식약처가 밝힌 카페인 최대 일일 섭취 권고량은 일반 성인 기준 400mg이므로 이 이상 마시는 것은 권고하지 않는다. 청소년, 임산부는 카페인 섭취를 더욱 주의해야 한다. 연구에서 카페인을 마시고 30~90분 후에 운동을 시킨 이유는 카페인이 흡수돼 혈중 농도가 최대치에 도달할 때까지 시간이 걸리기 때문이다. 카페인을 운동할 때마다 장기간 복용하는 것은 추천하지 않는다. 내성이 생기기 때문이다. 카페인 복용으로 오랫동안 아데노신이 수용체에 결합하지 못하면, 우리 몸은 아데노신 수용체를 증가시키는 작용을 한다. 이전과 같은 효과를 얻으려면 더 많은 카페인이 필요해진다. 점점 더 많은 카페인을 먹게 되면 불면증, 불안, 심박 수 증가, 위장장애, 두통 등 다양한 부작용이 나타날 수 있다. 또한, 카페인을 갑자기 끊으면 아데노신의 기능이 향상해 두통, 무기력함 등이 발생할 수 있어 주의해야 한다. 출처:헬스조선(https://health.chosun.com/site/data/html_dir/2022/03/03/2022030302096.html) 발췌

※ (가)뉴스와 (나)뉴스를 읽은 후 제목과 중심내용을 정리해봅시다.

(가) 뉴스	기사제목	
	중심내용	
(나) 뉴스	기사제목	
	중심내용	
(가)뉴스와 (나)뉴스의 차이점		

※ 기사를 비판적으로 읽어야 하는 까닭은 무엇일까요?

전개 2 건강박람회에 사용할 질병 관련한 과학정보를 찾아보자!

● [전개1]에서 다양한 사례를 통해 인터넷상에서 타당한 근거와 비판적 시각으로 정확한 과학정보를 찾아내는 법을 연습한 후, [전개2]에서는 수업의 최종활동인 '건강박람회'를 위한 자료를 검색하는 것을 목표로 합니다. [6-2-4. 우리 몸의 구조와 기능] 단원의 정리 활동으로 제시된 '건강박람회'는 우리 몸의 여러 가지 구조와 관련해 일으킬 수 있는 질병의 이름, 원인, 예방 방법을 찾아 발표자료를 만든 뒤 갤러리워크 방식으로 진행하게 됩니다. 이 과정에서 인터넷 포털검색, 유튜브 등의 온라인 콘텐츠를 활용하되 정보의 의도와 출처, 비판적으로 읽는 방법을 토대로 자료를 조사하도록 독려합니다.

<건강박람회 자료 조사 활동지>

※우리는 살아가면서 여러 가지 질병에 걸립니다. 질병을 진단하고 치료하는 것이 중요하지만 예방하는 것도 매우 중요합니다. 질병을 예방하는 방법과 건강한 생활 습관을 어떻게 실천할 수 있는지 알아보고 이를 효과적으로 알릴 수 있는 건강박람회를 열어봅시다.

내가 선택한 신체 기관	※해당하는 기관에 O표하기 운동기관/호흡기관/순환기관/소화기관/배설기관/감각기관
신체 기관이 하는 일	
질병 이름	
질병의 원인	참고한 사이트 및 출처:
질병의 증상	참고한 사이트 및 출처:
치료법	참고한 사이트 및 출처:
조사한 질병을 예방하기 위한 방법	참고한 사이트 및 출처:
사진 또는 그림	참고한 사이트 및 출처:

✓ **내가 찾은 과학정보 팩트(Fact) 체크리스트**

번호	체크리스트 항목	검증 (O/X)
1	정보와 관련한 글이나 동영상 내용의 의도를 파악했는가?	
2	정보의 근거를 잘 파악했는가?	
3	정보의 출처를 파악하고 기록했는가?	
4	다양한 정보를 비교 분석하였는가?	
5	비판적인 태도로 정보에 접근하였는가?	

전개 3 · 건강박람회를 열어보자!

● [전개2]의 활동에서 질병과 관련한 다양한 정보를 찾아보고 팩트 체크리스트까지 작성한 후 [활동3]에서는 내용을 정리하여 질병 예방을 위한 동영상으로 만들고 공유하는 활동을 진행합니다. 모둠별로 돌아다니며 모둠이 만든 동영상을 시청하고 의견을 나누는 갤러리워크 방식으로 진행하며 다른 모둠의 영상을 보고 새롭게 알게 된 점 및 정보가 비판적으로 잘 조사된 것인지 판단하는 기록지를 적어볼 수 있도록 합니다.

※교실을 돌아다니며 다른 모둠의 건강박람회 영상을 시청해본 후, 갤러리워크 활동지를 작성해 보세요.

갤러리 워크 활동지		
( )번째 모둠의 주제		
새롭게 알게 된 정보		
평가		
문항		점수
1) 질병의 이름, 원인, 증상, 예방법 등 풍부한 내용이 잘 들어가 있는가?		1/2/3/4/5
2) 정보제시 과정 및 내용의 맥락이 이해하기 쉽고 자연스러운가?		1/2/3/4/5
3) 정보와 사진의 출처가 정확히 기록되어 있는가?		1/2/3/4/5

정리 건강박람회를 통해 느낀 점 이야기하기

● [정리] 단계에서는 [전개3]에서 작성한 건강박람회 갤러리워크 활동지를 토대로 가장 인상 깊었던 모둠의 건강박람회 내용과 새롭게 알게 된 점을 공유하고 특별히 잘했다고 생각하는 점이 있다면 칭찬하는 시간을 가집니다. 특히 [전개1]에서 학습한 리터러시 방법인 의도파악, 출처확인, 비판적으로 읽기를 중점으로 서로 피드백을 하는 시간을 갖도록 합니다. 각종 미확인된 정보와 사실과 다른 지식이 확산되는 오늘날 미디어 세상에서 리터러시 역량을 매우 중요하며, 내용의 타당성과 정확성을 올바르게 판단하지 못하면 오해나 편견을 불러일으킬 수 있다는 것을 다시 한번 이해할 수 있도록 강조합니다.

참고 문헌

교육부(2015). 초·중등학교 교육과정 총론. 교육부 고시 제 2015-80호.
교육부(2015), 과학과 교육과정 교육부 고시 제2015-74호 [별책 9]
한국교육학술정보원(2019), 민주시민 육성을 위한 미디어 리터러시 교육방안연구, 연구보고 2019-4
이미나(2009), 미디어 리터러시로서의 미디어 교육 수업 제안, 41(3),시민교육연구, 139-181
김성기 외(2020), 디지털 리터러시를 강조한 과학 수업이 중학교 1학년 학생들의 과학 태도 및 핵심역량 성장 인식에 미치는 영향, 한국과학교육학회지, 40(2), 227-236
조연수(2022), 인공지능을 융합한 과학 수업이 중학생들의 인공지능에 대한 태도 및 데이터 리터러시 역량에 미치는 영향, 국내석사학위논문, 이화여자대학교 대학원

8장
실과 교과에서 미디어 리터러시 교육

이한길(서울교육대학교부설초등학교 교사)

　미디어 리터러시 교육은 미디어 정보 리터러시(Media and Information Literacy: 이하 MIL)로 개념을 확장해왔다. UNESCO는 인쇄, 방송, 디지털 콘텐츠가 넘쳐나는 시대에 우리가 어떻게 콘텐츠에 접근하고, 사용하는지, 온라인과 오프라인에서 우리의 권리는 무엇인지, 정보의 접근 및 사용과 관련된 윤리적 문제는 무엇인지, 평등, 문화 및 종교 교류, 평화, 표현의 자유 및 정보 접근을 촉진하기 위해 미디어에 어떻게 참여할 수 있는지에 대한 고민이 필요하며 이에 대한 대답으로서 MIL역량을 함양하기를 제안하였다(UNESCO, 2021). 현대의 사실상 대부분의 정보는 디지털화 되어 우리에게 전달되고 있다 미디어에 접근하고 소통하기 위해서는 디지털을 활용할 수 있는 역량 즉, 디지털 리터러시가 반드시 요구되고 있으며, 학습을 통하여 학생들에게 길러주어야 하는 필수적인 영역으로 자리잡고 있다. 따라서 현 초등학교 교과 중 이와 가장 밀접하게 연관된 실과 교과를 분석함으로써 미디어 리터러시 교육이 어떻게 이루어질 수 있는지 살펴보고자 한다.

1 초등 실과에서의 미디어 리터러시 교육의 필요성

초등학교 실과 교과는 최근 트렌드를 선도하는 교과로 자리잡아 왔다. 소프트웨어 코딩 교육, 로봇 및 AI 교육, 발명 교육 등 과학 기술의 발전에 따라 필요성이 커지고 있는 학습 요소를 적극적으로 도입하고 있으며, 실습과 체험을 추구하는 교과 특성과 결합하여 최적화된 학습 환경을 구축해 왔다. 국가의 적극적인 재정적 투자와 더불어 학생들의 흥미와도 잘 맞는 학습 내용인 만큼 학교 현장에서도 교사의 관심이 크다. 같은 맥락에서 디지털 미디어에 대한 접근과 활용에 관한 교육적 수요가 점점 커짐에 따라 이를 적극적으로 도입할 수 있는 교과는 과거부터 정보통신 학습 내용을 담당하고 있었던 실과 교과이므로, 미디어 리터러시의 일부분으로서 디지털 리터러시를 다루는 데 적합하다.

코로나19로 인하여 원격 수업의 시대를 맞이하면서, 미디어 정보에 접근할 수 있는 능력이 매우 중요해졌다. 특히, 학교 교육 자체가 온라인상에서 진행되어야 하는 현실은 저학년 학생들까지도 수준 높은 디지털 리터러시를 요구하였다. 심지어 1학년 학생일지라도 학습을 위해서는 영문으로 된 아이디와 8자리 이상의 특수문자가 포함된 비밀번호를 입력해야만 했으며, 회원가입을 할 때는 이메일 주소를 만들어 인증하기까지 해야 한다. 한글을 배우고 있는 1학년 학생들에게 영어 아이디를 키보드로 입력하는 상황은 학생 수준을 뛰어넘는 것이기에 반드시 보호자의 도움을 기대할 수밖에 없으며, 만약 보호자의 부재시에는 학습이 어렵기도 했다. 한편, 학생의 어린 시절부터 과도한 미디어 노출을 의도적으로 관리해왔던 학부모들로서는 학습을 핑계로 무방비로 노출되는 각종 미디어에 대한 불만이 생기거나, 원활한 학습을 위해 다양한 자료를 활용해야 하는 학교와 갈등을 빚기도 했다. 미디어 노출에 대한 부모의 철학과 원격 수업 상황이 서로 부딪히게 되는 딜레마가 발생한 것이다. 고학년 학생들 역시 나름의 어려움이 있었다. 학습을 위해 필요한 파일 주고받기, 온라인 협업 프로그램의 활용과 관련해서 디지털 기기에 관심이 있는 학생들은 수월하게 학습에 참여할 수 있는 반면, 그렇지 않은 학생들은 적응하기까지 꽤 오랜 시간이 필요하였다. 미디어로부터 정보를 발견하여 학습하는 능력, 그리고 주위의 디지털 기기를 활용할 수 있는 능력이 학습 성취도와 밀접하게 연관되었으나, 이러한 능력은 학생들이 스스로 갖추어야 하는 영역에 속해있었으며, 이제는 학교 교육에서 이를 적극적으로 다룰 수 있어야 하겠다.

미디어 리터러시는 시대적 흐름에 따라 학습자가 미디어의 생산자이자 수용자로서 미디어 텍스트를 비판적으로 이해하고, 주체적으로 사고하고 소통하여 사회 참여를 실천할 수 있는 것을 지향한다(심재영 외, 2020). 생산자로서의 역할을 강조하는 미디어 상황에서 정보 생산의 역량을 길러 줄 수 있는 단원으로서 초등 실과 교육이 그 기초가 될 수 있다. 특히, 내실있는 MIL 교육을 위해서는 미디어의 생산과 직접적인 연관이 있는 ICT 교육을 과거의 것으로 깎아내려서는 안 된다. 타자 연습부터 시작되는 기본기에 대한 숙련이 갖추어지지 않으면, 미디어를 통한 원활한 소통, 참여와 같은 상위의 기능을 활용하는데 제한이 되기 때문이다. 따라서 실과 교과에서 확보해온 기술 영역의 학습 요소를 미디어 리터러시 교육을 위하여 적극적으로 활용함으로써 MIL 역량이 추구하는, 참여와 소통의 가치에 도달할 수 있기에 초등 실과 교육에서의 미디어 리터러시 교육이 충분히 가능할 것으로 보인다.

마지막으로 초등 실과가 포함하는 영역 중 '가정'은 미디어 리터러시를 효과적으로 구현할 수 있는 영역인 동시에, 핵심 개념을 잘 다루기 위해 미디어 리터러시를 함양해야 하는 영역이기도 하다(심재영 외, 2020). '가정' 영역을 통해 도달하고자 하는 실천적 문제해결 능력과 관계 형성은 미디어 리터러시 교육 요소인 지식정보의 처리와 의사소통 역량과 연관될 수 있다. 또한, 학생들의 일상에 깊이 침투해있는 미디어 생활이 일상에서 벌어지는 개인과 가족의 문제에 연관된 경우가 많기에 미디어 리터러시를 함양하는 것이 중요하게 된다. 예를 들어, 가족 문제, 저출산 문제, 고령화 문제는 학생들이 직접 체감할 수 없는 거대 담론이며, 이에 관하여서는 미디어에 의해 영향을 받아 조직되어 구성된 것일 수 있으니 이를 인식하고 비판적으로 검토하는 과정이 필요하다. 이와 같은 점은 미디어를 주체적으로 소비하고 비판적으로 분석할 수 있는 미디어 리터러시 역량이 요구되기에 '가정'영역에서 다루어질 수 있다.

② 초등 실과에서 미디어 리터러시 교육을 위해 추구해야 할 점

가. 디지털 리터러시 교육

디지털 리터러시는 디지털 기술을 다루는 능력이라는 초기의 정의로부터 기술의 변화에 따른 유기적 연관성으로 그 개념을 점차 확장해왔다. 디지털 리터러시는 디지털 매체와 테크놀로지를 효율적으로 사용할 수 있는 기술, 지식, 비판적 사고력과 함께 문제 해결, 커뮤니케이션, 그리고 지식을 창출할 수 있는 능력(한정선 외, 2006)으로서 '디지털 정보나 미디어에 접근(Access)하고 분석(Analyze)하여 평가(Evaluate)하고 새롭게 창조(Create)할 수 있는 능력'으로 발전되어 왔다. 더 나아가, 새로운 디지털 리터러시의 개념과 교육의 방향은 이러한 기본적인 디지털 활용 능력을 바탕으로 디지털 세계에서 서로 공존하며 잘 살아갈 수 있는 '삶의 리터러시' 함양으로 더욱 폭넓게 전환되고 있다(계보경, 2017).

'21세기에 필요한 교육을 위한 파트너십(The Partnership for 21st Century Learning, 이하 P21)'에서는 21세기 학습을 위한 중요한 역량 3가지 중 하나로 '디지털 리터러시'를 제시하고, 여기에 '정보 리터러시, 미디어 리터러시, 정보통신기술(ICT) 리터러시'가 포괄된다고 본다. 디지털 리터러시를 미디어, 정보, ICT 리터러시를 포괄하는 광의의 개념으로, 미디어 리터러시는 올드 미디어 장르의 분석, 제작 능력으로 상정하는 것이다(정현선 외, 2016). 캐나다의 미디어 스마트(Media Smarts)에서는 미디어 리터러시와 디지털 리터러시를 교집합적 개념으로 본다. 미디어 리터러시는 대중 매체의 비판적 향유 평가능력, 디지털 리터러시는 디지털 사회에서의 개인의 기술적 지능적 능력으로 상정된다. 이와 같은 논의는 현재의 미디어 환경을 바탕으로 미디어 리터러시를 디지털 리터러시라는 개념으로 치환하고 있으며, 디지털 기술의 중요성을 더욱 부각하는 것이다. 그러나 디지털 기술 능력에서 중요한 것은 단순한 기술 활용 능력보다 다양한 디지털 기술이 우리에게 제공하는 '기회'와 '도전'에 대해 비판적으로 사고하고 평가하는 능력이다(Hague & Payton, 2010). 이 능력은 전통적으로 미디어 리터러시 이론 및 실천 연구에서도 강조된 바인 것이다(정현선 외, 2016).

디지털 리터러시의 개념 확장은 결국 미디어가 디지털화 되어 우리 생활에 미치는 영향과 밀접하게 연관되고, 결국 디지털 미디어가 주는 정보의 이해, 비판적 평가, 표현과 참여에 대한 것으로 이어지면서 미디어 리터러시의 개념과 역할에 상당히 중첩되고 있음을 알 수 있다. 따라서 미디어 리터러시에 대한 교육적 접근에는 자연스럽게 디지털 리터러시가 추구될 수 있으며, 디지털 리터러시 역시 교과교육을 통하여서도 다룰 수 있어야 한다.

실제 초등 교과목 중에는 미디어 리터러시를 요구하는 다양한 활동이 적극적으로 등장한다. 예를 들어, 조사 활동을 통해 보고서 작성하기, 영화나 광고 만들기, 영상 제작하여 발표하기 등 미디어를 통하여 학습하고 공유하는 내용을 교과서에서 쉽게 찾아볼 수 있다. 그러나 미디어를 생산하기 위한 과정에서 요구되는 디지털 리터러시에 대하여 이를 체계적으로 다루는 과정은 찾아보기 어렵다. 따라서 '뉴스 만들기' 활동을 위하여서는 국어 시간에 편성된 2차시 외에도 계획 수립, 원고 작성, 카메라 촬영, 편집 프로그램 운영 등에 필요한 시수를 자체적으로 확보해야 할 뿐 아니라, 학습의 원활한 흐름이 교사와 학생의 개인적인 관심도나 역량에 의존할 수밖에 없게 된다. 이에 '동영상 제작'에 관한 역량에 대하여 충분히 학습할 수 있는 기회를 제공하는 것이 필요한 것과 같이 디지털 리터러시에 대한 체계적인 접근이 학급 교육과정상에 충분히 구현되어야 하며, 이는 실과 교과를 포함한 다양한 교육적 장면에서 선행되어야 하는 것이다.

소프트웨어의 활용뿐 아니라, 하드웨어적 지식에 대한 이해와 접근 역시 필요하다. 정보기기의 기능과 사양, 안전한 활용 그리고 오류가 발생했을 때 적절하게 대처하는 방법에 대하여 이해하는 것이다. 디지털 미디어 활용 수업 과정에서 교사들이 난처해하는 것은 바로 학생들 개개인으로부터 발생하는 오류를 어떻게 처리할 것인가에 관한 문제와 관련되어 있다. 학생들이 디지털 미디어 기기를 활용하는 것에 익숙하다 할지라도, 오류나 동작 이상이 발생하였을 때 이를 처리하는 것은 오로지 교사의 몫이 되는 경우가 많다. 그런데 이를 적절하게 해소하지 못한다면 수업 목표에 도달하는 것이 매우 어려워지게 된다. 오류 발생 시 대처법을 흔히 '트러블 슈팅'이라고 설명하는데, 현장 교사로서도 트러블 슈팅 역량이 충분치 못한 경우라면 디지털 활용 수업을 선뜻 시도하기 어렵다. 따라서, 교사 그리고 학생 스스로가 디지털 미디어에 대한 접근과 활용이 원활하게 이루어질 수 있도록 하드웨어 지식을 바탕으로 문제를 해결해 나갈 수 있는 역량이 필요하다.

마지막으로 디지털 리터러시 역량을 추구하는 것은 미디어 리터러시 교육에 다양성과 체계성을 부여할 수 있다. 디지털 리터러시는 학생 주위에서 발견할 수 있는 다양한 미디어 정보에 손쉽게 접근하는데 요구되는 역량으로서 교사가 제공하는 학습 내용 외에도 학습 문제를 민감하게 발견하고 스스로 학습할 수 있도록 하는 데 필요하다. 디지털 정보를 바탕으로 학습 문제의 선정, 탐구 방식의 선택, 결과의 표현과 공유에 이르기까지 학생 개개인의 특성과 흥미에 따른 방식으로 펼쳐나갈 수 있다. 이는 현재 검색, 조사, 발표의 단순하고 획일화된 교육 장면에 다양성을 더하고 학년별 수준에 따라 계획적이고 심화하는 교육내용을 선정할 수 있다는 점에서 디지털 리터러시에 대한 역량이 추구되어야 한다.

초등학교 실과에서 활용하는 디지털 리터러시의 기능과 기술로는 컴퓨터 활용 기초 능력, 키보드 타이핑, 인터넷 의사소통, 파워포인트 등을 활용한 발표, 음성·동영상 등의 멀티미디어 활용이 높게 나타났다. 또한, 이러한 기능을 주로 학습 동기유발, 실습, 자료 수집, 학습활동의 시범 및 조언의 단계에서 활용하는 것으로 나타났다(이재진 외, 2019). 이는 현재 디지털 리터러시 교육이 여전히 교사를 중심으로 한 자료의 일방적인 제공, 학생의 단순한 ICT 기기 활용 교육 등에서 그치고 있다고 추론해볼 수 있다. 따라서, 디지털 리터러시의 함양을 통해 미디어 리터러시를 달성하기 위해서는 학생 참여적이고, 창의적인 생산이 가능한 디지털 기술 활용이 고려되어야 한다(이재진 외, 2019).

나. 미디어 제작 역량 강화

초등 실과 교과에서 미디어 리터러시 교육을 다룰 때 타 교과와 차별화되면서도 필수적인 요소는 바로 미디어 제작 역량을 길러주는 것에서 찾을 수 있다. 미디어 제작 역량은 정현선 외(2015)가 제시한 미디어 리터러시 핵심역량) 중 창작과 제작 영역에 속하는 것으로서, 정보와 컨텐츠를 생산하는 종합력 수행 능력을 함양할 수 있도록 실과 교과교육이 중심 역할을 감당할 수 있다.

미디어 제작을 위해서는 미디어에 대한 총체적인 안목이 필요하다. 예를 들면, 컴퓨터 활용 능력에 기초하여, 최신 디지털 기기와 도구, 각종 프로그램, 소프트웨어 활용 능력과 같은 디지털 리터러시와 더불어 만든이의 메시지를 정하고 전달하는 방법에 대해 고려하고, 만들어진 미디어로 소통하며 주위에서 벌어지는 일에 참여한다는 점에서 미디어 리터러시가 담고자 하는 학습 요소를 종합적으로 담아낸다.

실과 교과는 이 같은 과정을 체험하고 실습하는 시간과 공간을 제공하는 데 적합하다. SW 교육의 운영 과정에서 확보할 수 있었던 다양한 디지털 학습 환경을 활용할 수 있고, 정해진 시간 동안 미디어를 제작하는 과정을 실습과 체험을 통해 경험할 수 있다. 실과 교과 시간을 통한 미디어 제작 경험은 이후 미디어 리터러시 교육에서 기본 기능으로 활용될 것으로 기대한다.

한 수업사례에서는 초등학교 6학년 학생들에게 '카드 뉴스 만들기' 학습 과제를 제공한 적이 있다. 이때, 해당 수업에서 학생들은 활동이 시작하자마자 이미지 제작 프로그램을 실행하여 즉시 결과물을 만들려고 하는 모습을 확인할 수 있었다. 이러한 경우에는, '사전 조사 - 뉴스 선정 - 각본 제작 - 표현 - 검토 - 발표 - 평가'와 같은 단계를 설정하고 각 단계에 알맞은 과제를 수행하는 등의 학습 단계에 관한 지도가 필요할 것이다. 이는 실과의 정보 영역에서 다루는 알고리즘, SW 교육과 매우 비슷하다. 실과 교과를 통해 문제 해결에 대한 학습 단계 설정 방법을 익히는 것은 미디어를 통한 소통의 기초로서 미디어 리터러시 역량 함양에 중요한 역할을 할 수 있다. 한편으로는 이미지 제작 프로그램 그 자체에 대한 학습, 예를 들어, 저장 버튼의 위치, 필요한 사진을 불러오거나, 자막을 다는 등의 활용 기능을 익숙하게 하는 것 역시 미디어 제작 역량에 매우 필요한 과정이기도 하다.

미디어 리터러시 교육의 목적이 디지털 미디어 기술의 도구적 활용에 있는 것은 아니다. 그러나, 각 교과의 교육내용 체계와 특성에 적합한 미디어 리터러시 하위 범주별 역량들이 체계적으로 교육될 경우, 학생들의 미디어 리터러시 역량이 더 효과적으로 함양될 수 있다(신미경 외, 2020).

3 실과 교육과정에서의 MIL 요소

정현선 외(2015)는 는 한국의 학교 교육과정에 적용하기 위한 한국형 미디어 리터러시 교육의 모델로서, 미디어 리터러시의 이론적 개념과 목표, 내용 등을 반영하여 체계적인 구조를 설정하였다. 먼저, 국가 교육과정의 핵심과정 중 '의사소통 역량', '지식정보처리 역량'의 함양을 목표로, 기초학습 요소로서 미디어 체험, 미디어 지식의 두 영역을 설정하고, 의미 이해와 전달, 책임 있는 미디어 이용, 감상과 향유, 미디어 기능 활용, 정보 검색과 선택, 창작과 제작, 사회·문화적 이해, 비판적 분석 및 평가의 여덟 가지 수행 목표를 제안하였다.

<표 16> 미디어 리터러시 교육의 기초학습 요소(정현선 외, 2016)

기초 학습 요소	미디어 리터러시와 관련된 핵심 역량: 의사소통 역량, 지식정보처리 역량								
	수행목표								
미디어 체험	미디어 지식	의미 이해와 전달	책임 있는 미디어 이용	감상과 향유	미디어 기능 활용	정보 검색과 선택	창작과 제작	사회 문화적 이해	비판적 분석 및 평가

위의 설정에서 미디어 리터러시 교육을 위한 실과 교과에서는 기초학습 요소로서 '미디어 체험', 수행목표로서는 '미디어 기능 활용, 정보 검색과 선택, 창작과 제작'과 연관지을 수 있다. 2015 개정 초등 실과 교육과정의 교과별 핵심역량에서는 '실천적 문제 해결 능력, 관계형성능력, 기술적 문제 해결 능력, 기술 활용 능력'과 연관이 있으며, 관련 기능으로서는 조작하기, 활용하기, 적용하기, 평가하기, 제작하기, 판단하기, 실행하기를 선택할 수 있다.

다음으로 내용 체계표에서 디지털 리터러시 관련 내용 요소를 분석하면 다음과 같다(노은희 외, 2018).

<표 17> 초등학교 실과 교육과정 '내용 체계' 디지털 리터러시 관련 분석

구분		해당 내용	비고(선정의 이유 등)
기술시스템	핵심개념	소통	관련 높음: 디지털 기술을 활용해 정보를 생산, 가공, 공유함.
	일반화된 지식	통신 기술은 정보를 생산, 가공하여 다양한 수단과 장치를 통하여 송수신하여 공유한다.	통신 기술이 디지털 정보와 직접 관련됨.
	학년군별 내용 요소	• 소프트웨어의 이해 • 절차적 문제해결 • 프로그래밍 요소와 구조	관련 높음
	기능	• 조작하기 • 활용하기	디지털 리터러시 정의와 관련성 높음.
기술활용	핵심개념	혁신	관련 높음: 디지털 기술을 기반으로 산출물을 창조하는 것이 혁신과 관련이 있음, 개인정보와 지식, 로봇의 구조와 기능도 밀접함.
	일반화된 지식	인간은 기술 개발에 따른 삶의 변화를 예측하고, 사회를 지속가능하도록 유지 발전시킨다.	디지털 리터러시는 '기술 개발', 사회의 '지속가능'과 관련됨.
	학년군별 내용 요소	• 개인 정보와 지식 재산 보호 • 로봇의 기능과 구조	인터넷 상의 개인 정보와 로봇의 기능과 구조는 디지털 리터러시와 관련이 높음.

이에 따라 실과 교육과정의 성취기준에서 미디어 리터러시 교육과 연관지어 활용될 수 있는 성취기준을 분석하면 다음과 같다.

<표 18> 초등학교 실과 교육과정 '성취기준' 디지털 리터러시 관련 명시 항목(노은희 외, 2018)

학년	영역	성취기준
초 5-6	기술 시스템	[6실04-07] 소프트웨어가 적용된 사례를 찾아보고 우리 생활에 미치는 영향을 이해한다. [6실04-08] 절차적 사고에 의한 문제 해결의 순서를 생각하고 적용한다. [6실04-09] 프로그래밍 도구를 사용하여 기초적인 프로그래밍 과정을 체험한다. [6실04-10] 자료를 입력하고 필요한 처리를 수행한 후 결과를 출력하는 단순한 프로그램을 설계한다. [6실04-11] 문제를 해결하는 프로그램을 만드는 과정에서 순차, 선택, 반복 등의 구조를 이해한다.
초 5-6	기술 활용	[6실05-05] 사이버 중독 예방, 개인 정보 보호 및 지식 재산 보호의 의미를 알고 생활 속에서 실천한다. [6실05-06] 생활 속에서 로봇 활용 사례를 통해 작동 원리 활용 분야를 이해한다. [6실05-07] 여러 가지 센서를 장착한 로봇을 제작한다.

실과 교육과정 '성취기준'과 관련해서는 실과의 교육 영역 중 '기술 시스템'과 '기술 활용'영역의 성취기준에서 디지털 리터러시 관련 내용을 직접적으로 언급하고 있다. 특히, '기술 시스템'의 성취기준은 소프트웨어 교육의 내용을 다루고 있는데, 구체적으로는 소프트웨어의 적용 사례와 영향을 이해하고, 절차적 사고를 통해 기초적인 프로그램 과정을 체험하고, 문제 해결을 위한 프로그램 설계 과정을 이해하도록 진술하고 있다. 더불어, '기술 활용'영역에서는 사이버 중독, 개인 정보 보호, 지식 재산권과 같은 디지털 사회의 가치관과 태도 교육을 위한 성취기준을 제시하고 있으며, 더 나아가 로봇의 작동원리와 활용 분야를 이해하고 로봇을 제작하도록 성취기준을 제시하고 있다(노은희 외, 2018).

4 초등 실과에서의 미디어 리터러시 교육의 실제

아래 제시한 수업 과정안은 미디어 제작의 기초를 다지기 위한 일련의 수업 단계를 구상한 것이다(문화관광부, 2006, 재구성). 각 단계는 몇 차시에 걸쳐 진행될 수 있으며, 본 학습 단계는 예시로서 수업자의 계획에 따라 추가·조정될 수 있다.

미디어 리터러시 ✔ 창작과 제작

1. 교수·학습 활동의 개관

MIL 주제	소통	MIL 요소	창작과 제작
학년군/ 차시 분량	5,6학년군 10차시	교과 핵심역량	기술 활용 능력
단원	–	학습 주제	미디어 제작
학습 목표	미디어 제작의 기초 기본 기능을 익혀 영상물을 만들 수 있다.		
관련 성취기준	[6실04-07] 소프트웨어가 적용된 사례를 찾아보고 우리 생활에 미치는 영향을 이해한다. [6실04-08] 절차적 사고에 의한 문제 해결의 순서를 생각하고 적용한다. [6실04-09] 프로그래밍 도구를 사용하여 기초적인 프로그래밍 과정을 체험한다. [6실04-10] 자료를 입력하고 필요한 처리를 수행한 후 결과를 출력하는 단순한 프로그램을 설계한다.		
MIL 학습자료	카메라, 영상 촬영과 편집이 가능한 기기, 편집 프로그램 등		

2. 교수·학습 활동의 예시

1단계 디지털 일기 쓰기

● 일기를 영상으로 제작해보면서 영상 제작에 대한 기초를 다져보는 활동을 한다. 하루에 일어났던 일을 디지털 기기(캠코더, 핸드폰카메라, 디카, 필름카메라, 일회용 카메라, 손으로 그린 만화)로 기록하여 과제로 가져온다. 하루 중 인상 깊은 장면을 정해진 기기안에서 표현하는 방식에 익숙해지는 기회를 가진다.

2단계 인터뷰하기

● 인터뷰는 기록된 자료 외에도 소중한 정보와 경험을 얻을 수 있는 중요한 학습활동이며 타인과의 원활한 소통의 방식을 자연스레 습득하도록 도움을 준다. 인터뷰는 타 교과 수업에서도 무궁무진하게 활용할 수 있다. 미디어 제작을 위해 종이에 기록하는 것에 그치지 않고, 카메라나 사진기로 인터뷰 대상자와 현장의 분위기를 기록하도록 한다. 카메라로 인물을 어떻게 담을 것인지, 음성을 어떻게 명확하게 전달할 수 있을지에 대한 고민을 통해 미디어로 기록하는 방법을 익힌다.

3단계 1분 영상 시놉시스 쓰기

● 인터뷰는 기록된 자료 외에도 소중한 정보와 경험을 얻을 수 있는 중요한 학습활동이며 타인과의 원활한 소통의 방식을 자연스레 습득하도록 도움을 준다. 인터뷰는 타 교과 수업에서도 무궁무진하게 활용할 수 있다. 미디어 제작을 위해 종이에 기록하는 것에 그치지 않고, 카메라나 사진기로 인터뷰 대상자와 현장의 분위기를 기록하도록 한다. 카메라로 인물을 어떻

게 담을 것인지, 음성을 어떻게 명확하게 전달할 수 있을지에 대한 고민을 통해 미디어로 기록하는 방법을 익힌다.

4단계 1분 영상 시나리오 쓰기

● 미디어 작품에 대한 자기 생각을 바탕으로 시나리오를 작성해본다. 자신만의 시나리오를 작성하기 어려운 경우에는 단편 영화나 드라마의 일부분, 혹은 광고나 뮤직비디오를 보고 거꾸로 시나리오를 써 볼 수 있다. 어떤 메시지를 담은 미디어 작품을 제작할지를 충분히 고려하여 작성해본다.

5단계 프로그램 익히기

● 영상 제작을 위한 프로그램과 그 기능을 익힌다. 디지털 영상을 촬영한 후에 영상물을 편집하는 방법을 연습한다. 영상 컷, 붙이기, 전환, 효과 삽입, 자막 삽입, 배경 음악 삽입 등의 기본 기능을 확인하고 다룰 수 있도록 연습한다.

6단계 1분 영상 스토리보드 제작

● 자신에게 맞는 영상 프로그램의 기능을 활용하여 완성될 영상물의 스토리보드를 작성한다. 스토리보드는 하고자 하는 이야기가 시나리오나 구성안으로 최종적으로 나왔을 때 이를 촬영하기 직전에 최대한 가시적으로 드러내 촬영 준비에 문제가 없도록 준비하는 작업이다. 스토리보드에 그림뿐만 아니라, 대사, 음악, 소도구, 공간, 미술 등을 모두 고려하여 기록해보고 자신의 힘으로 만들 수 있는지를 검토한다.

7단계　1분 영상 만들기

● 앞서 준비된 내용을 적용한 1분 영상물을 제작한다. 학생들이 활용할 수 있는 디지털 기기(스마트폰 등)를 활용하여 짧은 컷을 촬영하고, 이를 편집 프로그램으로 연결하여 간단한 1분짜리 영상을 제작한다. 영상을 만드는 모둠 친구들과 계획에 맞게 촬영이 이루어졌는지, 전하고자 하는 메시지가 잘 드러나는지를 검토한다.

8단계　영상 상영회 하기

● 영상을 상영하고 작품이 끝날 때마다 전 모둠원이 나와서 관객과 토론을 진행한다. 이와 함께 각 학생이 미디어 제작을 작성한 기획안, 시놉시스, 시나리오, 스토리보드 등을 함께 전시하여 모든 진행 과정을 총체적으로 돌아 볼 수 있도록 한다. 또한 이러한 전시를 통해 영상 제작에 참여하지 않았던 다른 학생들에게도 흥미와 동기를 유발한다.

9단계　정리하기

● 모든 단계의 학습을 통하여 하나의 미디어가 만들어지기 위해서는 세분된 여러 단계를 꼼꼼히 준비해야 한다는 것을 깨닫도록 한다. 특히 촬영과 편집에 들어가기에 앞서 오랜 기간 준비 작업을 거쳐야만 한다는 점도 중요하게 인식해야 한다. 즉 미디어의 기획과 개발, 사전 준비 단계가 무엇보다 중요한 부분임을 떠올려본다. 단계별로 필요한 이론과 노하우 등을 정리하면서 이후에도 미디어를 제작할 때 상기할 수 있도록 한다. 미디어를 제작할 때 내용과 표현의 재료, 형식, 기능이 포함되어있고, 이 요소들을 적절히 찾아 배치해야 한다는 것도 정리해본다.

미디어 리터러시		✓ 미디어 기능 활용	

1. 교수 · 학습 활동의 개관

MIL 주제	미디어 기능 활용	MIL 요소	미디어 기능 활용
학년 군/ 차시 분량	5, 6학년 군	교과 핵심역량	기술 활용 능력
단원	1. 소프트웨어와 문제 해결 과정	학습 주제	미디어 기능을 활용하여 문제 해결하기
학습 목표	절차적 사고를 활용한 미디어를 통해 생활 속 문제를 해결할 수 있다.		
관련 성취기준	[6실04-08] 절차적 사고에 의한 문제 해결의 순서를 생각하고 적용한다.		
MIL 학습 자료			

2. 교수 · 학습 활동의 예시

도입 학습 동기유발

◉ 문제 해결을 위한 경험 떠올리기
- Q. 문제 상황을 해결하려면 어떻게 해야 하는지 알아봅시다.
  - 문제의 원인이 무엇인지 바르게 파악하고, 해결 과정을 순서대로 따져 보아야 합니다.

◉ 학습 문제 제시
  - 절차적 사고를 활용한 미디어를 통해 생활 속 문제를 해결해 봅시다.

◉ 학습활동 안내
  - 활동1 : 절차적 사고란?
  - 활동2 : 나의 미디어에 절차적 사고 담기
  - 활동3 : 생활 속 문제 해결하기

[전개 1] **절차적 사고 이해하기**

◉ 절차적 사고 이해하고 적용하기
- Q. 절차적 사고의 의미를 알고, 문제를 해결하는 단계를 탐구해봅시다.
  - 절차적 사고란 일을 치르는데 거쳐야 하는 순서나 방법에 따라 생각하는 것을 말합니다.
- Q. 절차적 사고란 무엇인지 생각하며 양치하는 순서를 절차적 사고 방법대로 표현해봅시다.
  - 예) 치약과 칫솔을 준비한다. → 칫솔에 치약을 바른다. → 양치한다. → 물로 헹군다.

[전개 2] **나의 미디어에 절차적 사고 담기**

◉ 해결할 문제 찾고 절차적 사고 적용하기
- Q. 여러분의 주위에 해결해야 할 문제는 무엇이 있나요?
  예) 학생들이 손을 제대로 씻지 않아 건강에 위협을 받고 있다.
- Q. 문제를 해결하기 위해 절차적 사고를 적용해봅시다.
  - 원인 파악하기 → 해결 방법 고민하기 → 해결 방법 실천하기 → 평가하기의 순서대로 문제를 해결해 보고 싶습니다.
  - 손을 씻는 여섯 단계에 대해 익혀 실천해야 합니다.
- Q. 문제를 해결하기 위해 어떤 미디어를 활용해보고 싶나요?
  - 동영상/포스터/신문/현수막으로 만들고 싶습니다.

[전개 3] **생활 속 문제 해결하기**

◉ 절차적 사고를 적용해 미디어 제작하기
- Q. 필요한 준비물을 활용하여 미디어를 제작해 봅시다.

- 학생의 선택에 따라 미디어 제작을 위한 준비물을 준비한다.
- 문제 해결을 위한 미디어를 제작한다.
- 어떠한 절차적 사고가 반영되어 있는지 명확히 한다.
- Q. 자신의 미디어를 활용하여 문제 해결을 위해 실천해봅시다.
  - 홍보, 캠페인, 실천 등 미디어를 활용하여 문제 해결을 위해 직접 활동한다.
- Q. 활동 후 소감을 이야기해봅시다.
  - 절차적 사고에 따라 문제를 해결하기 위해 실천해보니 체계적이고 효율적으로 해낼 수 있었습니다.
  - 미디어 제작 과정이 더 쉽고 결과물이 효과적으로 전달되었습니다.

정리

● 학습 내용을 정리하기
- Q. 이번 시간에 배운 것은 무엇입니까?
  - 절차적 사고를 활용한 미디어를 통해 생활 속 문제를 해결해 보았습니다.
- Q. 오늘 배운 것을 실생활에서 어떻게 실천하겠습니까?
  - 절차적 사고를 활용하여 나만의 미디어를 제작하여 주위의 문제를 효과적으로 해결해 보겠습니다.

참고 문헌

계보경 (2017), 해외 디지털리터러시 교육과정 및 프로그램 운영 동향, 한국교육학술정보원.
노은희 외 (2018), 교과 교육에서의 디지털 리터러시 교육 실태 분석 및 개선 방안 연구, 한국교육과정평가원.
신미경 외 (2020), 학교 미디어 리터러시 교육 활성화 방안, 충북교육정책연구소.
문화관광부 (2006), 영상제작수업교육교재(1) 중고교 교사용 기본교육과정, 문화관광부.
심재영 외, (2020), 미디어 리터러시 함양을 위한 중학교 가정과 교수・학습 과정안 개발: 핵심개념 '관계' 관련 단원을 중심으로.
이재진 외 (2019), 디지털 리터러시 교육에 대한 실과(기술・가정)과 교사의 인식 분석. 실과교육연구, 25(3), 107-127.
정현선 외 (2015), 미디어 문해력 향성을 위한 교실수업 개선방안 연구, 교육부.
정현선 외 (2016), 핵심역량 중심의 미디어 리터러시 교육내용 체계화 연구. 학습자중심교과교육연구, 16(11), 211-238.
한정선 외 (2006), 지식 정보 역량 개발 지원을 위한 디지털 리터러시 지수 개발 연구. 한국교육학술정보원 연구보고 CR 2006-13.
UNESCO (2011), Media and Information Literacy Curriculum for Teachers,.
Hague, C., & Payton, S. (2010). Digital literacy across the curriculum. Futurelab.

9장
음악 교과에서 미디어 리터러시 교육

박상아(진건초등학교 교사)

1 초등학교 음악과 미디어 리터러시

'디지털 네이티브' 세대인 오늘날 초등학생들은 손쉽게 다양한 미디어를 이용하여 음악을 감상하고 생산하며 즐긴다. 스마트폰이 보편화 되기 전 음악을 감상하기 위해 미디어 기기를 따로 구입하거나 특정 플랫폼을 활용해야 하는 이유로 음악 접근에 대한 제약이 있었던 것과 달리 오늘날은 스마트폰 하나로 접속할 수 있는 다양한 어플 및 플랫폼에서 시간과 공간을 막론하며 언제든지 음악을 향유 할 수 있게 되었다.

실제로 초등학생들의 스마트폰 주요 기능 이용 실태를 살펴보면 스마트폰과 미디어 매체를 활용하여 음악을 적극적으로 사용하는 것을 확인할 수 있다. '청소년 미디어 이용 실태 및 대상별 정책 대응 방안 연구 I: 초등학생(2020, 한국청소년정책연구원)'에 따르면 초등학생 4~6학년생의 스마트폰

보유율이 87.7%에 달하며 초등학생이 주요 이용하는 기능은 '유튜브(1위, 34.7%)', '게임(2위, 30.2%)', '카톡/채팅(3위, 11%)', '전화(4위, 5.3%)', '음악듣기(5위, 4.0%)'의 순위로 집계되었다. 이 중 음악과 밀접한 관련이 있는 유튜브와 음악듣기 기능을 약 40%의 초등학생들이 즐겨 이용한다는 것을 볼 때 초등학생들의 음악에 대한 접근 및 감상 활동이 활발히 이루어지고 있다는 것을 알 수 있다. 또한, 스마트폰으로 가장 많은 시간을 소비하는 미디어 활동인 '유튜브 사용'에서 즐겨 이용하는 콘텐츠로 게임(1위)과 코미디/예능(2위)에 이어 음악/댄스 콘텐츠가 3위를 차지한 것을 볼 때 다양한 콘텐츠를 접하는 유튜브 플랫폼에서도 음악 관련 콘텐츠를 상당히 많이 접하고 있다는 것을 확인할 수 있다.

이처럼 오늘날의 초등학생들은 미디어 기기 및 플랫폼을 활용하여 음악을 적극적으로 소비하고 생산한다. 음악의 소비자로서 본인이 듣고 싶은 음악의 분야가 있다면 대중음악, 해외음악, 클래식, 악기 연주곡 할 것 없이 미디어를 활용해 자유롭게 접할 수 있으며 악기를 연주하는 방법 혹은 음악의 다양한 이론적 지식까지 미디어를 활용하여 알 수 있게 되었다. 또한, 미디어의 생산자로서 악기 연주 및 음악제작 어플로 음악을 만들어 배포하거나 유튜브 동영상의 배경음악으로 음악을 직접 선정하여 활용하기도 한다.

하지만, 음악은 소리를 통해 인간의 감정이나 생각을 드러내는 소통의 예술인 만큼 음악 그 자체 혹은 음악이 배포되는 미디어 매체에 사회적·상업적·정치적 의미가 담겨 있을 수 있으므로 음악의 활용과정에서 항상 주의가 필요하다. 또한, 누구든지 동영상을 제작해 업로드할 수 있는 유튜브 플랫폼의 특성상 내가 찾은 음악 자료의 메시지, 품질, 신뢰성 등을 객관적으로 분석하고 비판적으로 판단하여 활용할 수 있는 역량도 필요하다. 이러한 미디어 리터러시 역량에 대하여 정현선 외 5인은 미디어 리터러시를 '정보·문화 콘텐츠에 대한 적절한 접근 및 비판적 이해, 미디어를 활용한 정보·문화 생산 및 전달 능력, 미디어를 윤리적이고 책임 있게 이용하는 태도를 포함'한다고 정의하였다. 음악은 우리 주변에 익숙하게 존재할 뿐만 아니라 실제로 음악과 관련한 정보·문화 콘텐츠를 오늘날 손쉽게 접근하여 다양하게 활용할 수 있으므로 비판적 이해와 책임감 있는 태도로 접근할 수 있는 체계적인 교육이 더욱 필요하다.

따라서 본 장에서는 이와 같은 현실을 반영하여 초등학교 음악과 교육과정에 포함되어있는 미디어 리터러시 교육내용을 분석해보고, 직접 현장에서 활용할 수 있는 교육 주제를 선정하여 음악과 미디어 리터러시 수업 사례를 제시하고자 한다.

2 음악 교육과정에서 미디어 리터러시 교육내용 분석

1) 음악 교육과정의 정보처리역량과 미디어 리터러시

디지털 기술의 변화가 음악, 특히 대중음악의 제작이나 배포방식에 영향을 주고 사람들이 음악을 통해 상호작용하거나 공동 미디어 정신을 구축하는데 큰 영향을 미치고 있다(오지향, 2018).

이러한 관점에서 음악 교과는 이미 학생들에게 수많은 미디어와 플랫폼과 결부되어 생활화된 영역이라는 점에서 타 교과와 다른 독특한 위치를 갖는다. 자신이 좋아하는 음악을 감상하기 위해, 친구나 가족에게 특정 음악을 추천하기 위해, 음악적 이해와 감성의 폭을 넓히기 위해, 음악을 활용하여 가정, 학교, 사회 등의 행사에 참여하기 위해 미디어를 통로 삼아 음악 활동을 실질적으로 경험하고 있다. 하지만, 무수하게 펼쳐져 있는 미디어와 정보의 홍수 속에서 학생들이 자신에게 필요한 음악적 정보를 효과적으로 찾아내고 현명하게 활용할 수 있는 것은 또 다른 문제이며 이는 반드시 교육적으로 접근해야 하는 영역이다. 음악 활동 시 목적에 맞는 미디어 및 기술 도구를 능숙하게 찾아서 사용하고, 적절한 정보를 판별해 다른 학생과 공유할 수 있는 역량을 함양하기 위해 음악과에 적합한 미디어 리터러시 교육의 논의 및 성취기준의 설정이 필요하다.

초등학교 음악과 2015 개정 교육과정을 살펴보면 이러한 사회적 변화에 발맞춰 미디어 리터러시 교육에 대한 요구가 '음악정보처리 역량'으로 제안되고 있는 것을 확인할 수 있다. 교육과정에 따르면 음악 교과는 다양한 음악 활동을 통해 음악의 아름다움을 경험하고, 음악성과 창의성을 계발하며, 음악의 역할과 가치에 대한 안목을 키움으로써 음악을 삶 속에서 즐길 수 있도록 하는 교과이다. 이를 실현하기 위한 음악 교과의 5가지 역량 중 '음악정보처리 역량'은 미디어 리터러시 역량의 의미와 필요성을 그대로 내포하고 있다. '음악정보처리 역량'은 음악과 관련한 다양한 정보와 자료를 수집, 분석, 분류, 평가, 조작함으로써 정보와 자료에 내재 된 의미를 올바르게 파악하고, 적절한 매체를 활용하여 정보와 자료를 효과적으로 처리함으로써 생활의 다양한 문제를 합리적으로 해결할 수 있는 역량을 의미한다. 이러한 '음악정보처리 역량'을 신장시킬 수 있는 수업 및 활동을 위하여 음악과 교육과정의 내용 체계 영역 및 성취기준을 구체적으로 살펴볼 필요가 있다. 음악과의 세 가지 영역인 [표현], [감상], [생활화]의 목표와 음악정보처리 역량 및 미디어 리터러시 역량을 연관 지어 살펴보면 다음과 같다.

[표현] 영역의 목표는 다양한 음악 경험을 통해 소리의 상호작용과 음악의 표현 방법을 이해하여 노래, 연주, 음악 만들기, 신체표현의 다양한 방식으로 표현하는 것이다. 표현 과정에서 미디어 리터러시 역량을 향상하기 위

해 다양한 음악 경험을 진행한 후 여러 가지 미디어 기기 및 디지털 도구를 활용해 노랫말, 가락, 리듬꼴, 장단꼴을 창의적으로 만들어 표현할 수 있다. 이때 목적에 맞게 미디어를 능숙하게 선별하고 미디어의 특성을 활용해 음악적 요소를 표현하고 청중과 커뮤니케이션하는 방법을 익힐 수 있다.

[감상] 영역의 목표는 다양한 음악을 듣고 음악 요소와 개념, 음악의 종류와 배경을 파악하여 음악을 이해하고 비평하는 것이다. 교육과정에서는 다양한 음악을 감상하기 위해 음원, 동영상을 포함한 여러 가지 미디어 자료를 활용할 것을 권하고 있으며 학생들이 스스로 음악을 찾아 감상하고, 차이점을 구별한 후 발표하는 것이 성취기준으로 제시되고 있다. 이 과정에서 미디어 및 기술 도구를 능숙하게 찾아서 사용하고, 관련 있는 정보를 적절하고 비판적으로 찾아내 공유하는 역량이 필수적으로 요구된다.

또한 [생활화] 영역에서는 학생들이 음악의 가치를 인식하고, 음악 활동에 적극적으로 참여하며 음악을 즐기는 태도를 함양하는 것을 과제로 제시한다. 다양한 행사에 적합한 음악을 선택·활용하고, 학교 내외의 음악 활동과 관련된 다양한 정보와 기회를 통해 학생들이 적극적으로 음악 활동에 참여하는 과정에서 미디어를 활용한 콘텐츠의 비판적, 창조적 역량이 요구될 수 있다.

2) 미디어 리터러시 역량을 함양할 수 있는 음악과 성취기준

음악 교육과정의 내용 체계 영역을 음악정보처리역량과 미디어 리터러시 개념을 포괄하여 분석한 내용을 바탕으로 초등학교 3~6학년 음악 교육과정에서 미디어 리터러시 역량을 함양할 수 있는 성취기준 내용을 정리하면 다음과 같다.

<표 19> 초등학교 3~6학년 음악 교육과정에서 미디어 리터러시 역량을 함양할 수 있는 성취기준

영역	일반화된 지식	성취기준
표현	다양한 음악 경험을 통해 소리의 상호 작용과 음악의 표현 방법을 이해하여 노래, 연주, 음악 만들기, 신체표현 등의 다양한 방식으로 표현한다	[6음01-01] 악곡의 특징을 이해하며 노래 부르거나 악기로 연주한다 [6음01-04] 제재곡의 일부 가락을 바꾸어 표현한다 [6음01-05] 이야기의 장면이나 상황을 음악으로 표현한다
감상	다양한 음악을 듣고 음악 요소와 개념, 음악의 종류와 배경을 파악하여 음악을 이해하고 비평한다	[4음02-20] 상황이나 이야기 등을 표현한 음악을 듣고 느낌을 발표한다 [6음02-02] 다양한 문화권의 음악을 듣고 음악의 특징에 대해 발표한다
생활화	음악을 생활 속에서 활용하고, 음악이 삶에 주는 의미에 대해 이해함으로써 음악을 즐기는 태도를 갖는다	[4음03-02] 음악을 놀이에 활용해보고 느낌을 발표한다 [4음03-03] 생활 속에서 활용되고 있는 국악을 찾아 발표한다 [6음03-01] 음악을 활용하여 가정, 학교, 사회 등의 행사에 참여하고 느낌을 발표한다 [6음03-02] 음악이 심신 건강에 미치는 영향에 대해 발표한다 [6음03-03] 우리 지역에 전승되어 오는 음악 문화유산을 찾아 발표한다

위 성취기준의 수업 시 학습 도구로 미디어 기기와 디지털 프로그램을 활용할 수 있으며 실제로 적극적으로 권장되고 있다. 학생들이 스스로 다양한 미디어 중 본인에게 필요한 미디어를 선택해 음악을 들어보고, 음악이 주는 메시지를 비판적으로 판단해보고, 새로운 컨텐츠를 올바른 시각을 갖고 제작하도록 돕는 과정에서 미디어 리터러시 교육이 이루어질 수 있다.

예를 들면, '[6음01-05] 이야기의 장면이나 상황을 음악으로 표현한다'의 성취기준에서 미디어 리터러시 역량을 결합한 수업을 설계할 수 있다.

특정 장면에 어울리는 배경음악을 떠올리기 위해 다양한 미디어(음원, 동영상 플랫폼 등)를 선택적, 비판적으로 활용하여 목소리, 물체 소리, 악기 소리 등 다양한 소리를 탐색할 수 있도록 계획한다. 이 과정에서 미디어 및 컨텐츠에서 필요한 정보를 판별하고 읽어내는 역량을 기르기 위해 기준을 세우고 적용하는 연습을 할 수 있다. 또한, 탐색한 정보를 바탕으로 새로운 음악을 표현하기 위해 악기 소리를 녹음하는 어플, 간단한 곡을 제작하는 프로그램 등을 사용하는 능력을 기를 수도 있다. 또한, '[6음03-01] 음악을 활용하여 가정, 학교, 사회 등의 행사에 참여하고 느낌을 발표한다.'의 성취기준과 미디어 리터러시 역량을 결합하여 프로젝트 학습을 진행할 수도 있다. 먼저 미디어를 활용하여 학생들이 행사에 적합한 음악을 선택하고, 그 이유를 기준을 세워 판별해보고 토의한다. 이를 토대로 행사와 관련한 다양한 정보를 수집, 분석하고 최종 프로그램을 구성한 후 이를 촬영 및 편집하여 미디어에 다시 재생산하는 수업까지 진행할 수 있을 것이다.

위에서 언급한 성취기준을 포함해 음악 교과에서는 미디어 리터러시 역량을 신장시킬 수 있는 다양한 수업을 설계할 수 있으며 이는 학생에게 비판적인 관점에서 미디어의 분석과 사용, 창의적인 활용의 기회를 제공할 것이다. 또한, 실생활과 관련하여 학생들이 수많은 미디어와 정보 사이에서 목적에 따라 현명하게 정보를 판별해보고 적용해보는 미디어 리터러시 역량 교육을 진행한다면 더욱 실효성이 있을 것이라 예상된다.

3 초등학교 음악과에서의 미디어 리터러시 교육 방안

1) 교과의 특성에 맞는 미디어 리터러시 하위요소의 선별

미디어 리터러시 역량은 미디어에 대한 이해부터 미디어가 제공한 내용에 대한 사실 판단과 가치 판단과 같은 비평, 미디어의 접근과 활용 및 참여까지 포함한 넓은 개념의 역량이다. 따라서 이를 교과에 적용할 때 미디어 리터러시 역량의 하위요소 중 어느 것을 중점을 두고 수업을 설계할지에 대한 고민이 필요하다.

현재 미디어 리터러시 역량 함양을 위한 수업 중 상당수가 '비판적 사고'를 기르는 것에 초점을 맞추고 있다. 다양한 미디어에서 제공한 텍스트나 콘텐츠를 비교하고 비판적·회의적으로 판단해보는 수업을 우선적으로 계획하는 것도 물론 중요하다. 하지만 음악 교과의 목표가 다양한 음악 활동을 통해 음악의 아름다움을 경험하고, 음악성과 창의성을 계발하며, 음악의 역할과 가치에 대한 안목을 키움으로써 음악을 삶 속에서 즐길 수 있도록 하는 것이고 실제 현장에서 초등학교 음악 교과의 대부분이 표현과 감상 등 활동 위주로 진행되는 것을 생각할 때, 음악 교과의 특성을 잘 살릴 수 있는 구성요소의 선별이 중요해 보인다. 강진숙 외(2019)가 제시한 6가지 미디어 리터러시의 구성요소는 다음과 같다.

<표 20> 6가지 미디어 리터러시 역량(강진숙 외 2019)

구성요소	목표
지식	미디어의 구조, 기능, 기술의 발전 과정과 체계 등의 이해와 지식 습득
비평	미디어의 기술적, 사회적, 문화적 쟁점들과 내용에 대한 사실판단과 가치 판단을 통한 글쓰기 능력 개발
의사소통	사회적 의사소통에 능동적으로 참여하기 위한 의견의 표현 방법과 상호 인정을 통한 대화능력 개발
접근/활용	미디어의 기술적 사용법, 전문지식, 콘텐츠의 수용과 질에 대한 접근과 활용 능력 개발
구성/제작	대안 미디어의 구성과 창의적·미학적 기술의 적용과 제작
참여	책임 있는 온라인 공동체 참여와 디지털 시민성을 실현하기 위한 실천능력 개발

이 6가지는 모두 미디어 리터러시를 구성하는 중요한 요소들이다. 하지만 이 구성 요소를 한 차시의 수업에 모두 적용하는 것은 현실적으로 무리가 있으며, 그렇다고 하나의 요소만을 골라 한 차시의 수업에 넣는 형식이 된다면 미디어 리터러시의 다양한 요소를 고루 배우기 어려울 것으로 생각한다. 따라서 과목의 특성을 고려하여 3~4가지의 요소를 적용할 수 있는 학습 주제를 선정한 후 연 차시로 구성된 프로젝트 수업을 계획하는 방향이 좋을 것이다.

2) 음악 교과의 특성에 맞는 미디어 리터러시 하위요소

위 항목에서 서술한 미디어 리터러시 하위요소를 바탕으로 음악 교과에 특히 주요하게 활용할 수 있는 요소는 다음과 같다.

첫 번째는 미디어 리터러시의 '접근 및 활용능력' 이다. 미디어가 널리 전파되기 전, 음악수업에서 음악을 감상하려면 교사가 직접 실음을 들려주거나 가지고 있는 음원 CD 및 교사용 교육자료를 활용해야했다. 하지만 오늘날 학생들은 어디서나 스마트폰으로 접속할 수 있는 다양한 미디어를 통해 음악을 직접 검색하고 감상하며 즐긴다. 유튜브 플랫폼을 통해 뮤직비디오, 클래식, 뮤지컬 공연을 보며 음악을 즐기고 OTT서비스나 스트리밍 플랫폼을 통해 영화나 만화를 시청하며 배경음악을 감상한다. 또한, 학생들이 취미생활로 즐겨 하는 게임이나 틱톡과 같은 영상 및 음악 기반 소셜 네트워크 서비스에서도 무수히 많은 음악을 향유할 수 있게 되었다. 음악은 앞으로의 미디어 시장에서도 필수 불가결한 영역으로 포함될 것이다. 따라서 음악과 관련한 미디어 플랫폼이나 어플에 접근해서 학생의 수준에 맞게 올바르게 활용하는 방법을 배우는 과정이 필요하다. 이뿐만이 아니라 무수히 많은 음악 콘텐츠 중에서 어떤 것이 스스로에게 필요한 정보인지를 파악하고 여러 콘텐츠의 질을 비교·분석하는 능력을 키우는 것도 중요하다. 그러므로 초등학교 음악교과 성취기준을 참고하여 필요한 음악을 선별하기 위해 활용할 수 있는 미디어 플랫폼은 무엇이 있는지 찾는 방법과 비슷한 콘텐츠 중에서도 어떤 기준에 따라 하나를 선별할 것인지에 대한 교육 프로그램을 개발하면 좋을 것이다.

두 번째는 미디어 리터러시의 '구성 및 제작 능력'이다. 실제로 초등학교 음악과에서는 학생들의 실생활과 연관 지어 음악 관련 콘텐츠를 제작하는 활동을 강조한다. 예를 들면, '컴퓨터를 활용한 뮤직비디오 만들기', '학교 행사에 사용할 음악 제작하기', '우리나라 음악 문화유산을 널리 알릴 수 있는 홍보 동영상 만들기'와 같은 활동이 있다. 미디어의 사용방법을 터득한 후 윤리적인 원칙을 지켜 창의적인 콘텐츠를 제작하고 직접 생활 속에서 활용하는 것도 매우 중요한 미디어 리터러시 역량이라고 할 수 있다.

마지막으로 미디어 리터러시의 '참여 능력'이다. 오늘날 우리가 사용하고 있는 대부분의 미디어 플랫폼은 쌍방향적인 성격으로 누구나 이를 활용해 자유롭게 의사소통이 가능하며 지구상의 모든 사람이 미디어 기기만 있으면 정보를 공유할 수 있게 되었다. 하지만 누구나 제약 없이 콘텐츠를 올릴 수 있는 상황에서 콘텐츠의 질적인 문제가 보장되지 않는다는 점은 미디어 리터러시 교육에서 유의 깊게 살펴보아야 하는 영역이다. 콘텐츠의 '깨끗함'은 해당 콘텐츠를 개발한 사람의 윤리의식을 반영하며 미디어 사용자가 무비판적인 의식으로 미디어 생태계에 참여할수록 더욱더 정치적·문화적·사회적으로 편향되어 형성될 수 있다. 따라서 디지털 윤리를 지키며 책임감 있게 미디어 공동체에 참여할 수 있도록 음악과에서 미디어 리터러시 참여 능력을 강조할 필요가 있다.

4 음악과 미디어 리터러시 수업 제안

수업 1. 미디어 콘텐츠에 어울리는 음악 제작하기

> **미디어 리터러시**　　　　　✓ 접근/활용, 구성/제작/참여

1. 교수·학습 활동의 개관

MIL 주제	다양한 미디어(유튜브, 영화, 게임, SNS 등), 앱	MIL 요소	미디어 접근/활용, 미디어 구성/제작/참여
학년(군)/ 차시 분량	5~6학년 / 4차시	교과 핵심역량	음악적 감성역량 음악정보처리역량
단원	3. 즐겁게 신나게	학습 주제	내가 좋아하는 음악
학습 목표	• 다양한 미디어(유튜브, 영화, 게임, SNS 등)에서 활용된 음악을 감상하고 음악이 장면이나 상황에 어울리는지 파악할 수 있다 • 음악 제작 어플을 사용해 장면에 어울리는 음악을 만들고 영상 편집 어플을 활용해 동영상으로 제작할 수 있다		
관련 성취기준	[6음01-05]이야기의 장면이나 상황을 음악으로 표현한다		
MIL 학습자료	• 스마트폰(동영상 제작 앱, 음악 제작 앱) • 태블릿 PC • 다양한 미디어 (유튜브, 영화, 게임, SNS 등 음악자료)		

2. 교수·학습 활동의 예시

도입　"내가 요즘 즐겨듣는 음악 소개하기"로 생각 열기

● 내가 요즘 즐겨듣는 음악은 어떤 미디어를 통해 처음 듣게 됐나요? 내가 즐겨듣는 음악을 소개하고 인터넷상에서 어떤 경로를 통해 감상할 수 있는지 친구들에게 소개해보도록 합니다.

● 음악은 우리 주변에 항상 존재하며 우리의 기분을 즐겁게 하거나, 힘든 일이 있을 때 위로해주기도 합니다. 스마트폰으로 인터넷을 자유롭게 사용하게 되면서 일생 생활에서도 다양한 미디어를 넘나들며 내가 좋아하는 음

악을 감상할 수 있게 되었습니다. 유튜브 플랫폼의 뮤직비디오나 커버 영상, 게임의 배경음악이나 효과음, OTT 플랫폼 같은 미디어에서 영화나 만화를 볼 때 들을 수 있는 배경음악, 요즘 청소년들 사이에서 유명한 틱톡 같은 SNS 숏폼 컨텐츠에서 들을 수 있는 다양한 음악들까지 그 범위는 넓습니다. 우리가 음악을 다양한 미디어를 통해 감상하고 있다는 것을 생각해볼 수 있도록 합니다.

<생각 열기 활동>

내가 좋아하는 음악	주로 감상할 수 있는 미디어
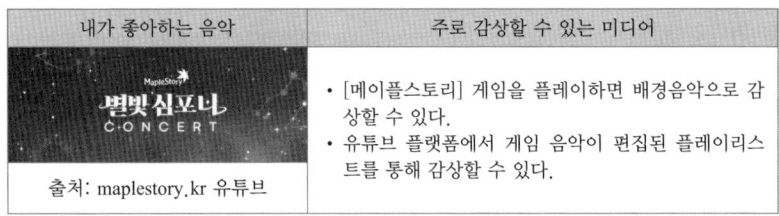 출처: maplestory.kr 유튜브	• [메이플스토리] 게임을 플레이하면 배경음악으로 감상할 수 있다. • 유튜브 플랫폼에서 게임 음악이 편집된 플레이리스트를 통해 감상할 수 있다.

※ 여러분이 즐겨듣는 음악은 주로 어떤 미디어를 통해 감상할 수 있나요?

_____

_____

[전개 1] **다양한 미디어 속 음악을 감상하고 장면이나 상황에 어울리는지 파악하기**

◉ [도입]의 생각열기 활동을 바탕으로 우리가 음악을 들을 수 있는 미디어가 많다는 것을 인지하고 [전개1]의 다양한 미디어 속 음악을 감상하고 장면이나 상황에 어울리는지 파악하는 활동을 진행합니다.

◉ 유튜브, OTT 플랫폼의 다양한 콘텐츠들, 게임, SNS 등 우리가 접하는 미디어에서 음악은 필수적으로 사용됩니다. 음악은 여러 가지 효과를 제공하는데 주로 콘텐츠의 장면이나 상황에 맞게 사용되어 분위기를 형성하거

나 내용을 극적으로 강조하기도 합니다. 미디어의 콘텐츠가 의미하는 바를 잘 읽어내는 역량을 키우기 위해 해당 콘텐츠의 특성을 강조하는 음악을 감상하고 장면이나 상황에 어울리게 사용되었는지 판단할 수 있어야 합니다. 따라서 영화 속 배경음악, 틱톡같은 숏폼 컨텐츠의 음악, 유튜브 플랫폼의 뮤직비디오 음악을 감상하고 어떤 미디어에서 나오는 음악인지, 음악이 콘텐츠 속 장면이나 상황이 어울리는지, 이 음악이 어떤 효과를 위해 사용되었는지 판단해보는 활동을 진행합니다.

<[전개1] 활동 예시>

음악의 이름	미디어 종류	음악이 장면과 어울리나요?	이 음악은 미디어의 어떤 효과를 위해 사용되었을까요?
어벤져스 main theme 출처:https://youtu.be/ sHmo2uGcP2Q	영화	O	• 어벤져스 영화에서 토르가 등장하는 장면을 극적으로 표현하기 위해 사용되었다. • 웅장하고 위엄있는 분위기를 잘 살리기 위해 음악이 사용되었다.
게임 동물의 숲 BGM 출처:https://youtu. be/68Tt5jPxYO8			
BTS – permisson to dance 출처:https://youtu.be/ CuklIb9d3fI			

※콘텐츠 속 음악은 어떤 효과를 위해 사용되었을까요?
_____
_____

※콘텐츠에 어울리지 않는 음악을 사용한다면 어떤 결과가 나타날까요?
_____

전개 2 상황이나 장면에 어울리는 음악 제작하기(1)

● [전개1]에서 음악이 미디어 콘텐츠의 상황이나 장면과 어울릴 때 콘텐츠의 내용을 더 강조하는 효과가 있음을 인지하고 음악을 적절하게 활용해야 한다는 것을 이해한 후 [전개2]를 진행합니다.

● [전개2]에서는 학생들을 모둠별로 나눈 후 일상생활에서 흔히 경험할 수 있는 상황이나 장면의 예시를 주고 간단한 영상(2분 내외)을 촬영하도록 합니다. 영상을 살펴보고 해당 상황이나 장면에 어울리는 분위기를 생각한 후 어떤 느낌의 음악이 어울릴지, 그 음악을 제작하기 위해 어떤 악기의 소리가 어울리는지 생각하는 시간을 가집니다. 만약 학생들이 어떤 악기 소리가 있는지 잘 모르거나 어떤 분위기에 맞춰 계획해야 하는지 어려워하는 경우 유튜브 플랫폼을 활용해 참고하도록 지도합니다.

<상황이나 장면 예시>

《보기》
① 화장실에 휴지가 없는 상황
② 시험에서 찍은 문제가 정답인 상황
③ 체육행사에서 달리기를 역전해 1등으로 들어온 상황
④ 준비물을 안 가져왔을 때 짝꿍이 흔쾌히 빌려주는 상황
⑤ 친구와 함께 빙고 게임을 하는 상황

<[전개2] 활동 예시>

우리 모둠이 선택한 장면이나 상황	예시) 화장실에서 휴지가 없는 상황
어울리는 분위기	긴급함, 조급함, 불안함, 화남, 짜증남 등
장면에 따라 어떤 악기의 소리가 어울릴까요?	① 화장실에서 휴지가 없는 것을 알게 된 장면: 낮은 북소리, 긴장을 줄 수 있는 스산한 분위기의 소리
	② 지나가는 친구에게 휴지를 건네받는 장면: 경쾌한 심벌즈 소리, 피아노 소리, 밝은 느낌의 악기 소리

※우리 모둠이 선택한 장면이나 상황에 어울리는 분위기는 무엇인가요?

＿＿＿＿＿＿＿＿＿＿＿＿＿＿＿＿＿＿＿＿＿＿＿＿＿＿＿＿＿＿＿＿

＿＿＿＿＿＿＿＿＿＿＿＿＿＿＿＿＿＿＿＿＿＿＿＿＿＿＿＿＿＿＿＿

※장면에 따라 어떤 느낌의 소리(악기, 목소리 등)가 들어가면 콘텐츠의 분위기를 더 살릴 수 있을까요?

＿＿＿＿＿＿＿＿＿＿＿＿＿＿＿＿＿＿＿＿＿＿＿＿＿＿＿＿＿＿＿＿

＿＿＿＿＿＿＿＿＿＿＿＿＿＿＿＿＿＿＿＿＿＿＿＿＿＿＿＿＿＿＿＿

> 전개 3   상황이나 장면에 어울리는 음악 제작하기(2)

◉ [전개2]의 활동에서 우리 모둠이 선택한 상황과 장면의 분위기와 어울리는 느낌의 음악이 어떤 것이 있을지 충분히 생각해 본 후 [전개3]을 진행합니다.

◉ [전개3]에서는 학생들이 직접 촬영한 상황 영상에 음악을 제작하여 편집하는 활동을 진행합니다. 동영상 제작 어플은 학생들이 익숙한 것을 사용하되 Vllo(블로) , kinemaster(키네마스터) 등의 어플의 간단한 사용법을 함께 지도합니다. 또한, 음악제작 어플은 music maker jam(뮤직 메이커 잼), bandlap(밴드랩), walk bad(워크밴드) 어플을 사용하도록 합니다. 영상 자체의 퀄리티 보다는 우리 모둠이 선택한 상황이 잘 드러났는지, 장면과 상황에 음악이 어울리게 들어가는지를 생각하며 영상을 편집합니다.

◉ 모둠별로 제작된 영상은 패들렛 등 공유 플랫폼에 업로드 한 후 함께 감상합니다. 이때 다른 모둠이 선택한 장면에 새롭게 제작한 음악이 어울리는지, 특별히 어떤 악기 소리가 콘텐츠의 분위기를 잘 살렸는지를 판별하면서 시청하도록 지도합니다.

<음악제작 어플 소개>

음악제작 어플	설명
Music Maker JAM (뮤직메이커잼) 제작: Loudly	• 음악을 잘 모르는 사용자도 샘플, 박자를 선택한 후 재즈, 힙합, 록 등의 음악을 제작할 수 있다
bandlap (밴드랩) 제작: bandlap technologies	• 악기들이 다양해서 풍부한 소리를 낼 수 있고 여러 무료 사운드와 트랙을 제공한다
walk band (워크밴드) 제작: Revontulet soft Inc.	• 키보드, 드럼, 드럼 패드, 드럼 머신 등 다양한 밴드 악기 연주 모드를 지원한다. 게임 하듯 쉽게 터치해서 리듬을 만들 수 있다

> **정리** 미디어 콘텐츠에서 음악의 미치는 영향 되새기기

● 교사는 우리가 즐겨 사용하는 미디어 콘텐츠에서 음악이 미치는 영향이 지대하며, 학생들이 무조건 음악을 있는 그대로 수용하지 않고 콘텐츠와 적합하게 어울리는지를 판별해야 함을 강조합니다. 또한, 모둠별로 제작한 동영상을 감상해 본 경험을 토대로 콘텐츠의 성격에 어울리지 않는 음악을 사용하거나 일부러 잘못된 음악을 사용할 경우 콘텐츠의 메시지가 오해되어 전달될 수 있다는 것을 인지하도록 합니다.

● 자기 평가지를 통해 수업을 되돌아봅니다.

나는 무엇을 알게 되었나요?	으쓱	당당	추욱
1. 내가 즐겨듣는 음악을 미디어를 통해 소개할 수 있나요?			
2. 영화, 게임, 유튜브, SNS에서 사용된 음악을 보고 어떤 장면에 어울려서 사용됐는지를 이야기할 수 있나요?			
3. 일상생활 속 장면이나 상황에 어울리는 음악적 분위기를 떠올릴 수 있나요?			
4. 음악제작 어플을 사용하여 간단한 음악을 만들어볼 수 있나요?			
5. 모둠별 활동에 즐겁게 참여했나요?			
6. 미디어 콘텐츠에서 음악이 미치는 영향을 설명할 수 있나요?			

수업 2. 뮤직비디오 비판적으로 읽어내기

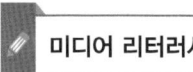 미디어 리터러시 ✔ 비평, 접근/활용

1. 교수·학습 활동의 개관

MIL 주제	미디어(유튜브 뮤직비디오), 스마트폰	MIL 요소	미디어 비평, 미디어 접근/활용
학년(군)/ 차시 분량	4~6학년 / 1차시	교과 핵심역량	음악적 감성역량 음악적 소통역량 음악정보처리역량
단원	3. 즐겁게 신나게	학습 주제	노래로 세상을 아름답게
학습 목표	• 뮤직비디오를 감상하고 뮤직비디오의 주제를 파악할 수 있다. • 미디어 기기를 활용하여 세상을 아름답게 만들기 위한 음악을 찾아 소개할 수 있다.		
관련 성취기준	[4음02-20] 상황이나 이야기 등을 표현한 음악을 듣고 느낌을 발표한다 [6음01-05] 악곡의 특징을 이해하며 노래 부르거나 악기로 연주한다		
MIL 학습자료	• 유튜브 뮤직비디오 • 스마트폰		

2. 교수·학습 활동의 예시

> 도입   "거북이와 플라스틱" 감상하며 생각열기

● 뮤직비디오는 음악과 음악의 주제와 관련된 짧은 동영상이 어우러져 재생되는 콘텐츠입니다. 유튜브 플랫폼이 활성화된 이후 전 세계적으로 많은 가수들이 자신의 뮤직비디오를 유튜브에 업로드하여 많은 사람에게 공개하게 되었습니다. 뮤직비디오는 해당 음악의 주제를 잘 표현할 수 있도록 장면을 만들어 화려하게 편집하거나 가사를 더욱 강조하기도 하는 등 여러 가지 방법으로 표현됩니다. 뮤직비디오가 유튜브 플랫폼의 대표적인 콘텐츠로 자리 잡은 만큼 우리가 쉽게 즐길 수 있는 뮤직비디오의 주제를 잘 읽

어내는 것이 중요하다는 것을 이해할 수 있도록 합니다. 뮤직비디오는 누구나 업로드할 수 있는 창작물로 정치적·사회적·문화적으로 편향될 가능성이 많고 이를 무비판적으로 수용한다면 잘못된 편견이나 가치관이 생길 수도 있습니다. 따라서 뮤직비디오를 현명하게 읽어낸 후 즐길 수 있는 역량을 기를 수 있도록 지도합니다.

◉ 뮤직비디오 "거북이와 플라스틱(가수 – The Lucy)"를 감상해 봅시다. 뮤직비디오에 등장하는 장면, 가사를 주의 깊게 살펴보고 뮤직비디오가 어떤 이야기를 하고 싶은지 찾아 이야기해 봅시다.

<거북이와 플라스틱 감상>

거북이와 플라스틱 (The Lucy)

출처: https://youtu.be/orkjU4Ab8ls

※ '거북이와 플라스틱'에서 기억에 남는 가사나 장면은 무엇인가요?

※ '거북이와 플라스틱'의 주제는 무엇일까요?

> **전개 1** 뮤직비디오 주제를 찾아라!

● 지난 시간에 학습한 '노래로 세상을 아름답게(김정철 작곡, 한예찬 작사)'를 다시 한번 감상합니다. 이 음악은 사랑과 평화의 의미를 담아 세상을 아름답게 만들어 가자는 내용의 노래였습니다. 이 외에도 유튜브를 통해 찾아볼 수 있는 세상을 아름답게 만들기 위한 주제의 5가지 뮤직비디오를 제시합니다. 뮤직비디오를 감상하며 뮤직비디오의 주제를 드러내는 장면과 가사를 찾아 써 봅니다. 다음으로 이를 통해 유추할 수 있는 뮤직비디오의 주제를 한 줄로 정리해보는 활동을 합니다. 발표를 통해 친구와 비교하며 뮤직비디오의 의미를 잘 해석했는지 판단할 수 있도록 합니다.

<뮤직비디오 주제찾기>

뮤직비디오 제목	뮤직비디오의 주제를 드러내는 장면/가사를 찾아 써 봅시다	이 뮤직비디오의 주제는?
Heal the world -마이클잭슨 https://www.youtube.com/watch?v=LUcfUGj-0wg	예시) 장면: 사람들이 해맑게 웃는 장면, 전쟁이 끝나고 뛰어가는 장면 등 가사: 생명, 더 나은 세상, 축복, 치유 등	더 나은 세상을 만들기 위해 함께 노력하자
손에 손잡고 -코리아나 https://www.youtube.com/watch?v=VxuI_s0sWMk		
유기견의 노래 -Home https://www.youtube.com/watch?v=W_SGNsFjImA		

꽃-윤미래 (영화 김복동ost) https://www.youtube.com/watch?v=pUJTO-FElRo		
바람의 빛깔 (영화 포카혼타스ost) https://www.youtube.com/watch?v=QV0Sml6o1AE		

전개 2 　세상을 아름답게 만들기 위한 음악 찾아보기

● [전개1]에서 뮤직비디오의 주제를 비판적으로 분석해보는 활동을 한 후 [전개2]에서는 미디어 기기를 이용하여 세상을 아름답게 만들기 위한 음악을 직접 찾아보는 활동을 합니다. 유튜브 플랫폼을 통해 음악으로 세상을 아름답게 만들기 위해 만들어진 실제 음악 또는 사례를 찾아보고 왜 그러한지 장면이나 가사를 제시하여 발표합니다.

<세상을 아름답게 만드는 음악 찾기>

내가 찾은 뮤직비디오의 주제를 잘 드러내는 장면 그리기	찾은 내용
	예시) 노래 제목: 북극을 위한 비가 가수(작곡가): 루드비코 에이나우니 주제: 지구 온난화에 대한 슬픔을 음악으로 표현

● [정리]단계에서는 오늘 수업을 통해 가장 인상 깊었던 뮤직비디오와 내용을 이야기하며 뮤직비디오의 의도를 잘 해석해야 하는 이유를 생각해 보도록 지도합니다. 음악은 다양한 주제를 통해 사람들에게 즐거움과 위로, 행복감을 선물하며 이러한 음악을 잘 표현하기 위해 뮤직비디오라는 미디어 콘텐츠가 존재한다는 것을 다시 한번 강조합니다. 누구나 쉽게 접근할 수 있는 뮤직비디오 콘텐츠의 특성상 메시지를 제대로 이해하지 못하면 오해나 편견을 불러일으킬 수 있다는 것을 알고 더 현명하게 뮤직비디오 콘텐츠를 소비하기 위해서 장면이나 가사를 비판적인 시각으로 해석할 수 있도록 지도합니다.

참고 문헌

교육부(2015), 초·중등학교 교육과정 총론, 교육부 고시 제 2015-80호.
교육부(2015), 음악과 교육과정, 교육부 고시 제2015-74호 [별책 7]
교육부(2015), 2015 개정 교육과정 교수·학습 자료 초등학교 음악, 교육부
한국교육학술정보원(2019), 민주시민 육성을 위한 미디어 리터러시 교육방안연구, 연구보고서
이미나(2009), 미디어 리터러시로서의 미디어 교육 수업 제안, 시민교육연구, 41(3), 139-181
오지향(2018), 음악교과에서 멀티리터러시 교육의 의미와 실천방안, 교사교육연구, 57(4), 601-616
오지향(2018), 음악교과에서 미디어 리터러시 교육의 필요성과 역할 강화 방안, 미래음악교육연구, 3(1), 27-48
강진숙(2019), 미디어 리터러시 교육과정 운영을 통한 시민역량 제고방안 연구, 교육부

10장
미술 교과에서 미디어 리터러시 교육

조경해(봉명초등학교 교사)

1 사회변화와 초등 미술과 교육

"전 세계적으로 메타버스(확장 가상세계)와 NFT(대체불가토큰)가 화두로 떠오르면서 메타버스 플랫폼 공간에서 즐기는 미술 전시도 다양하게 열리고 있다. 메타버스 공간에서 미술과 영화를 결합한 NFT 아트 전시를 선보이는 씨감버스(CGAMVerse)는 다음달 1일까지 메타버스 플랫폼 '스페이셜(Spatial)'에서 프리오프닝 행사를 진행한다고 최근 밝혔다(매경프리미엄, 2022.4.16.)." 끊임없이 새로운 것에 대한 시도를 통해 새로운 영역을 개척해 나가는 미술 분야에서 미디어와 통합한 새로운 작품들이 쏟아지고 있으며, 이는 새로운 미술 문화를 만들어 내고 있다. 이러한 모습은 미술 분야에서 사회 변화를 받아들이는 방법이 되면서, 미술 교육에서도 이러한 변화를 받아들이고 대처해야 하는 이유가 된다.

우리의 일상에서 미디어는 삶의 일부가 되어 아침에 눈을 뜨는 순간부터 잠자리에 들기까지 끊임없이 미디어 세계에 속하여 살고 있으며, 이제 미디어는 단순한 소통 수단이나 도구의 기능을 넘어 각 개인의 삶 속에서 중요한 수단이자 문화로 존재한다. 즉, 미디어를 통해서 세상과 소통하고 삶을 영위하며 문화를 향유 하는 것이다. 이것은 미디어가 하나의 새로운 문화라는 것을 의미하며, 이러한 미디어는 수많은 시각 정보로 구성되어 진다.

인간은 시각을 통해 약 70%의 정보를 수용하기 때문에 시각 예술을 다루는 미술 교과교육에서 시각 정보로 구성되는 미디어는 매우 중요하다. 단순 미디어 외 다양한 내용을 포함하는 미디어 리터러시 교육 역시 매우 중요한 위치를 지니게 된다. 이미지를 바르게 읽고 해석할 수 있는 미적 능력 향상을 미술교육을 통해 가장 효율적으로 진행할 수 있고, 이를 미디어 리터러시의 필수적 요소인 재생산·표현하는 교육을 통하여 더 발전적인 방법으로 교육될 수 있을 것이기 때문이다. 항상 새로운 변화를 시도하는 미술 분야에서 하나의 문화로 자리 잡은 미디어는 중요한 교육적 요소이며, 미술과 교육에서 미디어 리터러시 역량을 강화해야 하는 이유가 된다.

❷ 미디어 리터러시와 초등 미술과 교육

1) 미디어 리터러시와 초등 미술과 교육의 현주소

"이안 쳉은 '컴퓨터 제너레이티드 아트'를 선보이는 중국계 미술인 예술가다. '컴퓨터 제너레이티드 아트'는 컴퓨터로 만든 모든 예술을 통칭한다. 이안 쳉은 비디오 게임 디자인과 인지과학 원리에 따라 가상현실 테크놀로지를 사용한 '라이브 시뮬레이션' 작품을 만든다. '라이브 시뮬레이션'은 가상의 생태계 속에서 인공지능을 가진 등장인물과 자연환경이 서로 교류하고 반응하면서 여러 사건이 일어나는 것의 형식을 일컫는다(중소기업신문, 2022. 3. 14.)." 실제 미술계에서는 미디어 리터러시를 통한 새로운 미술 문화를 개척하고 있다. 예를 들면, AI의 발전에 따라 AI 활용 교육을 넘어 AI를 통한 새로운 분야를 개척하고 작품을 창작하고 있다. 그러나 실제 초등 미술 교과 교육에서는 이러한 변화의 흐름을 따라가기 쉽지 않다. 이혜란은 현재 초등 미술 교육에서 미디어 리터러시 환경을 다음과 같이 설명하고 있다.

"급변하는 사회문화적 흐름에도 불구하고 미술 교과 영역에서의 시각 문화 미술교육은 중요성을 강조하고 있지만, 단편적인 측면에만 집중하여 강조하고 있을 뿐 수업에서 학습자들이 적극적으로 디지털 매체를 사용하고 표현 도구로 활용하거나 다양한 체험을 할 수 있는 기회를 제공하지 못하고 있는 환경이다(이혜란, 2020:3)."

위 연구에서 지적한 것처럼 현재 초등 미술교육에서 미디어 리터러시의 적용 범위는 미디어 리터러시 역량 강화라는 목표와는 다르게 미디어를 활용하는 능력, 미디어를 활용하는 즐거움, 새로운 미디어 사용으로 인한 학생들의 흥미 유발 정도로만 활용되고 있다.

미디어 리터러시와 관련된 2015 개정 미술과 교육과정에서도 비슷한 상황인데 교수·학습 방법 및 유의사항에 제시된 내용을 발췌하면 "체험활동 후 자신의 느낌이나 생각을 글, 이미지, 소리, 영상, 사진, 행위 등을 통해 자유롭게 나타내도록 허용적인 수업 분위기를 조성한다. 현장 학습을 통한 직접적인 체험이나 사진, 영상, 멀티미디어 자료 등을 활용한 간접적인 체험 등을 지도한다(2015개정 미술과 교육과정: 2015:8)."라고 제시하고 있다. 교육부에서 제시하고 있는 방법조차도 미디어를 도구로 하여 체험 영역에서 미디어 활용에 초점을 두는 형식으로 소극적인 활용을 제안하고 있는 상황이다.

2) 초등 미술 교과에서의 미디어 리터러시 적용 방향

그렇다면 초등 미술 교과에서 미디어 리터러시는 어떤 방법으로 확장 적용되어야 할 것인가?

2015 개정 미술 교육과정에서 미술과는 다양한 미술 활동을 통하여 대상을 감각적으로 인식하고 느낌과 생각을 창의적으로 표현하며, 미술 작품의 가치를 판단함으로써 삶 속에서 미술 문화를 향유할 수 있는 능력을 기르는 것을 목표로 하고 있다. 그 중 첫 번째 구체적 목표는 주변 세계를 미적으로 인식하고 시각적으로 소통하는 능력을 기르는 것이다. 여기서 중요한 키워드는 시각적 소통이다. 앞서 제시한 바와 같이 미디어에서 시각적 이미지는 매우 중요한 요소이므로 미술 교과에서 미디어 리터러시는 시각적 소통을 기본으로 하여 시각적으로 이해하고 비판하며 접근하고 표현 또한 시각적으로 할 수 있도록 방향을 설정하여야 한다.

국내 학자 이혜란은 "태어나면서부터 무의식적으로 미디어를 접하며 자연스럽게 소비하는 디지털 세대인 청소년들에겐 시각적 이미지가 만들어지고, 보여지고, 연구되는 과정에서 사회, 정치적 조건과 환경이 개입될 뿐만 아니라 그를 통해 개인과 사회적 집단의 입장과 견해가 생성되고 표현된다는 것을 인지하고 주체적으로 활용하는 능력을 길러주어야 한다(이혜란, 2020:3),"라고 서술하였다. 이는 미디어를 통한 단순 이미지를 활용하고 받아들이는 수업에서 더 나아가 다양한 미디어를 활용하여 다양한 미적 체험을 경험하고 표현 활동과 감상 및 비평 활동을 하되 미디어에 대한 이해를 통해 주체적으로 이해하여 활용하며 창의적으로 생산하는 능력을 길러주는 방향으로 나아가야 한다는 것을 의미한다. 알고 이해하는 것에 그치지 않고 다양한 매체를 융합하여 새로운 분야를 개척하며, 소통을 위한 참여의 중요성을 지적한 것이다. 즉, 미디어 리터러시는 참여와 실천, 매체 융합적인 시도의 방향으로 나아가야 한다. 이를 정리하면 다음과 같다.

첫째, 시각적 소통 능력을 목표로 시각문화교육에 바탕을 두고, 미디어 리터러시를 적용해야 한다.

둘째, 미적 체험, 표현과 감상, 비평 활동을 하되 주체적 이해와 창의적 생산 능력을 길러주는 방향으로 나아가야 한다.

셋째, 참여 중심, 실천 중심의 현실을 반영하는 매체 융합적인 시도를 지향해야 한다.

3) 초등 미술과 교과 역량과 미디어 리터러시 교육 요소

성취기준과 교육목표는 핵심역량으로 귀결될 수 있다. 그러므로 초등 미술과의 교과 역량과 미디어 리터러시 역량을 살펴 초등 미술 교과와 미디어 리터러시의 접점을 찾아보고자 한다. 2015 개정 미술 교과에서는 '미적 감수성', '시각적 소통 능력', '창의·융합 능력', '미술 문화 이해 능력', '자기주도적 미술 학습 능력' 등을 교과 역량으로 삼고 있으며, 한국교육학술정보원에서는 '이해와 비평', '소통과 참여', '표현과 생산', '접근과 활용', '윤리와 보안', '웰빙과 문화'를 미디어 리터러시 역량으로 제시하고 있다(김현진 외, 2019:67). 미술 교과 역량과 미디어 리터러시 요소를 연결하여 정리하면 〈표 20〉과 같다. 미술 교과에서 미디어 리터러시 교육은 다양한 매체 및 현상에 접근하여 이를 활용한 이해와 비평으로 미적 감수성을 높이고, 다양한 시각 매체를 이해하고 해석하는 소통과 참여의 과정을 통해 시각적 소통 능력을 함양하며, 타 분야의 지식, 기술, 경험 등을 연계한 새로운 가능성을 발견하여 표현하고 생산하는 창의 융합 능력을 양성해야 한다. 또,

미술 활동 참여 과정에서 존중하고 배려하며 협력할 수 있는 웰빙과 문화 역량을 포함한 자기주도적 미술 학습 능력에도 중점을 두어야 할 것으로 보인다.

<표 20> 미술과 핵심역량과 미디어 리터러시(MIL) 역량 연결

미술 교과 역량요소	의미	MIL역량
미적 감수성	미적가치를 느끼고 내면화할 수 있는 역량	접근과 활용 이해와 비평
시각적 소통 능력	시각매체를 이해하고 해석하여 이를 활용한 미술활동을 통해 소통할 수 있는 역량	소통과 참여
창의 융합 능력	다양한 매체를 활용하여 창의적으로 표현하고 미술 활동 과정에 타 분야의 지식, 기술, 경험 등을 연계, 융합하여 새로운 가능성을 발견할 수 있는 능력	표현과 생산
미술문화 이해능력	세계 미술 문화의 다원적 가치를 이해하고 존중하며 공동체의 발전에 참여할 수 있는 능력	
자기주도적 미술학습 능력	미술 활동에 참여하는 과정에서 타인의 생각과 느낌을 이해하고 존중·배려하며 협력할 수 있는 능력	웰빙과 문화 윤리와 보완

이를 기반으로 민주시민을 위한 미디어 교육 연구 (김현진 외, 2019)에서 제시한 2015 개정 교육과정 연계 민주시민 육성을 위한 미디어 리터러시 교육방안 학습 주제에서 미디어 리터러시 교육을 적용할 수 있는 성취기준을 제시하면 다음과 같다.

<표 21> 초등학교 미술과 교육과정 성취기준 일부

주제	성취기준	미술 교과 역량	MIL 역량
1인 미디어 검색엔진 웹툰	[4미01-01] 주변 대상을 탐색하여 자신의 느낌과 생각을 다양한 방법으로 나타낼 수 있다. [4미02-04] 표현 방법과 과정에 관심을 가지고 계획할 수 있다.	창의 융합 능력	표현과 생산
고정관념 공정무역 광고 사회불평등 인권 저작도구	[4미02-06] 기본적인 표현 재료와 용구의 사용법을 익혀 안전하게 사용할 수 있다. [4미03-02] 관심 있는 미술 작품과 미술가에 대하여 설명할 수 있다. [6미01-03] 이미지가 나타내는 의미를 찾을 수 있다.	미적 감수성	이해와 비평 접근과 활용
가상현실 개인정보 과학기술윤리 미디어 안전수칙 사이버범죄 사이버중독	[6미01-04] 이미지를 활용하여 자신의 느낌과 생각을 전달할 수 있다. [6미01-05] 미술 활동에 타 교과의 내용, 방법 등을 활용할 수 있다. [6미02-03] 다양한 자료를 활용하여 아이디어와 관련된 표현 내용을 구체화할 수 있다. [6미02-05] 다양한 표현 방법의 특징과 과정을 탐색하여 활용할 수 있다.	자기 주도적 미술학습 능력	웰빙과 문화 윤리와 보안
소셜네트워크 서비스 양성평등 인구문제	[6미03-02] 미술 작품이 시대적 배경과 관련된다는 것을 이해할 수 있다.	시각적 소통 능력	소통과 참여

3 초등학교 미술 교과에서의 미디어 리터러시 적용 제안

초등학교 미술 교과에서 미디어 리터러시를 적용하기 위해서 이 장에서는 두 가지 방법으로 제안하고자 한다.

첫 번째, 2015 개정 미술 교육과정에서 제시하고 있는 내용 체계 및 성취기준을 바탕으로 각 영역의 수업 방법을 제안하고자 한다.

> 〈체험영역 성취기준〉
>
> 3, 4학년 체험 영역에서는 몸의 감각을 활용하여 다양한 활동에 자발적으로 참여하면서 미술에 흥미와 관심을 가지고 기초적인 미적 지각 능력 및 미술과 생활을 연결할 수 있는 능력을 기른다. 이를 위해 다양한 감각을 활용한 탐색 활동을 통해 대상에 대한 자신의 느낌과 생각을 나타내고, 생활 속에서 미술을 발견하여 자신과 관련짓는 데 중점을 둔다 (2015 개정 미술과 교육과정, 2015:8).
>
> 5, 6학년의 '체험' 영역에서는 미적 지각의 기초적인 개념을 이해하고, 미술의 다양한 이미지를 통해 시각적으로 소통하고 연결할 수 있는 능력을 기른다. 이를 위해 자신과 대상의 시각적 특징을 발견하고 이미지를 활용하여 자신의 느낌과 생각을 전달하며, 타 교과를 미술 활동에 적극적으로 활용하는 데 중점을 둔다. (2015 개정 미술과 교육과정, 2015:11)

여기에서는 이미지를 통해 시각적으로 소통하고 연결할 수 있는 능력을 기르는 체험영역에 최근 하나의 문화로 자리 잡은 밈을 표현 방법으로 도입하여 수업을 제안하고자 한다. 시각적 소통 뿐 아니라 소통과 참여를 통한 미디어 리터러시 역량을 기르고 표현하고 생산하는 역량을 아우를 수 있는 방법이 될 것으로 기대한다.

📝 미디어 리터러시　　　　　　　　　　　　　✓ 체험

1. 교수·학습 활동의 개관

단원	11.찰칵! 나도 사진작가	차시	3~4/6
대상	5학년	미술과 교과역량	미적감수성, 창의융합
주제	느낌과 이야기를 담은 사진 찍기		
성취기준	[6미02-05]다양한 표현 방법의 특징과 과정을 탐색하여 활용할 수 있다.		

미디어 리터러시 역량	이해 비평	소통 참여	표현 생산	접근 활용	윤리 보안	웰빙 문화	표현방법	밈
		✓	✓	✓				

2. 한눈에 보기

수업흐름	활동	세부활동	MIL 자료	MIL 역량
전개	사진찍기	• 순간의 느낌을 살려 사진 찍기 • 장면을 연출하여 사진 찍기	스마트폰	표현 생산
	느낌을 밈으로 제작해보기	• 사진의 느낌 나누기 • 느낌을 바탕으로 글 삽입하기 • 느낌을 바탕으로 다른 배경과 합성하기		표현 생산 소통 참여

3. 교수·학습 활동의 예시

(전개 1) 사진 찍기

- 순간의 느낌을 살려 사진 찍기
- 이야기가 있는 사진 장면 연출해서 사진 찍기

| 전개 2 | 느낌을 밈으로 제작해 보기 |

● 사진 공유하며 느낌 나누기

1. 사진 공유하기
2. 떠오르는 단어 쓰기(공유 sns 활용)
3. 단어를 활용하여 사진에 글 삽입하기
4. 단어를 활용하여 다른 배경 합성하기
5. 글이 들어간 사진, 영상, 움짤 등 다양한 방법으로 밈 제작해 보기

Tip. 밈이란 문화전달의 단위로써 인터넷에서 유행하는 현대적 문화 요소와 콘텐츠를 의미하며 이용자들은 기존의 미디어 콘텐츠를 패러디, 콜라주 등을 통해 의미 있게 재조합하는 전용 능력을 향상시켜 학습자의 사고 영역을 확장시킬 수 있다.(백근아, 2020:viii)

☞ 밈의 예

출처: [밈 뜻] 세상에서 가장 힘센 소녀는?
https://blog.naver.com/esolution24/222471934681

> ⟨감상영역 성취기준⟩
>
> 3, 4학년의 '감상' 영역에서는 미술 문화를 이해하는 기초적인 소양을 기르며, 서로 다른 느낌과 생각을 이해하고 존중하는 태도를 기른다. 이를 위해 다양한 분야의 미술 작품과 미술가들이 있음을 알고, 미술 작품에 대한 자신의 느낌과 생각을 설명하며, 미술 작품을 올바른 태도로 감상하는 데 중점을 둔다. (2015 개정 미술과 교육과정, 2015:10)
>
> 5, 6학년의 '감상' 영역에서는 우리나라 미술의 특징을 시대적 배경과 관련지어 이해하고, 작품을 감상할 수 있는 기초능력을 기른다. 이를 위해 우리나라 전통 미술의 특징을 현대 미술과 비교하면서 미술 작품이 시대적 배경과 관련된다는 것을 이해하고, 작품의 내용과 형식을 다양한 방법으로 감상하는 데 중점을 둔다. (2015 개정 미술과 교육과정, 2015:13)

여기에서는 미술 문화를 이해하는 기초적인 소양을 기르며, 서로 다른 느낌과 생각을 이해하고 존중하는 태도를 기르기 위한 감상영역에 라이브 방송을 통한 미술 작품 가상 경매를 도입한 수업을 제안하고자 한다. 작품 감상을 통해 미술 이해의 기초 소양을 기를 수 있으며, 미술 작품 가상 경매 준비를 통해 작품을 이해하고 비평하는 능력을 길러 자신의 느낌과 생각을 표현하는 훈련이 가능할 것이다. 가상 돈과 댓글로 미술 작품에 가치를 부여하고 다른 학생들의 가치 부여 활동 과정을 라이브 방송으로 시청하면서 소통하고 참여하는 역량을 기를 수 있다. 또, 라이브 방송이라는 미디어에 접근하고 활용하는 역량도 동시에 기를 수 있는 수업이 될 것으로 기대한다.

미디어 리터러시 ✓ 감상

1. 교수 · 학습 활동의 개관

대상	4학년	미술과 교과역량		미적감수성 미술문화이해능력				
주제	미술 작품에 대한 느낌과 생각을 다양한 방법으로 표현하기							
성취기준	[4미01-02]미술 작품에 대한 자신의 느낌과 생각을 발표하고 그 이유를 설명할 수 있다.							
미디어 리터러시 역량	이해 비평	소통 참여	표현 생산	접근 활용	윤리 보안	웰빙 문화	방법	미술품 가상경매 라이브방송
		✓	✓	✓				

2. 한눈에 보기

수업 흐름	활동	세부활동	MIL 자료	MIL 역량
전개	작품 감상하기	• 작품 감상하기 • 작품 감상, 비평 기준 이해하기 • 가장 마음에 드는 작품 선정하기		소통 참여
	미술품 가상 경매하기	• 가장 마음에 드는 작품 홍보하기 • 댓글로 한정 금액 내에서 구입 결정하기	스마트폰, 라이브 방송	표현 생산

3. 교수 · 학습 활동의 예시

전개 1 미술 작품 감상하기

● 다양한 주제의 작품 자세히 살펴보기

1. 작품 제목, 미술가 이름 등 정보 살피기
2. 작품의 내용, 많이 사용한 색깔 등 살피기
3. 느낀 점, 생각한 점, 떠 오르는 장면 등 정리하기
4. 가장 마음에 드는 작품 선정하기

> **전개 2** 미술품 가상 경매하기

● 미술품 판매자 되어보기

1. 가장 마음에 드는 작품의 가치 정리하기
2. 작품의 내용, 색깔, 느낀 점, 생각한 점 등으로 작품 홍보 준비하기

(네이버 밴드 라이브 방송 활용)

네이버 밴드 개설– 글쓰기– 라이브 방송– 소개 글 작성– 방송 시작

3. 경매상 되어 보기 (홍보시간 1분)

예시) 작품	홍보하기
출처: https://terms.naver.com/entry.naver?docId=974744&cid=46720&categoryId=46846	반 고흐(Van Gogh, Vincent)의 별이 빛나는 밤입니다. 이 작품은 붓 자국으로 에너지 넘치는 운동감을 표현하여 역동적인 느낌을 줍니다. 색이 보이시나요? 전체적으로 어두운 느낌이지만 노란색과 하얀색을 적절히 배치하여 정말 별이 빛나고 있는 느낌이 듭니다

4. 반의 다른 학생들은 자신이 가진 금액 내에서 작품에 투자 금액 댓글로 남기기
5. 모든 학생들이 한 작품씩 홍보하여 경매상이 되어보기
6. 구입한 작품 중 다시 경매 물품으로 내고 싶은 작품 선정해 보기
7. 구입하지 못한 작품 중 다시 사고 싶은 작품 선정해 보기

Tip. 자신의 작품을 제외한 모든 작품을 구입할 수 있으며, 가장 많은 금액의 댓글을 쓴 학생이 작품을 낙찰받게 된다. 이때 학생들에게 지급되는 돈은 10만원 등 일정하게 정하여 그 한도 내에서 살 수 있는 한 많은 작품을 살 수 있도록 하고, 반드시 한 작품 이상 구입해야 한다는 조건을 제시한다.

Tip. 라이브 방송으로 진행하여 흥미를 높이고 댓글을 바로 달 수 있도록 하고 진행자도 댓글에 방송으로 바로 답을 할 수 있도록 하여 작품에 어떤 가치를 부여할 것인지 작품에서 중요한 요소가 어떤 것인지 의사소통을 통해 알아가도록 하는 것이 중요하다.

> 〈표현영역 성취기준〉
>
> 3, 4학년의 '표현' 영역에서는 생활 속에서 표현 주제를 찾거나 관찰과 상상을 통해 표현 주제를 탐색할 수 있는 발상 능력과 작품 제작에 대한 기본적인 이해를 바탕으로 표현 재료와 용구의 사용법 등을 익혀 기초적인 제작 능력을 기른다. 이를 위해 다양한 방식으로 주제를 풍부하게 떠올리고 표현 계획을 세울 수 있으며, 표현 의도에 적합한 조형 요소를 탐색하고, 기본적인 재료와 용구를 활용하여 자유롭게 작품을 제작하는 데 중점을 둔다. (2015 개정 미술과 교육과정, 2015:9)
>
> 5, 6학년의 '표현' 영역에서는 아이디어를 주제로 발전시킬 수 있는 발상 능력과 다양한 방법으로 작품을 시각화할 수 있는 능력, 자신의 작품에 대해 설명할 수 있는 능력을 기른다. 이를 위해 작품 발상 과정에서 소재와 주제, 발상 방법을 탐색하고, 표현 의도에 적합한 조형 원리, 다양한 표현 재료와 용구, 표현 방법 등을 활용하여 작품을 제작하며, 작품의 전체 과정에 대해 설명하는 데 중점을 둔다. (2015 개정 미술과 교육과정, 2015:12)

여기에서는 아이디어를 주제로 발전시킬 수 있는 발상 능력과 다양한 방법으로 작품을 시각화할 수 있는 능력을 기르는 표현영역에 디지털 스토리텔링을 도입한 수업을 제안하고자 한다. "스토리텔링(Storytelling)이란 단어는 스토리(Story)와 텔링(Telling)의 합성어이다. 언어 그대로 직역하자면 '스토리 말하기'라 해석할 수 있다. 여기서 '스토리'는 '이야기'를 의미하고, '말하기'는 '미디어'를 뜻한다. 또한 '디지털'은 디지털 미디어를 지칭하므로, '디지털 미디어 스토리텔링'은 '디지털 미디어를 통해서 이야기하기'라고 정의할 수 있다. (변민주, 2015; 이혜란, 2020: 16, 재인용)" 미술과에서 디지털 스토리텔링은 스토리를 다양한 방식으로 말하되 '시각적 소통'에 초점을 두고 미디어를 통해서 이야기하도록 수업을 구성할 수 있다.

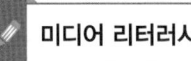 미디어 리터러시 　　　　　　　　　　　✔표현

1. 교수·학습 활동의 개관

단원	9. 이야기가 숨 쉬는 미술	차시	3~4/6
대상	5학년	미술과 교과역량	창의 융합 자기 주도적 미술 학습능력
주제	대상을 탐색하고 떠오르는 느낌과 생각을 다양한 방법으로 나타내기		
성취기준	[6미02-03]다양한 자료를 활용하여 아이디어와 관련된 표현 내용을 구체화할 수 있다.		

미디어 리터러시 역량	이해 비평	소통 참여	표현 생산	접근 활용	윤리 보안	웰빙 문화	방법	디지털 스토리텔링
		✓	✓	✓				

2. 한눈에 보기

수업 흐름	활동	세부활동	MIL 자료	MIL 역량
전개	동화를 미술작품으로! 미술 작품을 동화로!	• 동화 속 이야기(Story)를 미술작품(Telling)으로 표현하기	스마트폰, 라이브 방송	접근활용, 소통 참여
		• 함께 쓰는 미술 동화 만들기 (디지털 스토리텔링 만들기)		

3. 교수·학습 활동의 예시

전개 1 동화 속 이야기를 미술로 나타내기(Story Telling)

1. 동화를 정하여 함께 읽기
2. 스토리(Story) 파악하기
3. 표현(Telling) 계획 세우기(중심 요소 정리하기/장면 스케치하기/효과적인

장면을 위한 계획 세우기)
4. 표현 계획에 따라 표현하기(팝업북으로 나타내기, 협동화로 나타내기/장면 장면 그려서 연결하기 등)
5. 표현 과정 및 작품을 영상으로 나타내기(디지털 스토리텔링 제작)

[전개 2] 함께 쓰는 미술 동화
1. 다양한 미술 작품 찾기(1인 3장 정도의 다양한 미술 작품 찾기)
2. 친구들이 찾은 작품 감상하기
3. 작품을 보며 떠 오르는 사건, 작품 속 등장인물이 했을 것 같은 말, 이어질 행동 예상해 보기
4. 질문에 대한 답 생각하며 이야기 구성하기

작품 예시	질문 예시
그랑드 자트 섬의 일요일 오후	• 언제 있었던 일일까요? • 누가 등장하나요? • 색은 어떤가요? • 어떤 일이 있었을까요? • 등장인물의 마음은 어떨까요? • 그림의 느낌은 어떤가요?

이미지출처: https://terms.naver.com/entry.naver?docId=3430927&cid=58436&categoryId=58436

5. 함께 쓰는 한 줄 동화 만들기

∟ 수영: 어느 일요일 오후였어요.
∟ 대진: 징은이는 엄마의 할머니댁으로 걸어가고 있었어요.
∟ 영호: 나무의 초록빛이 싱그러워요.

6. 동화 내용을 장면으로 만들어 표현하기

#1. 검둥이를 작품에서 오려내어 위치를 바꾸어가며 사진 찍기, 장면, 장면을 연결하여 영상으로 만들기

#2. 그림의 왼쪽 위에 반짝이는 태양 이모티콘을 삽입하여 영상으로 만들기

7. 전체 장면을 연결하여 하나의 디지털 스토리텔링 완성하기

두 번째, 이전에 제시되었던 미디어 활용 교육 방법을 적용하여 교과 성취기준과 미디어 리터러시 요소를 모두 충족시킬 수 있는 방법을 찾아보고자 한다. 2015 개정 교육과정을 기반으로 한 미술 교과용 지도서(김정희 외, 2019)를 살펴보면 생각 열기, 만나기, 친해지기, 돌아보기의 순으로 수업 흐름을 나열하고 있는데 수업 흐름의 각 단계에 미디어 활용 교육 방법을 적용하여 미술과 핵심역량과 미디어 리터러시 역량을 키울 수 있도록 제안하고자 한다.

미디어 리터러시 ✓ 생각열기

1. 교수·학습 활동의 개관

단원	4. 생각을 나누는 이미지	차시	2/6
대상	6학년	미술과 교과역량	시각적 소통 자기주도적 미술학습능력
주제	이미지가 나타내는 의미 찾기		
성취기준	[6미01-03]이미지가 나타내는 의미를 찾을 수 있다.		

미디어 리터러시 역량	이해 비평	소통 참여	표현 생산	접근 활용	윤리 보안	웰빙 문화	방법	광고 활용
		✓	✓	✓				

2. 한눈에 보기

수업 흐름	활동	세부활동	MIL 자료	MIL 역량
생각 열기	나의 마음을 움직인 이미지	이미지가 마음을 움직이는 예 살펴보기	광고 포스터	접근 활용
만나기	이미지 톡톡, 생각톡톡	광고에 나타난 이미지와 의미를 탐색하기		
친해 지기	이미지를 활용하여 생각 전달하기	그림이나 사진 이미지를 활용하여 자신의 생각을 포스터로 표현하기		
	영상 이미지를 활용하여 생각 전달하기	학교생활에 필요한 생각을 영상 광고로 제작하기	스마트폰, 편집 앱	표현 생산
돌아 보기	우리들의 작은 광고 발표회	완성한 광고를 발표하고 느낌과 생각을 이야기 나누기		소통 참여

3. 교수·학습 활동의 예시

(생각 열기) 나의 마음을 움직인 이미지

◉ 광고 포스터 보여주기

　다양한 공익 광고 포스터 보기

◉ 나의 마음을 움직인 광고로 소통하기

　1. 나의 마음을 움직인 광고 찾기

　2. 이미지를 제외한 광고를 학급방에 공유하기

　3. 이미지 상상해 보기(각자 이미지 그려보기)

　4. 원래 광고와 이미지가 있는 광고 비교해 보기

[이미지 출처:한국방송광고진흥공사]
https://www.kobaco.co.kr/site/main/archive/advertising/5?metaCode1=broadcast

　5. 이미지의 역할에 대해 이야기 나누기

| 미디어 리터러시 | ✓ 만나기 |

1. 교수 · 학습 활동의 개관

단원	5. 그림 기호로 소통해요.	차시	2/6
대상	5학년	미술과 교과역량	시각적소통 창의융합
주제	그림 기호를 미디어를 활용하여 표현하기		
성취 기준	[6미01-03] 이미지가 나태내는 의미를 찾을 수 있다.		

미디어 리터러시 역량	이해 비평	소통 참여	표현 생산	접근 활용	윤리 보안	웰빙 문화	방법	이모티콘 작가에 도전하기
		✓	✓	✓				

2. 한눈에 보기

수업 흐름	활동	세부활동	MIL 자료	MIL 역량
생각 열기	이제 무슨 의미지?	sns, 문자메세지 등에서 이모티콘 찾아보기		접근 활용
만나기	감정을 나타내는 이모티콘	감정을 나타내는 이모티콘을 컴퓨터로 따라 그려보기(그림판 활용)	컴퓨터, 그림판, PPT	표현 생산
친해 지기	이모티콘 작가에 도전하기	오프라인 이모티콘 만들어보기 온라인 이모티콘 만들어보기 온라인 이모티콘 공유하기	관련 프로그램	표현 생산
돌아 보기	느낀 점 나누기	이모티콘을 직접 사용하고 느낀 점 이야기 나누기		소통 참여

3. 교수 · 학습 활동의 예시

(만나기) 감정을 나타내는 이모티콘

● 감정을 나타내는 이모티콘 컴퓨터로 따라 그려보기

　1. 그림판 활용하기

- 마음에 드는 이모티콘을 선정하기
- 그림판을 열어 이모티콘 따라 그려보기

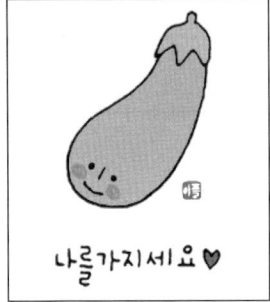 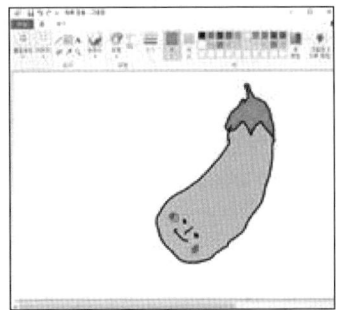

[이미지출처: 이플캘리 블로그 https://blog.naver.com/kimleeple/220691384505]

2. ppt 활용하기

- 마음에 드는 이모티콘을 종이에 예쁘게 따라 그리기
- 종이에 그려진 이모티콘 사진 찍기
- ppt에서 그림 불러오기

-서식에서 배경 제거 선택하기

- 보관할 영역과 삭제할 영역을 확인하여 변경 내용 유지 선택

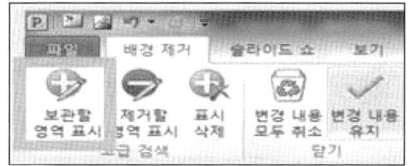 

- 필요한 방향으로 돌리거나 크기 조정하기

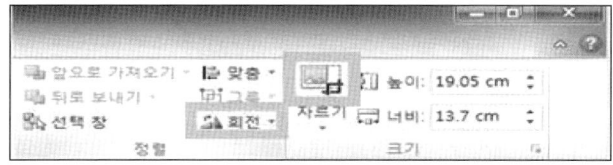

- 개체를 선택하고 오른쪽 마우스키를 눌러 그림으로 저장

 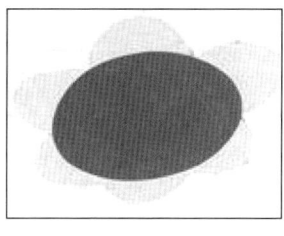

- 파일 형식이 PNG 형식이 맞는지 확인하기

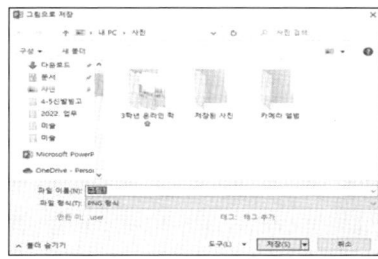

| | 미디어 리터러시 | | | | | | ✓ 친해지기 | |

1. 교수·학습 활동의 개관

단원	11. 미술관 나들이				차시		4~5/6	
대상	3학년				미술과 교과역량		시각적소통 창의융합	
주제	온라인 미술관 체험하기							
성취 기준	[4미03-04]미술 작품을 감상하는 올바른 태도를 알고 작품을 소중히 다룰 수 있다.							
미디어 리터러시 역량	이해 비평	소통 참여	표현 생산	접근 활용	윤리 보안	웰빙 문화	방법	온라인미술관, 아트라이브 체험
		✓	✓	✓				

2. 한눈에 보기

수업 흐름	활동	세부활동	MIL 자료	MIL 역량
생각 열기	누구의 말이 옳을까?	• 미술 작품에 대한 친구들의 대화 읽기		
만나기	생각이 달라도 괜찮아	• 미술 작품에 대한 느낌과 생각 비교해 보기		소통 참여
친해 지기	미술관, 박물관 견학하기	• 온라인 미술관 체험하기 • 아트 라이브 체험하기	스마트폰, 라이브 방송	접근 활용
돌아 보기	견학 보고서 작성하기	• 견학 보고서 작성하기		표현 생산

3. 교수·학습 활동의 예시

(친해지기) 온라인 미술관 체험하기

◉ 국립현대미술관– 디지털 미술관 체험하기

https://www.mmca.go.kr/digitals/digitalMovInfo.do?mbId=2021090600000449

- 집콕 증강현실로 국립현대미술관 소장품 감상하기

  국립현대미술관–교육–어린이–프로그램 체험하기

- 학습지

 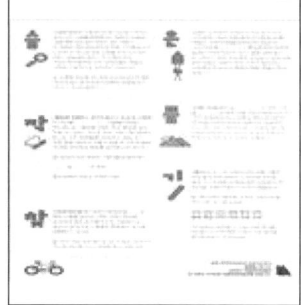

- 학습지 다운받기- QR코드 활용해서 참여하기
  휴대폰으로 참여한 모습

◉ 대한민국 역사박물관 체험하기

https://www.much.go.kr/online_exhi/childMuseum/index.html

(친해지기) 아트 라이브 체험하기

● 문화 라이브(네이버 밴드 쇼핑 라이브 활용) 체험하기

[이미지출처: 네이버밴드 쇼핑라이브 화면 캡처]

미디어 정보 리터러시 ✓돌아보기

1. 교수·학습 활동의 개관

단원	8. 나의 특별한 경험	차시	6/6
대상	4학년	미술과 교과역량	시각적소통, 창의융합
주제	주제를 자유롭게 떠올려 표현하기		
성취 기준	[4미01-02]주변 대상을 탐색하여 자신의 느낌과 생각을 다양한 방법으로 표현할 수 있다.		

미디어 리터러시 역량	이해 비평	소통 참여	표현 생산	접근 활용	윤리 보안	웰빙 문화	방법	나만의 QR코드
		✓	✓	✓				

10장 | 미술 교과에서 미디어 리터러시 교육 271

2. 한눈에 보기

수업 흐름	활동	세부활동	MIL 자료	MIL 역량
생각 열기	특별했던 그때, 그 순간	• 다양한 방법으로 경험 떠올리기		접근 활용
만나기	경험을 어떻게 나타낼까?	• 경험을 구체화하기 • 경험을 표현하기 위한 계획 세우기		
친해 지기	경험을 그림으로 표현하기	• 특별했던 경험의 느낌을 살려 그림으로 표현하기		
	경험을 입체로 표현하기	• 특별했던 경험의 느낌을 살려 입체로 표현하기		표현 생산
돌아 보기	작품 소개하기	• 경험 표현 작품의 주제와 표현 방법 설명하기	스마트폰, QR코드	소통 참여

3. 교수 · 학습 활동의 예시

(돌아보기) 작품 소개하기

● 작품 소개 방법 정하기

- 기자가 되어 작품 소개하기 /작품 소개 신문 기사 쓰기/ 작품 소개 영상 만들기 /작품 제작 과정 움짤 만들기

● 나만의 QR코드로 작품 소개서 탑재하기

- 네이버 QR코드 검색해서 들어가기-나만의 QR코드 만들기

참고 문헌

교육부 (2015), 『미술과 교육과정』, 교육부고시 제2015-74호 [별책13.]
김정희 외(2018), 『초등학교 미술 3~4 지도서』, 서울: 동아출판.
김정희 외(2019), 『초등학교 미술 5~6 지도서』, 서울: 동아출판.
김현진 외(2019), 민주시민 육성을 위한 미디어 리터러시 교육방안 연구, 한국교육학술정보원, 청주:도서출판 금강.
류재만 외(2018), 『초등학교 미술 3-4 지도서』, 서울: 천재교육.
류재만 외(2019), 『초등학교 미술 5-6 지도서』, 서울: 천재교육.
변민주(2015), 디지털 미디어 스토리텔링 코어, 커뮤니케이션북스.
백근아(2020), 온라인 콘텐츠를 활용한 미술관 교육프로그램 사례 분석 및 활성화 방안-젠킨스의 뉴미디어 리터러시 핵심 역량을 중심으로, 국민대학교 교육대학원 석사학위논문.
이혜란(2020), 디지털 미디어 미술교육 프로그램 연구-디지털 스토리텔링 활용 중심으로, 건국대학교교육대학원 석사학위논문.
매경프리미엄(2022.4.16.) 아바타의 눈으로.. 메타버스 공간에서 즐기는 미술전시 https://www.mk.co.kr/premium/life/view/2022/04/31805/(검색일:2022.6.14.)
중소기업신문(2022.3.14.) 시간 거래소부터 AI 가상현실까지 리움미술관, 미래 예술을 가늠하다 http://www.smedaily.co.kr/news/articleView.html?idxno=226220(검색일:2022.4.10.)

참고 사이트

[밈 뜻] 세상에서 가장 힘센 소녀는?
https://blog.naver.com/esolution24/222471934681네이버지식백과-어린이백과
https://terms.naver.com/entry.naver?docId=3430927&cid=58436&categoryId=58436
네이버지식백과-미술백과
https://terms.naver.com/entry.naver?docId=974744&cid=46720&categoryId=46846
한국방송광고진흥공사
https://www.kobaco.co.kr/site/main/archive/advertising/5?metaCode1=broadcast
이플캘리 블로그 https://blog.naver.com/kimleeple/220691384505
국립현대미술관
https://www.mmca.go.kr/digitals/digitalMovInfo.do?mbId=202109060000449
대한민국역사박물관 https://www.much.go.kr/online_exhi/childMuseum/index.html
네이버 https://qr.naver.com/code/createForm.naver

11장
체육 교과에서 미디어 리터러시 교육

배소현(서울대방초등학교 교사)

    2015 개정 교육과정에서 미래사회 핵심 역량으로 미디어 리터러시 역량이 제안되면서(교육부, 2015), 현재까지 학교 교육에서 미디어 리터러시 역량의 개념과 교과에의 적용에 대한 교육계의 관심은 계속해서 이어지고 있다. 미디어 리터러시란 현대 사회를 살아가는 시민에게 요구되는 필수적인 역량 가운데 하나로, 미디어를 통해 쏟아지는 정보와 문화에 대한 체계적 접근, 비판적 분석 및 평가의 활용, 의미 있는 콘텐츠의 구성과 공유를 통한 사회적 참여 등 복합적이고 융합적인 능력과 태도를 아우르는 개념으로 볼 수 있다(정현선, 김아미, 박유미, 전경란, 이지선, 노자연, 2016). 특히 코로나19 팬데믹 시기가 도래한 이래로 다양한 디지털 미디어를 활용한 원격 수업 콘텐츠와 실시간 화상 수업이 익숙해진 지금 학교 교육 현장에서 미디어 리터러시 역량에 대한 중요성이 더욱 강조되고 있는 실태이다. 교육부에서 공시한 '2022 개정 교육과정, 총론 주요 사항 발표'에 따르면 미래 세

대 핵심 역량으로 디지털 기초 소양 강화 및 정보 교육 확대를 언급하여 미디어 리터러시 교육을 교육과정 속에 구체적으로 도입할 것을 이야기하고 있다(교육부, 2021).

　체육 교과에서 미디어 리터러시 개념은 타 교과에서의 활발한 연구 양상과는 달리 다소 낯선 개념으로 인식된다. 체육과에서도 지·덕·체의 발달을 중요시하면서도 '신체활동'을 체육과의 주력 목표로 삼고 학생들의 직접적인 신체활동을 중점적으로 교육하였다. 2015 개정 교육과정 체육과 교수·학습 방향에서 '전인적 발달을 위한 통합적 교수 학습'을 명시하고 있으나 실제 교육 현장에서 직접 체험활동과 간접 체험활동 중에서 직접 체험활동이 우세한 모습을 보인다. 따라서 체육과에서 미디어를 활용하여 지도할 수 있는 간접 체험활동의 비중이 상대적으로 낮아 미디어 리터러시 교육 방향 및 방법에 관한 연구 역시 부족한 실정이다.

　하지만 코로나19 이후로 교육 현장에서 직접 체험활동의 기회가 점점 줄어들고 신체활동을 하더라도 이전과 다른 제한적인 형태를 보이면서, 이를 대체하기 위한 다양한 체육 관련 미디어 콘텐츠들이 증가하고, 다양한 온라인 체육 활동 프로그램을 학교 현장에 구축하기 위한 연구가 등장해왔다. 조건상, 권용철, 양동석(2020)의 연구에서는 코로나19 시기 온라인 개학에 대처하는 체육교사들의 노력 과정을 조명하며 결국 원격 체육수업을 미리 대비하기 위한 다양한 콘텐츠의 개발에 대한 중요성을 시사하고 체육과와 온라인 콘텐츠의 긴밀한 관계는 계속되어야 함을 언급한다. 원격 체육수업 콘텐츠 개발 방향을 연구하는 유창완, 양종현, 박정준(2021)의 연구에서는 4명의 교수진과 4명의 학교체육 콘텐츠 제작 전문가가 콘텐츠 개발 예시를 제작하며 교육 현장에서 사용할 수 있는 온라인 콘텐츠의 개발과 더불어 '실시간 쌍방향형 콘텐츠'의 개발 방향을 이야기하며 보다 적극적으로 체육과에서 미디어를 활용할 수 있는 구체적인 연구를 제시하고 있다. 이러한 연구들의 등장과 온라인 콘텐츠 보급을 위한 학교 현장에서의 노력은 미디어 콘텐츠를 활용한 체육교육은 체육과에서 직접 신체활동과 어깨를 나란히 하는 중요한 요소로 자리하고 있음을 보여주고 있다.

교육뿐 아니라 사회 전반적으로 체육 관련 콘텐츠는 점점 증가하고 있다. 운동 및 스포츠 관련 콘텐츠는 초창기 헬스, 스포츠 마니아 등 일부 구독자를 위한 유튜브 내 마이너 장르 정도로 인식됐지만, 최근에는 홈트레이닝 애호가들이 늘면서 주류로 자리매김하는 분위기다(연합뉴스, 2021, 07월 04일). 영상 자료에 익숙한 아동과 청소년 역시 다양한 홈트레이닝, 헬스 및 운동 영상을 접할 수 있으며 새로운 관련 운동 영상들은 계속해서 생성되고 있다. 코로나19 이후 외부 활동의 축소에 따른 신체활동 축소로 인한 과체중 및 비만의 높아진 비율과 팬데믹 상황으로 인한 면역력 및 건강에 관한 관심으로 인해 신체 자체에 대한 정보를 제공하는 미디어 콘텐츠도 증가하고 있다. 비만을 예방할 수 있는 식습관 및 운동 습관, 신체에 대한 다양한 스포츠 과학적 지식과 전문적인 병리학적 지식을 담은 미디어 콘텐츠 역시 어렵지 않게 인터넷상에서 찾아볼 수 있다. 아울러 코로나19 방역으로 인한 무관중 스포츠 대회의 극복 방안으로 인터넷 실시간 생중계가 기존 메이저 경기에서 부수적으로 진행되던 때와는 달리 사회인 스포츠 대회로까지 활성화되었다. 앞서 두 문단에 걸쳐 언급한 것과 같이 체육과에서의 미디어 활용의 급증, 그리고 앞으로 계속해서 발전해 나가는 추세에 발맞추어 체육 관련 미디어의 올바른 향유를 위한 체육과의 미디어 리터러시 교육에 관한 연구가 필요하다.

앞서 언급한 것과 같이 체육과에서의 미디어 리터러시 교육에 관한 연구는 부족한 실정이다. 권정아·박재정(2021)의 연구에서 초등학교 체육 교과서에 드러난 미디어 리터러시 교육의 양상을 정리하고 체육과 교과서별 미디어 리터러시 교육의 격차를 해결하기 위한 가이드라인 수립과 미디어 리터러시 교육이 성취기준에 반영될 필요성을 제시하였다. 그러나 체육과의 미디어 리터러시 교육의 구체적이고 실질적인 방안을 제시하는 연구는 타 교과에 비해 아직 부족한 실정이다. 타 교과 및 일반적인 수준에서 미디어 리터러시 교육에 관한 연구가 활발히 이루어지고 있는 만큼 체육과도 시대의 흐름에 발맞추어, 그리고 다양한 체육 관련 미디어 콘텐츠를 학생들이 올바르게 수용할 수 있도록 지도하는 다양한 체육과 미디어 리터러시 교육 방법에 관한 연구는 더 활성화되어야 한다. 이에 이 연구는 체육과 교육과정 분석을 통하여 체육과 미디어 리터러시 개념을 이후 이어질 본문에서 구체적으로 탐구하고, 교육 방향을 정립하며, 성취기준 분석을 바탕으로 체육과 미디어 리터러시 교육 방법을 모색하여 구체적인 수업 사례를 과정안 형태로 제안하고자 한다.

1 체육과에서 미디어 리터러시의 개념과 교육 방향

1) 체육과에서 미디어 리터러시의 개념

체육과에서 미디어 리터러시의 개념을 정의하기 위해서는 미디어 리터러시의 일반적인 개념을 바탕으로 체육과의 본질 혹은 특성을 고려해야 한다. 앞서 언급한 유네스코(2013)의 정의를 다시 한 번 살펴보면, 미디어 리터러시는 "시민들로 하여금 사적이거나 전문적인 혹은 공적인 활동에 참여하고 관여하기 위한 목적으로, 모든 형식의 정보와 미디어 콘텐츠를 다양한 도구를 사용하여 나누고 창조하기 위해, 비판이며 윤리적이고 효과적인 방법으로, 접근하고 검색하며 이해하고 평가할 수 있도록 하는 역량의 집합"으로 정의된다. 이 정의는 역순으로 '① 미디어 리터러시는 어떤 역량의 집합인가?(비판적이며 윤리적이고 효과적인 방법으로, 접근하고 검색하며 이해하고 평가할 수 있도록 하는 역량의 집합) ② 역량을 통해 무엇을 할 수 있는가?(모든 형식의 정보와 미디어 콘텐츠를 다양한 도구를 사용하여 나누고 창조) ③ 그것을 하는 목적은 무엇인가?(사적이거나 전문적인 혹은 공적인 활동에 참여하고 관여하기 위한 목적)'에 대한 답으로 구성되어 있다. 이중 ②, ③번 요소에 대하여 체육과의 특성을 가미하여 체육과 미디어 리터러시의 개념을 규정할 수 있다.

체육과의 핵심 본질이자 도구는 신체활동이다. 2015 체육과 교육과정은 체육과를 "신체활동을 통해 체력 및 운동 능력을 비롯한 건강하고 활기찬 삶에 필요한 능력을 기르고 사회 속에서 바람직한 인성을 발휘함으로써 자신의 삶을 개척하고 체육 문화를 창조적으로 계승·발전시킬 수 있는 자질을 함양하는 교과"라고 정의하고 있다(교육부, 2015). 즉, 체육과 교육에는 신체활동을 체험하고 신체활동의 가치를 내면화하는 과정이 포함되어야 한다. 따라서 체육과에서 미디어 리터러시란 신체활동을 포함한 신체활동의 가치와 관련된 모든 형식의 정보와 미디어 콘텐츠를 대상으로 하는 미디어 리터러시라고 볼 수 있다. 이를 고려할 때 체육과에서 미디어 리터러시의 개념을 정의하기 위해서는 미디어 리터러시의 정의 중 ②번 부분에 체육과의 본질적 특성을 반영하여 '신체활동의 가치를 포함하는 모든 형식의 정보와 미디어 콘텐츠를 다양한 도구를 사용하여 나누고 창조'로 재구성할 수 있다

신체활동이라는 내용적 측면 이외에도 체육과의 목표에 근거하여 체육과에서 미디어 리터러시의 개념을 규정할 수 있다. 체육과는 "신체활동을 통하여 활기차고 건강한 삶에 필요한 핵심역량을 습득함으로써 스스로 미

래의 삶을 개척하고 바람직한 사회인으로 살아갈 수 있는 지식, 기능, 태도를 기르는 것"을 목표로 하는 교과이다(교육부, 2015). 체육과가 목표로 하는 사적 그리고 공적 차원의 활기차고 건강한 삶, 바람직한 삶은 신체활동의 가치를 전제한다. 따라서 미디어 리터러시 정의의 ③번 요소인 정보와 미디어 콘텐츠를 나누고 창조하는 목적은 "사적이거나 전문적인 혹은 공적인 활동에의 참여"(한국교육학술정보원, 2019)인데, 체육과 미디어 리터러시의 개념에서 그러한 활동들은 신체활동의 가치를 포함하여야 한다. 종합하자면 체육과에서 미디어 리터러시는 '시민들로 하여금 (신체활동의 가치를 포함하는) 사적이거나 전문적인 혹은 공적인 활동에 참여하고 관여하기 위한 목적으로, (신체활동의 가치를 포함하는) 모든 형식의 정보와 미디어 콘텐츠를 다양한 도구를 사용하여 나누고 창조하기 위해, 비판적이며 윤리적이고 효과적인 방법으로, 접근하고 검색하며 이해하고 평가할 수 있도록 하는 역량의 집합'으로 정의할 수 있다. '신체활동의 가치를 포함하는'이라는 어구에 괄호를 친 것은 둘 중에 하나만 해당되어도 체육과에서 미디어 리터러시의 범주에 포함될 수 있기 때문이다.

2) 체육과에서 미디어 리터러시의 교육 방향

체육과의 미디어 리터러시 교육 방향은 체육과의 특성과 민주시민교육과의 관련을 바탕으로 탐색할 수 있다. 한국교육학술정보원(2019)은 2015 개정 교육과정의 체육과 성취기준의 특성을 바탕으로 체육과 교육 방향을 정립하였다. 그 내용을 정리하면 다음과 같다. 첫째, 학생 발달 단계에 따른 신체적·정신적 변화를 고려한다. 둘째, 안전과 건강 영역에서, 건강한 놀이 문화 형성의 기초가 되는, 건강한 미디어 활동을 위한 내용을 교육한다. 안전 영역에서는 안전 정보를, 건강 영역에서는 자기 규제 습관과 건강

관리 전략을 다룬다. 셋째, 도전, 경쟁, 표현 영역에서는 미디어 웰빙 및 문화 활동 수행으로써 미디어 리터러시 교육을 시행할 수 있다(교육학술정보원, 2019). 이 교육 방향은 영역 전반에서 학생의 성장을 고려할 것과 각 영역에서 미디어 리터러시 교육의 내용을 제시하고 있다. 그 내용으로는 안전 및 건강 영역에서는 건강한 놀이 문화 형성의 기초로서의 건강한 미디어 활동을 위한 내용이, 나머지 영역에서는 미디어 웰빙과 문화 활동 수행이 제시되고 있다.

그런데 체육과에서 기르고자 목표하는 지식, 기능, 태도는 '바람직한 사회인'이라는 공적 차원의, 시민으로서 삶을 염두에 두고 있으며(교육부, 2015), 체육과에서 시민성 교육에 대한 목소리가 높아지고 있다(김방출·서재철, 2019; 김동식·장용규, 2018; 박선영·김응준, 2016). 또한 미디어 리터러시 교육은 그 상위의 교육으로 시민교육을 전제한다. 따라서 한국교육학술정보원이 제시한 교육 방향에 더하여 체육과에서의 시민교육을 염두에 두고 '전 영역에서 바람직한 사회인으로서 갖추어야 할 지식, 기능, 태도를 함양하기 위하여, 신체활동의 가치를 포함하는 미디어 학습 활동을 통해 미디어 리터러시 교육을 시행한다.'라는 교육 방향을 잠정적으로 정립할 필요가 있다.

이에 더하여, 미디어 리터러시 교육이 미디어 기반 학습 활동으로 오도되는 것을 방지하기 위한 교육 방향 정립이 필요하다. 미디어 리터러시 교육이 직접적인 미디어 리터러시 함양의 교육이라면, 미디어 기반 학습 활동은 미디어를 활용한다는 측면에서 간접적이고 부수적으로 미디어 리터러시가 함양될 수는 있으나, 직접적이고 체계적인 미디어 리터러시 교육은 이루어지지 못하는 교육 활동이다. 예를 들어 권정아·박재정(2021)은 미디어 리터러시의 주요 내용 범주인 '비판적 분석과 평가'에 해당하는 미디어 기반 학습 활동이 초등학교 체육 교과서에 반영된 양상을 정리하였는데, 그 내용으로 자신 또는 친구의 동작을 동영상으로 촬영하고, 이를 분석하여 동작을 개선하는 활동이 있었다. 그러나 미디어 리터러시에서 비판적 분석과 평가는 미디어 속 정보 자체를 분석하고 평가하기보다는 미디어가 제공하는 정보를 진위나 의도성의 측면에서 분석하고 평가하는 것을 의미한다. 따라서 그러한 활동이 진정한 의미의 비판적 분석과 평가에 해당한다고 보기 어렵다. 이런 점을 고려하여 미디어 리터러시 교육이 미디어 기반 학습 활동으로서 시행되지 않도록 교육 방향을 제시하여야 한다. 따라서 '체육과 전 영역에서, 미디어 리터러시 교육을 시행할 때는 미디어 기반 학습 활동과 구분하여 시행한다.'라는 교육 방향을 제안할 수 있다.

지금까지의 제안을 바탕으로 체육과 미디어 리터러시 교육의 다섯 가지 교육 방향을 내용 범위에 따라 순서대로 정리해보면 다음과 같다. 첫째, 학생 발달 단계에 따른 신체적·정신적 변화를 고려한다(한국교육학술정보원, 2019). 둘째, 바람직한 사회인으로서 갖추어야 할 지식, 기능, 태도를 함양하기 위하여, 신체활동의 가치를 포함하는 미디어 학습 활동을 통해 미디어 리터러시 교육을 시행한다. 셋째, 체육과 전 영역에서 미디어 리터러시 교육 활동과 미디어 기반 학습 활동을 구분하여 시행한다. 넷째, 안전과 건강 영역에서, 건강한 놀이 문화 형성의 기초가 되는, 건강한 미디어 활동을 위한 내용을 교육한다. 안전 영역에서는 안전 정보를, 건강 영역에서는 자기 규제 습관과 건강관리 전략을 다룬다(한국교육학술정보원, 2019). 다섯째, 도전, 경쟁, 표현 영역에서는 미디어 웰빙 및 문화 활동 수행을 통해 미디어 리터러시 교육을 시행할 수 있다(한국교육학술정보원, 2019).

2 체육과에서 미디어 리터러시의 교육의 방향

체육과의 미디어 리터러시 교육 방향은 체육과의 특성과 민주시민교육과의 관련을 바탕으로 탐색할 수 있다. 한국교육학술정보원(2019)은 2015 개정 교육과정의 체육과 성취기준의 특성을 바탕으로 체육과 교육 방향을 정립하였다. 그 내용을 정리하면 다음과 같다. 첫째, 학생 발달 단계에 따른 신체적·정신적 변화를 고려한다. 둘째, 안전과 건강 영역에서, 건강한 놀이 문화 형성의 기초가 되는, 건강한 미디어 활동을 위한 내용을 교육한다. 안전 영역에서는 안전 정보를, 건강 영역에서는 자기 규제 습관과 건강 관리 전략을 다룬다. 셋째, 도전, 경쟁, 표현 영역에서는 미디어 웰빙 및 문화 활동 수행으로써 미디어 리터러시 교육을 시행할 수 있다(교육학술정보원, 2019). 이 교육 방향은 영역 전반에서 학생의 성장을 고려할 것과 각 영역에서 미디어 리터러시 교육의 내용을 제시하고 있다. 그 내용으로는 안전 및 건강 영역에서는 건강한 놀이 문화 형성의 기초로서의 건강한 미디어 활동을 위한 내용이, 나머지 영역에서는 미디어 웰빙과 문화 활동 수행이 제시되고 있다.

그런데 한국교육학술정보원이 제시한 체육과 미디어 리터러시 교육 방향 중 첫 번째 항목은 체육과가 아닌 타 교과목에도 해당하는 일반적인 것으로, 체육과 미디어 리터러시의 고유한 방향을 제시한다고 보기 어렵다. 또한 두 번째와 세 번째 항목은 신체활동의 가치를 바탕으로 한 체육과 영역에 따라 분류되어 있는데, 이 신체활동 가치가 통합되고 교차할 수 있다는 점에서 다른 분류 기준이 요청된다. 한편 두 번째 항목은 체육과 미디어 리터러시 교육에서 무엇을 가르칠 것인가, 세 번째 내용은 미디어 리터러시 교육을 무엇을 통해서 할 것인가를 제시하고 있다. 체육과 미디어 리터러시 교육은 성취기준 재구성 등에 따라 두 번째 항목에서 제시한 내용을 포함하여 더 광범위한 내용을 다룰 수 있다. 다만 제시된 내용을 핵심적으로 다룰 것을 강조하는 것은 의미가 있다. 따라서 체육과에서 미디어 리터러시의 교육 방향으로 첫 번째 항목은 삭제하고, 두 번째와 세 번째 항목은 각각 '신체활동의 가치와 관련한 안전 정보와 자기 규제 습관 및 건강관리 전략 등을 교육한다.', '미디어 웰빙 및 문화 활동 수행으로써 미디어 리터러시 교육을 시행할 수 있다.'로 수정하는 것이 바람직하다.

한편 체육과에서 기르고자 목표하는 지식, 기능, 태도는 '바람직한 사회인'이라는 공적 차원의, 시민으로서 삶을 염두에 두고 있으며(교육부, 2015), 체육과에서 시민성 교육에 대한 목소리가 높아지고 있다(김방출·서재철, 2019; 김동식·장용규, 2018; 박선영·김응준, 2016). 또한 미디어 리터러시 교육은 그 상위의 교육으로 시민교육을 전제한다. 따라서 한국교육학술정보원이 제시한 교육 방향에 더하여 체육과에서의 시민교육을 염두에 두고 '전 영역에서 바람직한 사회인으로서 갖추어야 할 지식, 기능, 태도를 함양하기 위하여, 신체활동의 가치를 포함하는 미디어 학습 활동을 통해 미디어 리터러시 교육을 시행한다.'라는 교육 방향을 잠정적으로 정립할 필요가 있다.

이에 더하여, 미디어 리터러시 교육이 미디어 기반 학습 활동으로 오도되는 것을 방지하기 위한 교육 방향 정립이 필요하다. 미디어 리터러시 교육이 직접적인 미디어 리터러시 함양의 교육이라면, 미디어 기반 학습 활동은 미디어를 활용한다는 측면에서 간접적이고 부수적으로 미디어 리터러시가 함양될 수는 있으나, 직접적이고 체계적인 미디어 리터러시 교육은 이루어지지 못하는 교육 활동이다. 예를 들어 권정아·박재정(2021)은 미디어 리터러시의 주요 내용 범주인 '비판적 분석과 평가'에 해당하는 미디어 기반 학습 활동이 초등학교 체육 교과서에 반영된 양상을 정리하였는데,

그 내용으로 자신 또는 친구의 동작을 동영상으로 촬영하고, 이를 분석하여 동작을 개선하는 활동이 있었다. 그러나 미디어 리터러시에서 비판적 분석과 평가는 미디어 속 정보 자체를 분석하고 평가하기보다는 미디어가 제공하는 정보를 진위나 의도성의 측면에서 분석하고 평가하는 것을 의미한다. 따라서 그러한 활동이 진정한 의미의 비판적 분석과 평가에 해당한다고 보기 어렵다. 이런 점을 고려하여 미디어 리터러시 교육이 미디어 기반 학습 활동으로서 시행되지 않도록 교육 방향을 제시하여야 한다. 따라서 '체육과 전 영역에서, 미디어 리터러시 교육을 시행할 때는 미디어 기반 학습 활동과 구분하여 시행한다.'라는 교육 방향을 제안할 수 있다.

지금까지의 제안을 바탕으로 체육과 미디어 리터러시 교육의 네 가지 교육 방향을 정리해보면 다음과 같다. 첫째, 바람직한 사회인으로서 갖추어야 할 지식, 기능, 태도를 함양하기 위하여, 신체활동의 가치를 포함하는 미디어 학습 활동을 통해 미디어 리터러시 교육을 시행한다. 둘째, 체육과 전 영역에서 미디어 리터러시 교육 활동과 미디어 기반 학습 활동을 구분하여 시행한다. 셋째, 신체활동의 가치와 관련한 안전 정보와 자기 규제 습관 및 건강관리 전략 등을 교육한다. 넷째, 미디어 웰빙 및 문화 활동 수행으로써 미디어 리터러시 교육을 시행할 수 있다.

3 체육과에서 미디어 리터러시의 교육의 방법

본 연구에서는 체육과에서 미디어 리터러시 교육의 방법으로 두 가지를 제안하고자 한다. 첫째, 미디어 리터러시 교육의 학습 주제를 포함하는 체육과 성취기준에 따라 미디어 리터러시 교육을 시행할 수 있다. 둘째, 미디어 리터러시의 학습 주제와 직접적으로 연결되지 않더라도, 간접적으로 미디어 리터러시 함양과 연결되는 성취기준을 재구성하여 체육과에서 미디어 리터러시 교육을 더욱 효과적으로 시행할 수 있다. 이에 우선 한국교육학술정보원(2019)이 정리한 미디어 리터러시 교육의 예시 학습 주제를 소개하고, 이를 바탕으로 미디어 리터러시 교육의 학습 주제와 직접적으로 연결되는 체육과 성취기준을 탐색하고자 한다. 다음으로 미디어 리터러시 함양과 간접적으로 연관되는 성취기준을 분석하여 재구성의 예를 제안하고자 한다.

1) 미디어 리터러시 교육의 학습 주제가 드러난 체육과 성취기준의 활용

한국교육학술정보원은 미디어 리터러시 교육의 학습 주제를 예시하였다. 예시한 학습 주제 중 체육과 교육과 관련이 높은 주제를 정리하면 〈표 22〉와 같다. 아래 정리된 예시 이외에도 성취기준 재구성 등에 따라 미디어 리터러시 교육의 학습 주제는 체육과 교육에서 다양하게 다루어질 수 있다.

〈표 22〉 미디어 리터러시 교육의 학습 주제 예시(한국교육학술정보원, 2019)

예시 학습 주제	관련성이 높은 역량	역량 수행의 모습
건강권	웰빙과 문화	미디어의 활용 시간과 콘텐츠를 통제하며 건강한 미디어 생활 습관을 가진다.[1]
검색 엔진	접근과 활용	학습주제에 대한 검색 키워드로 검색엔진을 활용해 자신이 원하는 미디어 관련 자료를 검색한다.[2]
놀이	웰빙과 문화	온라인을 통한 참여 가능한 다양한 놀이에 과몰입하지 않도록 적정 시간을 계획하고 관리한다.[3]

---

[1] 한국교육학술정보원, 2019, p. 95에서 발췌
[2] 한국교육학술정보원, 2019, p. 96에서 발췌
[3] 한국교육학술정보원, 2019, p. 103에서 발췌

다문화 사회	소통과 참여	다문화의 잘못된 인식으로 인한 사회갈등과 편견과 차별을 알고 미디어 활동을 통해 공감하고 참여한다.[4]
민주적 의사결정	소통과 참여	온라인을 통해 다양한 사회문제에 대한 자신의 의견을 논거를 들어 민주적으로 의사결정에 참여한다.[5]
성역할	이해와 비평	문제시 되는 고정된 성역할의 모습은 어떤 것들이 있는지 찾아보고 미디어 속 장면을 비판적으로 판단한다[6].
안전정보	접근과 활용	정확하고 신뢰성이 높은 안전정보를 얻기 위한 방법(재검토 등)을 파악하고 이를 토대로 재난상황에서의 안전행동을 계획한다.[7]
양성평등	소통과 참여	인터넷 언어들과 은어 및 비속어들의 성차별적인 언어들에 대한 인지를 가지고 차별적 언어 사용에 주의하여 소셜 미디어 활동을 한다.[8]
저작도구	접근과 활용	문서편집도구, 스프레드시트, 프레젠테이션 도구와 같은 대표적인 저작도구의 사용법을 익히고 저작도구를 활용하여 콘텐츠를 창출한다.[9]

정리된 미디어 리터러시의 하위 역량과 예시 학습 주제를 바탕으로, 교육부(2015)에서 제시한 체육과 공통 교육과정에서 미디어 리터러시 교육과 내용적으로 관련 있는 성취기준을 대표적으로 추출하면 〈표 23〉과 같다. 아래에 정리되지 않은 학습 주제도 얼마든지 체육과 수업에서 다루어질 수 있다.

---

[4] 한국교육학술정보원, 2019, p. 104에서 발췌
[5] 한국교육학술정보원, 2019, p. 111에서 발췌
[6] 한국교육학술정보원, 2019, p. 120에서 발췌
[7] 한국교육학술정보원, 2019, p. 126에서 발췌
[8] 한국교육학술정보원, 2019, p. 129에서 발췌
[9] 한국교육학술정보원, 2019, p. 138에서 발췌

<표 23> 미디어 리터러시 교육과 내용적으로 관련 있는 성취기준

영역	성취기준[10]	학습 요소
건강	[4체01-01] 건강한 생활 습관(몸의 바른 자세, 개인 위생, 비만 예방)을 알고 생활 속에서 규칙적으로 실천한다. [6체01-01] 성장에 따른 신체적 변화를 수용하고 건강한 성장과 발달을 저해하는 생활 양식(흡연, 음주, 약물 오남용 등)의 위험성을 인식한다. [6체01-04] 건강한 생활을 위한 신체적 여가 활동 계획을 수립하여 실천한다. [6체01-06] 건강 증진을 위해 계획에 따라 운동 및 여가 활동에 열정을 갖고 꾸준히 참여한다. [9체01-01] 건강과 신체활동(신체 자세, 규칙적인 운동 등)의 관계를 이해하고, 건강 증진을 위한 신체활동을 계획적으로 실천한다. [9체01-06] 건강과 체력 증진을 위한 올바른 생활 습관을 유지하고, 건강한 생활에 부정적인 영향을 미치는 행동을 삼간다.	건강권
	[9체01-03] 청소년기의 신체적, 정신적 변화(2차 성징, 성 의식, 성 역할 등)를 이해하고, 자신의 신체적 특성을 가치 있게 여긴다.	성역할, 양성평등
	[9체01-07] 여가의 개념과 실천 방법을 이해하고, 다양한 여가 활동 참여 방법을 계획하고 실천한다.	놀이
경쟁	[4체03-04] 경쟁의 과정에서 규칙의 필요성을 알고 합의된 규칙을 준수하며 게임을 수행한다. [4체03-08] 공동의 목표 달성을 위해 협동의 필요성을 알고 팀원과 협력하며 게임을 수행한다. [6체03-04] 필드형 경쟁 활동에 참여하면서 책임의 중요성을 인식하고 이를 바탕으로 맡은 바 역할에 최선을 다하며 게임을 수행한다. [9체03-08] 필드형 경쟁 스포츠에 참여하면서 자신의 역할에 책임을 다하고 팀의 공동 목표를 이루기 위해 노력한다. [9체03-12] 네트형 경쟁 스포츠에 참여하면서 경기 절차, 상대방, 동료, 심판 및 관중에 대한 예의범절을 지킨다.	민주적 의사결정

---

[10] 체육과 교육과정(교육부 고시 제2015-74호) (교육부, 2015)에서 발췌

표현	[4체04-03] 개인 또는 모둠별로 움직임 언어나 표현 요소를 활용하여 구성한 작품을 발표하고 이를 감상한다. [4체04-07] 개인 또는 모둠별로 리듬에 따른 다양한 동작을 구성하여 작품을 만들어 발표하고 이를 감상한다. [6체04-07] 주제 표현 활동을 하는 데 필요한 다양한 표현 방법을 바탕으로 개인 또는 모둠별로 작품을 창의적으로 구성하여 발표하고 이를 감상한다. [9체04-03] 스포츠 표현의 특성과 원리가 반영된 작품 또는 활동을 구성하고 발표하며, 작품에 나타난 표현 요소와 방법을 감상하고 평가한다.	민주적 의사결정, 저작도구
	[6체04-01] 세계 여러 나라의 전통적인 민속 표현의 종류와 특징을 탐색한다. [6체04-04] 세계 여러 민족의 문화적 특성을 이해하고 존중하는 개방적인 마음으로 참여한다. [9체04-08] 전통 표현 활동에 참여하면서 다양한 문화적 차이를 이해하고 수용한다. [9체04-12] 현대 표현 활동에 참여하면서 다양한 표현 문화의 의미와 가치를 비교하고 평가한다.	다문화 사회
안전	[4체05-02] 수상활동에서 발생하는 안전사고의 사례를 조사하고 예방 및 대처 방법을 익혀 위험 상황에 대처한다. [4체05-05] 게임 활동에서 발생하는 안전사고의 사례를 조사하고 예방 및 대처 방법을 익혀 위험 상황에 대처한다. [6체05-01] 운동 시 발생할 수 있는 응급 상황(출혈, 염좌, 골절 등)의 종류와 특징을 조사하고 상황에 따른 대처법을 탐색한다. [6체05-04] 운동 시설 이용 시 발생할 수 있는 안전사고의 종류와 원인을 탐색한다. [6체05-05] 야외 활동에서 발생하는 안전사고의 사례를 조사하고 예방 및 대처 방법을 익혀 위험 상황에 대처한다. [9체05-02] 운동 손상의 원인과 종류, 예방과 대처 방법을 이해하고, 상황에 맞게 적용한다. [9체05-03] 응급 상황이나 안전사고 발생 시, 해결 방법과 절차를 올바르게 판단하고 적용한다. [9체05-04] 스포츠 환경과 안전의 관계를 이해하고 안전한 스포츠 활동에 필요한 여러 가지 활동 규칙과 방식을 설명한다. [9체05-05] 안전한 스포츠 활동에 필요한 시설 및 장비들의 사용법을 이해하고 스포츠 활동에 적용한다. [9체05-07] 야외 및 계절 스포츠 활동에서 발생할 수 있는 안전 문제를 이해하고 바람직한 예방 및 대처 방법을 설명한다. [9체05-08] 야외 및 계절 스포츠 활동 시 안전사고의 종류, 원인, 예방 대책 등을 이해하고 상황별 응급 처치 및 구조의 올바른 절차와 방법을 실천한다.	안전정보

정리한 표에서 알 수 있듯이, 체육과 성취기준에도 이미 미디어 리터러시 교육의 학습 주제가 포함되어 있다. 가장 많이 등장하는 학습 주제는 건강권과 안전 정보이며, 각각 건강 영역과 안전 영역의 성취기준에서 드러난다. 건강권 개념 자체는 체육과의 거의 모든 신체활동 가치와 관련되나, 미디어 리터러시 교육의 학습 주제로서의 건강권은 미디어의 활용 시간과 콘텐츠를 통제하고 신체활동의 측면에서 건강한 생활 습관이나 여가 습관을 기르는 것과 관련이 있다. 안전 정보는 재난 상황에서의 안전 행동을 계획한다는 측면에서 안전하게 신체활동을 하기 위한 예방 방법과 대처 방법에 관한 내용과 깊이 관련된다. 건강 영역에서는 건강권 이외에도 중학교 1~3학년군 성취기준을 중심으로 성역할, 양성평등, 놀이의 학습 주제가 포함되어 있다. 경쟁 영역에서는 게임이나 스포츠의 규칙을 합의하고, 규칙을 이행하며 역할을 나누는 과정에서 민주적 의사결정 학습 주제가 다루어진다. 표현 영역에서는 협동하여 동작과 작품을 구성하는 과정에서 민주적 의사결정 학습 주제가, 그러한 작품을 촬영하고 감상하는 과정에서 저작도구 학습 주제가, 다양한 문화를 이해하는 과정에서 다문화 사회 학습 주제가 드러난다. 도전 영역에는 미디어 리터러시의 학습 주제가 직접적으로 드러나지는 않는다. 그러나 상술하였듯이, 학습 주제가 드러나지 않는다고 해서 해당 영역에서 또는 해당 성취기준을 활용하여 미디어 리터러시 교육을 할 수 없는 것은 아니다.

2) 미디어 리터러시 교육을 위한 체육과 성취기준 재구성

미디어 리터러시 교육의 학습 주제가 직접적으로 드러나지 않는 성취기준에 대해서는, 재구성을 하여 미디어 리터러시 교육을 시행할 수 있다. 이렇게 재구성할 수 있는 성취기준은 거의 '전부'라고 할 수 있을 만큼 많고,

재구성의 방식도 다양하므로, 본 연구에서는 재구성의 대표적인 유형으로 두 가지를 제안하고자 한다.

첫째, 성취기준을 재구성하여 미디어 리터러시 학습 주제를 반영하는 경우이다. 예를 들어 '[6체01-02] 건강을 유지하기 위한 체력 운동을 선택하고 자신의 수준에 맞게 운동 계획을 세워 실천한다(교육부, 2015).'라는 성취기준은 본래 체육 시간에 소개된 체력 운동을 바탕으로 자신의 수준에 맞게 동작과 강도를 선택하여 운동 계획을 실천하는 학습 내용을 담고 있어, 미디어 리터러시 교육의 학습 주제와는 크게 관련되지 않는다. 그러나 이를 '[6체01-02] 건강을 유지하기 위한 체력 운동을 미디어를 통해 조사하여 선택하고 자신의 수준에 맞게 운동 계획을 세워 실천한다.'로 재구성하면, 체육과 성취기준 아래 '검색엔진' 및 '가짜뉴스'라는 미디어 리터러시 교육의 학습 주제를 다룰 수 있다. 미디어를 통한 정보 조사는 중학교 1~3학년 군 수준에서 더욱 강조될 수 있다. 중학교 1~3학년 군 수준 성취기준은 도전, 경쟁, 표현 영역에 두루 걸쳐 스포츠 및 표현의 역사와 특성을 이해하고 경기와 표현의 유형, 인물, 기록 그리고 사건 등을 감상하고 분석하도록 하고 있다. 이때 미디어를 통한 정보 조사를 강조하여 미디어 리터러시 교육의 학습 주제를 다루고 이해와 비평 역량과 접근과 활용 역량을 함양할 수 있다.

둘째, 성취기준을 재구성하여 미디어 리터러시 하위 역량을 함양을 강조하는 경우이다. 〈표 1〉에 정리된 한국교육학술정보원(2019)의 역량을 사용하여 예를 들면 다음과 같다. '[6체02-03] 거리 도전의 결과를 시기별로 측정하여 도전 과정의 장단점을 분석하고 기록을 향상할 수 있는 방법을 지속적으로 수행하고 평가한다(교육부, 2015).'라는 성취기준은, 거리 도전의 결과를 계속하여 측정하고, 때마다 자신의 동작이 어떠했는지를 살펴

기록을 향상할 수 있도록 하는 내용을 담고 있다. 따라서 미디어 리터러시의 역량과는 크게 관련이 없다. 하지만 해당 성취기준을 '[6체02-03] 거리 도전의 과정을 모둠별로 촬영 및 기록하여 도전 과정의 장단점을 분석하고 기록을 향상할 수 있는 방법을 지속적으로 수행하고 평가한다(교육부, 2015).'로 재구성 하면, 모둠별로 거리 도전 동작을 촬영하고, 이를 보며 서로 피드백을 주고받으면서 소통과 참여, 접근과 활용 역량을 함양할 수 있게 된다. 또한 실제 수업을 하기에 따라서 다양한 역량이 강조될 수 있다. 그 예로 윤리와 보안 역량 함양을 목표로, 촬영한 영상을 업로드 하여 댓글로 피드백을 받을 수 있도록 하면서 미디어 안전 수칙과 사이버 예절을 강조할 수 있다. 초등학교 3~4, 5~6 학년군 성취기준과 중학교 1~3 학년군 성취기준에서 도전, 경쟁 영역에서 동작이나 게임, 경기, 스포츠의 수행을 촬영하는 방식으로 비슷한 방식의 성취기준 재구성을 할 수 있다.

4 체육과에서 미디어 리터러시 교육의 실제

이 장에서는 앞의 논의를 바탕으로 구체적인 수업 방안을 예시하고자 한다. 본 수업은 미디어 리터러시 학습 주제 중 코로나 19 시기 학생들의 무분별한 영상 수용을 경계하고 올바른 미디어를 활용하는데 중점을 둔 주제인 '가짜뉴스'에 초점을 맞추어 학생을 지도하고자 한다. 학습 주제는 '1인 미디어의 비판적 분석을 바탕으로 건강한 신체 이미지 확립하기'로 최근 증가하고 있는 '홈트레이닝'영상 및 다이어트 영상에 대한 청소년들의 무분별한 수용에 대한 경계가 요구되는 현재 상황 속에서 시의 적절한 주제로 선정하였다. 학생들의 접근성이 높은 1인 미디어(유튜브 위주)의 영상을 확인하며 동료들과 이에 대해 소통하고 미디어의 콘텐츠를 분별하며 이를 목적에 맞게 스스로 통제하는 능력을 기르며 학생들이 건강한 미디어 문화를 영위할 수 있는 힘을 갖게 하고자 한다. 2장 2절에서 언급한 내용에 따라 효과적인 미디어 리터러시 교육을 위하여 수업 과정안 속에 미디어 리터러시 교육에 활용할 수 있는 핵심 질문을 수업 과정안 속에 언급하고 있으며 핵심질문의 세 가지 측면인 저자와 청중, 메시지와 의미, 재현과 실재가 고루 드러날 수 있도록 수업 발문을 구성하였다.

관련된 체육과 성취기준은 두 가지로 첫째, '[6체01-01] 성장에 따른 신체적 변화를 수용하고 건강한 성장과 발달을 저해하는 생활양식(흡연, 음주, 약물 오남용 등)의 위험성을 인식한다.'(교육부, 2015)라는 기존 체육과 교육과정 성취기준을 그대로 사용하였다. 아래 수업 사례의 초점에서, 위 성취기준은 다음과 같은 이유로 학습 주제에 부합한다. 수업에서 주되게 다루고 있는 '홈트레이닝' 영상 및 다이어트 영상의 부정적 사례는 건강한 성장과 발달을 저해하는 생활양식이며, 이러한 점에서 미디어 콘텐츠를 통제하는 '건강권' 주제를 담고 있다. 또한 학생들이 이에 대한 위험성을 스스로 인식하게 하는 것이 기존 체육과의 성취기준에 적합할 뿐 아니라 본 수업에서 키우고자 하는 미디어 리터러시 역량과도 일치한다. 둘째, '[6체01-02] 건강을 유지하기 위한 체력 운동을 미디어를 통해 조사하여 선택하고 자신의 수준에 맞게 운동 계획을 세워 실천한다.'는 기존의 성취기준인 '[6체01-02] 건강을 유지하기 위한 체력 운동을 선택하고 자신의 수준에 맞게 운동 계획을 세워 실천한다(교육부, 2015).'를 재구성하였다. 체력 운동을 선택하는 조건에 '미디어'를 덧붙여 '가짜뉴스' 학습 주제를 다룰 수 있도록 하였다.

본 수업은 체육과의 특성이 드러난 미디어 리터러시 교육을 통해 학생들의 유튜브 등 1인 미디어 속 무분별한 '홈트레이닝' 영상 및 다이어트 영상을 수용하는 태도를 방지하고 성장기에 맞는 건강하고 바람직한 신체 이미지에 대한 가치관을 확립하고자 한다. 최종적으로 학생 스스로 필요한 유익하고 신체 능력에 맞는 1인 미디어 영상을 선택하여 운동 계획을 세우고 실천하게 함으로써 신체적·인지적·정의적으로 건강한 시민 육성을 도모한다. 수업의 예시 사례는 다음과 같다.

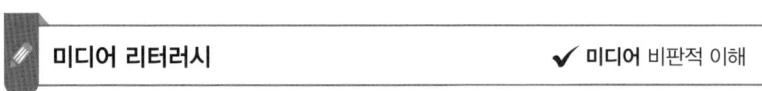

미디어 리터러시 ✓ 미디어 비판적 이해

1. 교수·학습 활동의 개관

MIL 주제	가짜뉴스	MIL 요소	이해·비평, 소통·참여, 접근·활용, 웰빙·문화
학년(군)/ 차시 분량	5학년/2차시	교과 핵심역량	건강관리능력
단원	1. 건강	학습 주제	1. 1인 미디어의 비판적 분석을 바탕으로 건강한 신체 이미지 확립하기 2. 스스로에게 맞는 바람직한 운동 계획 실천하기
학습 목표	\multicolumn{3}{l	}{1. 1인 미디어에 대한 비판적 분석을 바탕으로 건강한 신체 이미지를 확립할 수 있다. 2. 스스로에게 맞는 바람직한 운동 계획을 세워 실천할 수 있다.}
관련 성취기준	\multicolumn{3}{l	}{[6체01-01] 성장에 따른 신체적 변화를 수용하고 건강한 성장과 발달을 저해하는 생활양식(흡연, 음주, 약물 오남용 등)의 위험성을 인식한다. (재구성)[6체01-02] 건강을 유지하기 위한 체력 운동을 선택하고 자신의 수준에 맞게 운동 계획을 세워 실천한다}
MIL 학습자료	\multicolumn{3}{l	}{1인 미디어 영상, 운동 계획서}

2. 교수·학습 활동의 예시

도입

● '홈트레이닝' 영상 및 '다이어트' 영상에 대한 경험 나누기

- Q. 이 영상은 누가/왜 만들었을까요? (저자와 청중 – 저작)
- Q. '홈트레이닝'영상 또는 '다이어트' 영상은 왜 만들어졌을까요? (저자와 청중–목적)
- Q. 이 영상들을 보고 어떤 감정이 드나요? (저자와 청중–반응)

(전개 1) **운동 및 다이어트 콘텐츠로 인한 문제점 파악하기**

● 운동 및 다이어트 콘텐츠의 문제 파악하기
- Q. 위 영상은 내가 다이어트 또는 운동에 대해 어떤 생각을 하길 바랄까요? (메시지와 의미–내용)
  - 실현 불가능하거나 올바르지 못한 식습관을 제시하는 콘텐츠의 문제
  - 지나친 운동으로 인한 부상 및 건강 악화를 초래할 우려가 있는 콘텐츠의 문제
- Q. 위 영상은 우리가 알아야 할 중요한 내용들을 모두 포함하고 있나요? (메시지와 의미 – 내용)
- Q. 이 영상 속에는 신체에 대한 어떤 관점이 드러나있나요?(메시지와 의미–내용)
  - 저체중을 우선시하는 콘텐츠, 정상 체중에 대한 경시 풍조의 문제
- Q. 이 영상에 대한 나의 해석을 이야기해봅시다.(메시지와 의미–해석)
- Q. 이 출처가 나에게 건강에 대한 진실을 이야기한다고 신뢰할 수 있을가요? (재현과 실제–신뢰성)

● 무분별한 운동 및 다이어트 콘텐츠 수용으로 인한 문제 파악하기
- Q. 무분별한 운동 및 다이어트 콘텐츠 수용으로 인한 문제에는 무엇이 있을까요?
  - 청소년의 올바른 성장 발달 저해

- 능력에 맞지 않는 운동 영상으로 인한 부상 초래
- 비만에 대한 비윤리적 태도와 외모 지상주의

전개 2 　5학년에 맞는 건강한 신체 이미지 작성하기

◉ 표준 체중에 대해 올바르게 인지하기
- Q. 표준 체중 계산 방법을 조사해봅시다. 자신의 키와 연령에 맞는 표준 체중의 범위는 어떻게 되나요?

◉ 청소년기에 맞는 건강한 식습관과 운동습관 파악하기
- Q. 영상 속 잘못된 식습관과 운동 습관을 찾아봅시다.
- Q. 건강한 식습관과 운동 습관에는 무엇이 있을까요?

◉ 5학년에 맞는 건강한 신체 이미지 작성하기

전개 3 　스스로에게 맞는 바람직한 운동 계획 세우기

자신의 체중에 맞는 운동 계획 세우기

◉ 자신의 운동 능력에 맞는 적절한 운동 영상 선정하기
- Q. 운동 영상 선정 기준은 무엇인가요?
  - 청소년이 시청하기 적합한 영상인가?
  - 영상의 정보에는 오류나 거짓이 없는가?
  - 영상 속 운동이 나의 체력 수준에 적합한가?
  - 영상 속 운동이 '건강한 5학년의 신체'를 기르는데 적합한가?
  - 영상의 출처는 믿을만한가?

◉ 개인에 맞는 운동 계획서 작성하기
- Q. 건강한 운동을 하기 위해서, 어떻게 영상 매체 자료를 생산적으로 이용할 수 있을까요? (저자와 청중-반응)

> 정리

- 미디어 리터러시의 중요성 강조하기
  - 영상 매체의 발달 및 코로나19 시기로 인해 체육에서의 미디어 리터러시 역량의 중요성을 강조한다.
- 학습 마무리 및 차시 예고하기
  - 건강한 신체의 중요성과 학생 개개인의 올바른 성장 발달을 강조
  - '단원 마무리' 미리 보기

이 장의 내용은 배소현·성유라·추병완의 "체육과 미디어 리터러시 교육 방안 연구"를 편집 및 일부 재구성하여 작성한 것임.[11]

---

[11] 배소현 · 성유라 · 추병완(2022), "체육과 미디어 리터러시 교육 방안 연구", 「한국스포츠교육학회」, 29(2), 17-38.

참고문헌

2022 개정 교육과정' 총론 주요사항(시안), 교육부, 2021.11.24. 보도자료, 1-5.
교육부(2015), 『체육과 교육과정(교육부 고시 제2015-74호)』, 세종: 교육부.
권정아 · 박재정(2021), "초등학교 체육 교과서에 반영된 미디어 리터러시 교육내용 양상", 『학습자중심교과교육연구』, 21(3), 973-991.
김동식 · 장용규(2018), "체육수업에서 시민성 교육의 실천 방향 탐색", 『한국스포츠교육학회지』, 25(4), 41-63.
김방출 · 서재철(2019), "체육 교과 인성 교육의 시민성 접근 제언", 『한국스포츠교육학회지』, 26(1), 55-75.
박선영 · 김웅준(2016), "체육활동을 통한 청소년 시민성 함양 방안 모색", 『청소년학연구』, 23(1), 153-179.
유창완 · 양종현 · 박정준(2021), "원격 체육수업 콘텐츠 개발 방향 연구", 『교과교육학연구』, 25(3), 196-206.
이정현(2021, 7월 4일), 근육맨 김종국도 뛰어든 운동 유튜브…"팬데믹에 성장세 폭발", 연합뉴스. https://www.yna.co.kr/view/AKR20210629123000005
이호철 · 고문수 · 김성곤 · 박상봉 · 박재정 · 박종태 · 배성제 · 서장원 · 신기철 · 양갑렬 · 최홍섭 · 홍예주(2021), 『초등체육의 이론과 실제』, 파주: 교육과학사.
정현선 · 김아미 · 박유미 · 전경란 · 이지선 · 노자연(2016), "핵심역량 중심의 미디어 리터러시 교육내용 체계화 연구", 『학습자중심교과교육연구』, 16(11), 211-238.
조건상 · 권용철 · 양동석(2020), "온라인 개학에 대처하는 체육교사들의 노력 과정", 『교원교육』, 36(4), 239-260.
추병완 · 최윤정 · 정나나 · 신종섭 · 은지용 · 이윤정 · 심소현 · 황미애(2021), 『미디어 리터러시 교육의 이론과 실제』, 서울: 한국문화사.
한국교육학술정보원(2019), 『민주시민육성을 위한 미디어 리터러시 교육 방안 연구』, 청주: 도서출판 금장.
UNESCO. (2013). Global Media and Information Literacy Assessment Framework: Country Readiness and Competencies. Retrieved from http://uis.unesco.org/sites/default/files/documents/global-media-and-information-literacy-assessment-framework-country-readiness-and-competencies-2013-en.pdf
Core Principles of Media Literacy Education[Alliance for a Media Literate America]. (2022 Apr 2). https://mediaeducationlab.com/sites/default/files/AMLA-Core-Princ-MLE_0.pdf
Eight Ke Concepts of Media Literacy[Association for Media Literacy]. (2022, Apr 2). https://aml.ca/resources/eight-key-concepts-media-literacy/

Key Questions to Ask When Analyzing Media Messages[National Association for Media Literacy Education]. (2022, Apr 3) https://namle.net/wp-content/uploads/2021/06/Key-Questions.pdf

Triangled Questions[Association for Media Literacy]. (2022, Apr 3). https://aml.ca/wp-content/uploads/2019/09/triangleq.pdf

12장
영어 교과에서 미디어 리터러시 교육

조경해(봉명초등학교 교사)

1 사회변화와 초등 영어과 교육

 한국 영화 최초 칸영화제 황금종려상 및 아카데미 4개 부문 수상작인 기생충, 국내 드라마 최초 넷플릭스 전 세계 1위 오징어 게임, 빌보드 차트 1위 방탄소년단 등 한국 문화는 넷플릭스, SNS 등의 미디어를 통해 전 세계로 나아가고 있다. 이러한 현상은 컴퓨터나 휴대폰 하나만 있어도 전 세계 곳곳에서 생산된 미디어 정보에 접근하고 이를 쉽게 활용할 수 있는 시대이기에 가능한 현상이다. 이는 곧 세계 각 나라에서 생산된 미디어에 쉽게 접근할 수 있고, 이를 재생산할 수 있으며, 새로운 미디어를 만들어 내는 일이 일상이 되는 사회가 되었음을 의미하기도 한다. 이러한 일상의 변화는 더 빠른 사회변화를 촉진하며 교육에서도 새로운 변화를 요구한다.
 태어나면서부터 안방에서 세계의 모든 미디어 정보를 접하면서 사는 디지털 네이티브인 현대의 학생들에게 영어는 단순한 의사소통을 위한 언어가 아닌 온라인 콘텐츠를 제작, 소비 및 공유하며 커뮤니티에 속하기 위해 수행되는 도구가 된다. 실제로 sns와 유튜브, 온라인 게임, 다양한 채팅 애플리케이션 등을 통해 일상적으로 영어를 접하고 다양한 문화적 배경의 사람들과 상호작용하며 교류하고 있다. 앞서 언급한 k문화 역시 국제어인 영어를 통해 재생산되었을 때 더 큰 영향력을 발휘한다. 기생충의 아카데미 수상 일등 공신으로 문화를 잘 반영한 영어 번역을 꼽기도 한다는 점에서 이를 더 명확히 알 수 있다. 영어는 전 세계에서 가장 많은 사람들이 사용하는 언어이며, 온라인에서 사용되는 언어에서 차지하는 비중이 무려 60%에 이르는 언어이기 때문이다. 이는 곧 영어를 이용한 미디어 정보가 넘쳐나는 이 시대가 도래하였다는 것을 의미하며, 영어 교과에서 미디어 리터러시 역량을 강화하기 위한 고민이 절실히 필요하다는 것을 의미하기도 한다. 그러므로 이러한 사회변화에 발맞추어 단순 의사소통 수단의 영어가 아닌 미디어 리터러시 역량을 갖추기 위한 필수적 조건으로서의 영어교육이 필요하다.

2 미디어 리터러시와 초등 영어과 교육

1) 미디어 리터러시와 초등 영어과 교육의 현주소

2015 개정 영어과 교육과정에서는 학습자들의 영어 의사소통 능력을 길러주는 것을 총괄 목표로 삼으며, 동시에 남을 배려하고 돕는 모범적인 시민 의식과 창의적 사고력을 배양하는 것을 목표로 하는 교과로 정의하고 있다. 이러한 목표를 달성하기 위한 방법으로 2015 개정 영어과 교육과정 해설서에서는 다음과 같이 서술되어 있다. "학교 영어 교육에서는 학습자

에게 가능한 한 영어 사용 기회를 충분히 제공할 수 있는 교수·학습 방법을 계획·실천하고 다양한 멀티미디어 자료와 정보 통신 기술(ICT) 등을 수업에서 활용하며 교수·학습 활동과 평가를 유기적으로 연계하여 학습의 효율성을 극대화해야 한다(2015 개정 영어과 교육과정 해설서, 2015:3)."

생활어가 아닌 외국어로서의 영어 사용 상황에서 단순 의사소통 수단으로서의 영어 교육에 대한 방법적 측면으로 미디어 활용을 안내하고 있는 것이다. 그러나 이것은 디지털네이티브인 학생들의 상황 및 현실을 반영하지 못한 방법으로 단순히 자기관리 역량 강화를 위한 미디어 활용 교육에만 머물러 있는 것이 영어과의 미디어 리터러시의 현주소라고 볼 수 있다. 지금까지 시도되었던 미디어 리터러시 영어과 교육을 구체적으로 살펴보면 미디어 활용 교육으로 ICT 활용 교수법이 제시되어있는 것이 대부분이었다. 2015 개정 교육과정을 기반으로 한 영어 검정교과서 교사용지도서에서도 미디어 활용 교육의 한 형태로 ICT 활용 교수법을 제시하였으며 간단히 내용을 발췌하면 다음과 같다.

"인터넷 웹 사이트의 동영상 자료를 활용하여 학습 목표, 내용과 관련 있는 영어 표현이 실제 사용되는 상황과 이와 관련된 문화적인 체험 제공, 학생들 간에 학습한 대화로 화상 채팅, 간단한 정보를 찾아 홈페이지에 올리는 과제 하기, 웹에서 친구의 글에 댓글 올리기, 영어로 할 수 있는 간단한 퍼즐의 활동. 그러나 이 도구는 어디까지나 영어 학습의 수단이어야 한다는 점에 주의하여 학생들의 수업 집중에 방해가 되지 않도록 교사는 학생들의 학습 상황을 확인하고 유익한 웹 사이트를 선별하는 등 다양한 멀티미디어 자료와 ICT 도구의 효과적인 활용에 유의한다(이재근 외, 2018:19)."

미디어는 단순 활용 수단, 도구적 측면으로 서술되어 있으며 이를 활용한 의사소통 교육에 모든 초점이 맞추어져 있다. 현재 미디어 리터러시 교육은 흥미 있는 미디어를 활용하여 단순 의사소통을 위한 영어 교육에 치중하고 있는 것이다. 그러나 이러한 방법으로는 미디어 활용 수업 외에 미디어 리터러시 역량 강화는 기대하기 어려운 것 역시 현실이다.

2) 초등 영어 교과에서의 미디어 리터러시 적용 방향

그렇다면 초등 영어 교과에서 미디어 리터러시는 어떻게 적용되어야 할 것인가?

교과 적용방안에 대한 논의로 한국교육학술정보원에서 제작한 『민주시민 육성을 위한 미디어 리터러시 교육방안 연구』에서 다음과 같이 서술하고 있다.

"초·중등의 전 교과의 정규 수업에서 민주시민 육성을 위한 미디어 리터러시 역량을 다양한 수업 시수와 활동에 통합함으로써 학생들이 다양한 상황에서 자연스럽고 반복적으로 역량 개발 기회를 갖고, 이를 일상의 삶으로 확장 시키는 것을 목적으로 한다. 이러한 역량의 개발은 단기간, 지식 암기로는 불가능하며, 장기적 안목에서 종합적 내용과 방법으로 반복적으로 키워져야 한다(김현진 외, 2019:72)."

여기서 주목해야 할 부분은 자연스럽고 반복적인 역량 개발 기회와 일상의 삶으로의 확장이다. 수업 상황에서 자연스럽고 반복적으로 미디어 리터러시 역량 개발 기회가 주어져야 하며, 이러한 역량이 단순 의사소통 및 지식뿐만 아니라 수행으로 나타날 수 있도록 수업을 적용해야 한다는 것이다. 설규주는 "여러 교과가 미디어 리터러시를 다루면서 단순 반복하는 방식은 지양하고 각 교과의 정체성과 특성에 좀 더 부합하는 내용이나 활동을 강조할 필요가 있다(설규주, 2021:166)."라고 하였다. 따라서, 초등 영어 교과에서 미디어 리터러시는 의사소통이라는 목표에 중점을 두고 미디어 리터러시 역량을 자연스럽고 반복적으로 개발할 수 있는 기회를 제공하는 방향으로 운영되어야 할 것이다.

이를 정리하면, 초등 영어과에서 미디어 리터러시는

첫째, 의사소통을 목표로 미디어 리터러시 역량 개발을 위한 반복적, 장기적 기회가 제공되어야 한다.

둘째, 학생들이 일상 속에서 적용되는 상황으로서 수행 중심의 교육이 이루어져야 한다.

셋째, 교과의 성취기준과 미디어 리터러시 교육목표를 모두 충족시켜야 한다.

3) 초등 영어과 교과 역량과 미디어 리터러시 교육 요소

성취기준과 교육목표는 핵심역량으로 귀결될 수 있다. 영어과와 미디어 리터러시 역량을 살펴보면, 2015 개정 영어 교육과정에서는 '영어 의사소통 역량', '자기관리 역량', '공동체 역량', '지식정보처리 역량'을 영어과의 핵심역량으로 제시하고 있으며, 한국교육학술정보원에서 제시한 미디어 리터러시 역량은 '이해와 비평', '소통과 참여', '표현과 생산', '접근과 활용', '윤리와 보안', '웰빙과 문화'(김현진 외 2019:67)이다. 초등 영어 교과 역량과 미디어 리터러시 역량을 연결하면 〈표 24〉와 같이 정리할 수 있다. 영어 교과에서 미디어 리터러시 교육은 창의적 표현과 비판적 이해 요소를 포함한 영어 의사소통 역량을 갖추고, 사회적 소통 요소를 포함한 공동체의 구성원으로서 공동체 문제해결에 참여할 수 있는 공동체 역량을 기르며, 정보화 사회에서 영어로 표현된 미디어에 대한 이해와 접근 능력을 요소로 정보를 수집, 분석하고 정보 윤리를 포함하여 매체를 활용하는 지식정보처리역량을 양성하는데 초점을 맞추어야 할 것으로 보인다.

<표 24> 영어과 핵심역량과 미디어 리터러시(MIL) 역량 연결

영어 교과 역량요소	의미	MIL역량
영어 의사소통 역량	일상생활 및 다양한 상황에서 영어로 의사소통할 수 있는 역량	이해와 비평 표현과 생산
자기관리 역량	영어에 대한 흥미와 관심을 바탕으로 학습자가 주도적으로 영어 학습을 지속할 수 있는 역량	
공동체 역량	지역·국가·세계 공동체의 구성원으로서의 가치와 태도를 바탕으로 공동체 문제 해결에 참여할 수 있는 능력	소통과 참여
지식정보 처리 역량	지식정보화 사회에서 영어로 표현된 정보를 적절하게 활용하는 역량	접근과 활용

이를 기반으로 민주시민을 위한 미디어 교육 연구에서 제시한 2015 개정 교육과정 연계 민주시민 육성을 위한 미디어 리터러시 교육방안 학습 주제에서 미디어 리터러시 교육을 적용할 수 있는 성취기준 중 일부를 정리하면 아래 표와 같다. 성취기준은 영어 의사소통 역량과 맞닿아 있으므로 대부분의 성취 기준에 미디어 리터러시 교육을 적용할 수 있을 것이다.

<표 25> 초등학교 영어과 교육과정 성취기준 일부(김현진 외, 2019)

주제	성취기준	영어 교과 역량	MIL 역량
1인 미디어 웹툰 카드뉴스	[6영01-03]그림이나 도표에 대한 쉽고 간단한 말이나 대화를 듣고 세부 정보를 파악할 수 있다.	의사 소통	표현과 생산
가상공동체 다문화사회 소셜네트워크서비스 지속가능한 발전	[6영02-01]그림, 실물, 동작에 관해 한 두 문장으로 표현할 수 있다. [6영03-02]그림이나 도표에 대한 쉽고 짧은 글을 읽고 세부 정보를 파악할 수 있다.	공동체 역량	소통과 참여
안전정보 앱	[6영04-04]실물이나 그림을 보고 한두 문장으로 표현할 수 있다.	지식 정보처리	접근과 활용

3 초등 영어과에서의 미디어 리터러시 적용 제안

　초등 영어 교과에서 미디어 리터러시를 적용하기 위해서 이 장에서는 두 가지 방법으로 제안하고자 한다.

　첫째, 초등학교에서는 영어를 익히는 초기 단계이므로 언어 교육의 단계상 주제를 활용한 미디어 리터러시 적용에는 한계가 있다. 그러므로 미디어 리터러시 역량 개발을 위한 반복적, 장기적 기회 제공을 목표로 하여 방법적인 면에서의 적용방안을 제안하고자 한다. 미디어 리터러시 교육의 이론과 실제(추병완, 2021:48-52)에서 유네스코가 제시한 미디어 리터러시를 가르치는데 적합한 교수 방법 중 영어 교과에 알맞은 협동 학습, 번역, 제작의 방법을 발췌 적용하여 실제 활용이 가능하도록 재구성하여 제안하고자 한다. 의사소통과 지식정보처리, 공동체 역량에 중점을 둔 영어 교과에 적합한 방법이기 때문이다. 협동 학습은 학생들이 공유된 목표를 달성하기 위해 협력하도록 하는 접근 방식으로 말하기, 듣기, 읽기, 쓰기 영역에 모두 활용 가능하다. 영어과의 의사소통 역량과 미디어 리터러시의 이해와 비평, 표현과 생산 역량을 달성시킬 수 있는 효과적인 방법이다.

미디어 리터러시　　　　　　　　　　　　　　✔ 협동학습

1. 교수 · 학습 활동의 개관

단원	3. Stand up, Please. 4. It's Big.(대교)	차시	2/2
대상	3학년	영어과 교과역량	의사소통역량
주제	주요 표현 듣고 내용을 이해하기, 주요 표현을 상황에 맞게 말하기		

성취 기준	[4영01-06]주변의 사물과 사람에 관한 쉽고 간단한 말이나 대화를 듣고 세부 정보를 파악할 수 있다. [4영02-07]일상생활 속의 친숙한 주제에 관해 쉽고 간단한 표현으로 묻거나 답할 수 있다.						
미디어 리터러시 역량	이해 비평	소통참여	표현생산	접근 활용	윤리보안	웰빙문화	
	✓	✓	✓				

2. 한눈에 보기

수업 흐름	활동	세부활동	MIL 자료	MIL 역량
도입	인사하기	• 인사하기 • 주요 표현 확인하기		소통 참여
전개	문장 듣기	• 1명씩 한 문장 듣기	문장 음원	이해 비평
	대화 구상하기	• 각자가 들은 문장으로 대화 구성하기	소리 없는 영상	
정리	대화 발표하기	• 대화를 역할극으로 • 발표하기		표현 생산

3. 활동 방법

도입 인사하기

● 안부를 묻고 답하는 인사를 통하여 학습 분위기를 유도한다.

T: Hello, everyone. How's weather today?

S: It's sunny./ It's cloudy.

● 주요 표현을 확인한다.

T: I'll show you a picture card and hide it quickly. Look at the card and say the expression.

S: Stand up, Sit down, jump, Close the door, It's Big, It's small.. It's fast. Is it a bear? yes, it is.

전개 1 문장 듣기

● 학생들은 모둠을 만들어 순서를 정하도록 하고 1명씩 앞으로 나와 1문장씩 들을 수 있도록 한다. 이때 문장의 순서는 무작위로 들려준다.

상황1.	학생1: Yes, it is 학생3: Look! It's cake	학생2: Wow! It's big. 학생4: Is it a cat?
상황2.	학생1: Okay. 학생3: Hello!	학생2: Hi! 학생4: Sit down, please.
상황3.	학생1: jump! jump! 학생3: Open the door!	학생2: okay. 학생4: okay.

Tip. 의사소통역량을 위한 내용을 파악하여 3~4가지 문장의 필수 대화를 미리 구성한다.

전개 2 주어진 문장으로 대화 구상하기

● 4명의 모둠원들이 각자가 들은 문장으로 상황을 정하여 대화를 구성하도록 한다.

상황1.	상황2.	상황3.
Look! It's cake Wow! It's big.. Is it a cat? Yes, it is.	Hi! Hello! Sit down, please Okay.	jump! jump! okay. Open the door! okay.

Tip. 주어진 문장으로 대화를 구성할 때 그림, 소리 없는 영상 등을 제공하여 시각적 미디어에서 정보를 얻고 분석하는 방법을 익힐 수 있다.

정리 대화 발표하기

● 구성한 대화를 역할을 정하여 연습한 후 역할극으로 발표할 수 있도록

기회를 제공한다.
- 역할 정하기
- 역할극 연습하기
- 역할극 발표하기

Tip. 고학년의 경우 역할극을 영상으로 촬영하여 학급 홈페이지 등에 탑재할 수 있도록 하면 표현, 생산 역량 향상에 도움이 된다.

번역은 하나의 미디어로 제시된 정보를 다른 매체로 변환하거나 번역한다. 의사소통이 기본 목적인 영어 교과에서 번역은 효과적인 미디어 리터러시 교육 방법이 될 것이다.

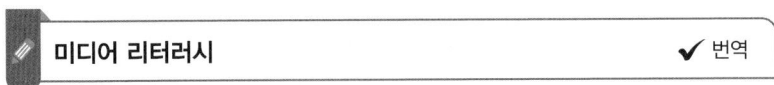

미디어 리터러시 ✓ 번역

1. 교수 · 학습 활동의 개관

단원	3. When Is the Club Festival? (천재)	차시	5/6
대상	6학년	영어과 교과역량	의사소통역량, 지식정보 처리 역량
주제	대화를 듣고 내용을 파악하여 초대하는 글쓰기		
성취 기준	[6영04-05]예시문을 참고하여 간단한 초대, 감사, 축하 등의 글을 쓸 수 있다. [6영 01-02]일상생활 속의 친숙한 주제에 관한 간단한 대화를 듣고 세부 정보를 파악할 수 있다.		

미디어 리터러시 역량	이해 비평	소통참여	표현생산	접근 활용	윤리보안	웰빙문화
		✓	✓	✓		

2. 한눈에 보기

수업 흐름	활동	세부활동	MIL 자료	MIL 역량
도입	인사하기	• 주요 표현 확인하기		소통 참여
전개	영상 보기	• 대화 듣기	듣기 음원	접근 활용
	초대장 쓰기	• 초대장 쓰기		표현 생산
정리	초대장 전시하기	• 초대장 웹 전람회 열기 • 웹 전람회 보며 행사 이름, 때, 장소 조사하기	스마트폰, 학급홈피 자료방	

3. 활동 방법

도입 인사하기

● 안부를 묻고 답하는 인사를 통하여 학습 분위기를 유도한다.

T: Good morning, How are you today?

S: I'm great, thank you. how about you?

T: Good, Thanks. Are you ready for English class?

S: Yes, I am.

● 주요 표현을 확인한다.

T: Let's read this sentence. thinking about what each sentence means.

S: 각 문장의 의미를 생각하며 문장을 읽는다.

> [전개 1] 대화 듣기

◉ 초대, 감사, 축하 등의 주제가 있는 대화를 들려준다.

〈대화〉

a: can you com to the pizza festival?
b: of course, When is it?
a: It's on July 16th.
b: Can I eat pizza?
a: Sure. You can eat delicious pizza and you can meet Peter Jackson, the cook, too.
b: Great.

Tip. 대화 자료는 영화, 광고, 유튜브 방송 등 학생들이 접할 수 있는 다양한 미디어를 제공할 수 있다.

◉ 학생들이 음원 속의 상황, 등장인물, 필요 내용 등을 파악할 수 있도록 질문을 통하여 확인한다.

T: What event is in the conversation about?

S: Pizza festival.

T: When is the pizza festival?

S: It's on July 16th.

T: What can we do at the festival?

S: We can eat delicious pizza and we can meet Peter Jackson, the cook, too.

전개 2) 초대장 쓰기

● 대화에 등장하였던 내용을 토대로 초대장을 쓰도록 한다.

```
              〈초대장〉

    Can you come to the _____?
      The _____ is on _____.
      yon can _____.
      You can _____.
```

Tip. 초대장에 그림그리기 등 창의적인 표현이 가능하도록 기회와 시간을 제공하여 표현, 생산 역량 강화에 도움이 되도록 할 수 있다.

Tip. 대화를 분석하여 음성 정보를 문자 정보로 변환하도록 하고 초대장 등으로 제작하게 하여 정보를 재생산할 수 있도록 하면 지식정보처리 역량을 향상시키는데 도움이 될 수 있다.

정리) 초대장 웹 전람회 열기

● 초대장 웹 전람회를 열어 학생들이 다른 학생의 초대장을 확인하고 의견을 남길 수 있도록 한다.

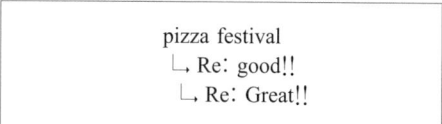

Tip. 미디어 사용 역량을 강화하고 일상생활에서 활용이 가능하게 한다.

● 학생들이 웹 전람회를 감상하면서 초대장의 정보를 다시 쓰게 한다.

> 친구의 초대장을 보고, 행사 이름, 때, 장소를 써 보세요.
>
> What: _____ .
> When: _____ .
> Where: _____ .

Tip. 말하기가 성취기준이라면 제공하는 미디어를 신문, 동화책 등으로 바꾸고, 역할극을 구성하도록 하는 방법도 가능할 것이다.

제작은 21세기 지식 습득의 중요한 측면인 실행에 의한 학습을 통해 학습에 몰두하는 유익한 기회를 제공한다고 한다. 제작은 영어 학습에 있어 모든 영역의 성취 수준을 포괄할 수 있는 방법이 될 것이다.

미디어 리터러시 ✓ 제작

1. 교수·학습 활동의 개관

단원	1. What do you do on weekends? (천재)		차시	6/6		
대상	5학년		영어과 교과역량	의사소통역량, 지식정보 처리 역량		
주제	배운 문장을 활용하여 노가바 영상 제작하기					
성취 기준	[6영03-01]쉽고 간단한 문장을 강세, 리듬, 억양에 맞게 소리 내어 읽을 수 있다. [6영04-03]구두로 익힌 문장을 쓸 수 있다.					
미디어 리터러시 역량	이해 비평	소통참여	표현생산	접근 활용	윤리보안	웰빙문화
		✓	✓	✓		

2. 한눈에 보기

수업 흐름	활동	세부활동	MIL 자료	MIL 역량
도입	인사하기	• 주요 표현 확인하기		소통 참여
전개	다양한 매체에서 찾기	• 다양한 매체에서 가사바꾸기 할 노래 찾기	유튜브, SNS	접근 활용
	가사 바꾸어 영상으로 만들기	• 모둠에서 가사 바꾸어 쓰기 • 스토리보드 만들기 • 영상으로 만들기		표현 생산
정리	영상 나누기	• 홈페이지에 영상 탑재하기 • 다른 작품 감상하여 느낌 남기기	스마트폰, 학급홈피 자료방	소통 참여

3. 교수·학습 활동의 예시

도입 인사하기

● 안부를 묻고 답하는 인사를 통하여 학습 분위기를 유도한다.

T: Good morning, How are you?

S: Good, thank you. how are you?

T: Great, thanks.

● 주요 표현을 확인한다.

T: I'll show you a picture card and I'll ask, "What do you do on Saturday?" Then, answer my question. What do you do on Saturday?

S: I go to the Farm.

T: What do you do on Saturday?

S: I take a robot class.

T: What do you do on Saturday?

S: I have soccer practice.

[전개 1] **다양한 매체에서 찾기**

- 주요 표현을 활용한 노래 영상을 원곡 영상과 비교 제시한다.

> 〈예시〉 원곡 (유튜브로 제시)
>   노래: Mamma Mia
>   가수: 아바
> 천재 5학년 영어 전자 저작물 노래(전자 저작물로 제시)
> What Do You Do on Weekends?
> Let's play baseball this Saturday.
> Sorry, but I'm busy on Saturdays.
> What do you do on Saturdays?
> I have soccer practice.
> I take a robot class, too. (함순애 외, 2019)

  Tip. 영상 자료는 영화, 광고, 유튜브 방송 등 학생들이 접할 수 있는 다양한 미디어를 제공할 수 있다.

- 노래 가사 바꾸기 할 원곡을 다양한 매체에서 학생 찾아보도록 한다.
  Tip. 저작권 등에 유의하며 활용하기 쉽고 간단한 곡을 선택할 수 있도록 지도한다. 이러한 활동을 통하여 다양한 미디어에 접근, 활용하는 역량을 기를 수 있다.

[전개 2] **가사 바꾸어 영상으로 만들기**

- 모둠에서 주요 표현을 활용한 가사로 바꾸어 쓰게 한다.
  Tip. 같은 표현을 단어만 바꾸어 여러 번 활용할 수 있도록 하면 가사를 쓰기도 쉽고, 익히기도 쉬움을 알려준다.
- 영상으로 제작하기 위한 대략적인 스토리보드를 작성한다.
  Tip. 학생이 직접 등장할 것인지 등 대략적인 영상 제작 방법을 결정하도록 하고 반드시 가사를 제시하도록 하여 단순히 영상 제작에만 몰두하지 않도록 주의를 기울인다.

● 영상으로 제작하기

스토리보드에 따라 실제 영상을 제작한다.

Tip. 역할 분담을 미리 하도록 하여 서로 돕고 소통하며 영상을 제작할 수 있도록 한다.

> [정리] **영상 나누기**

● 영상을 학급 홈페이지에 탑재하도록 한다.

Tip. 저작권의 문제가 있을 수 있으므로 학급홈페이지에 공부를 위한 용도로만 활용하도록 안내한다.

● 다른 모둠의 영상에 느낌이나 생각을 표현하는 영어 문장 댓글을 달아 보도록 한다.

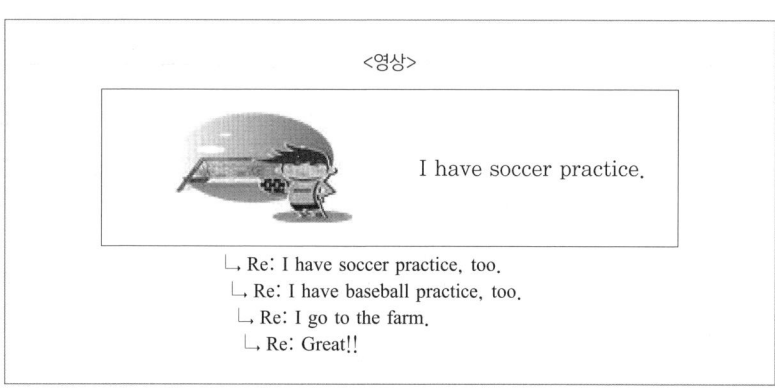

둘째, 이전에 제시되었던 미디어 활용 교육 방법과 주제를 적용하여 교과 성취기준과 미디어 리터러시 요소를 모두 충족시킬 수 있는 방법을 제안하고자 한다. 적용 가능한 미디어 활용 교육 방법으로는 디지털 미디어인 스마트폰 활용 수업, 미디어(매체) 활용 수업이 있으며, 그 외 주제를 적용하는 수업으로는 디지털 스토리텔링 적용 수업이 있다.

스마트폰 활용 수업은 디지털 네이티브인 학생들의 강점을 살려 지속적으로 역량 강화가 가능하고 말하기, 듣기, 읽기, 쓰기 등 의사소통 역량 강화라는 영어과의 목표 달성에 큰 역할을 한다. 스마트폰 활용 수업으로는 앱 활용 수업, sns 활용수업, AI 활용 수업 등이 있다. **앱 활용 수업**은 주로 단어 익히기, 말하기 등에 활용되는 수업으로 단순 반복으로 특정 기능 향상에 유용하다. 단어 익히기는 저절로 암기 영 단어, 암기 고래, 초등 영어 단어, VoCat, 초보자를 위한 영 단어 등 앱 검색만으로 활용 가능한 것이 매우 많다. 스마트폰 등의 도구가 있을 경우 학생들의 단어 학습에 매우 유용하게 활용할 수 있다. **sns 활용 수업**은 쓰기 활동에 많이 활용된다. 짧은 시간에 의견을 남기고 공유할 수 있는 장점을 활용하여 학급 단톡방 등을 개설하여 특정 주제를 주고 빠른 시간에 답글을 남길 수 있도록 하면 학생들의 쓰기 학습에 유용하게 활용할 수 있다. **AI 활용 수업**은 앱 활용과 유사한 측면이 있으나 앱 자체가 AI시스템을 활용한 시스템으로 단순 단어 활용 앱보다 업그레이드 된 수준이라고 볼 수 있다. 쓰기, 말하기에서 활용이 가능하며 실제 초등 영어과에서는 EBS에서 개발한 AI펭톡 프로그램을 활용한 수업이 진행되고 있으며 이를 확산시키고자 노력하고 있다. 여기에서는 실제 영어 수업에서 디지털 미디어(스마트폰)를 활용할 수 있는 방법을 예시로 제안하고자 한다.

미디어 리터러시 ✓ 스마트폰 활용

1. 교수 · 학습 활동의 개관

단원	11. What are you doing?		차시	2/4			
대상	4학년		영어과 교과역량	의사소통역량			
주제	지금 하고 있는 일 묻고 답하기						
성취 기준	[4영01-04]쉽고 친숙한 표현을 듣고 의미를 이해할 수 있다. [4영 02-07]일상생활 속의 친숙한 주제에 관해 쉽고 간단한 표현으로 묻거나 답할 수 있다.						
미디어 리터러시 역량	이해 비평	소통참여	표현생산	접근 활용	윤리보안	웰빙문화
		✓		✓		

2. 한눈에 보기

수업 흐름	활동	세부활동	MIL 자료	MIL 역량
도입	인사하기	• 학습 목표 확인하기		소통 참여
전개	대화 내용 확인하기	• 대화 내용 확인하기	듣기 음원	
	디지털 미디어로 연습하기	• 디지털미디어를 활용하여 주요표현 익히기	AI펭톡 앱, SNS, 스마트폰	표현 생산
정리	주요 표현 확인하기	• 주요 표현 확인하기		소통 참여

3. 교수·학습 활동의 예시

> 전개   디지털 미디어로 연습하기

● AI 펭톡 활용 연습하기

AI펭톡이란?
스마트폰이나 태블릿PC를 통해 다운 받은 AI펭톡 어플로, 펭수와 함께 영어 대화를 듣고 따라 말하면서 영어 실력을 향상시키는 프로그램이다.

사진출처: EBSe 홈페이지 캡처

● 토픽월드-대화연습 메뉴로 대화 연습하기

토픽월드는 교과서 토픽중심으로 이루어진 영어를 듣고 따라하기 학습 메뉴이다. 학년 수준별 월드로 구성되어 있어 대화 연습에 도움이 된다. AI펭톡 학생용 이용 가이드에 따르면

1. 대화 전체 듣기
2. 대화를 듣고 따라 말하기

3. 대화를 듣고 답해야 할 문장 녹음하기
4. 대화하기 탭에서 평가하기의 순으로 학생 스스로 연습할 수 있다.
Tip. AI펭톡 토픽월드에 참치캔 찬스, 단어 문장 게임, 표현 연습 등 다양한 메뉴를 활용하여 학생들이 꾸준히 흥미를 가지고 스스로 학습할 수 있도록 지도해야 한다. 토픽 월드 이외에 다양한 메뉴를 학습 상황 및 필요로 하는 영역에 따라 다양한 수업에 활용할 수 있다. AI 펭톡 활용 우수사례는 EBSe 홈페이지에도 게시될 예정이다.

◉ SNS(카카오톡 단체 채팅방) 활용 연습하기

다양한 sns 중 카카오톡 단체 채팅방을 활용한 대화 연습하기

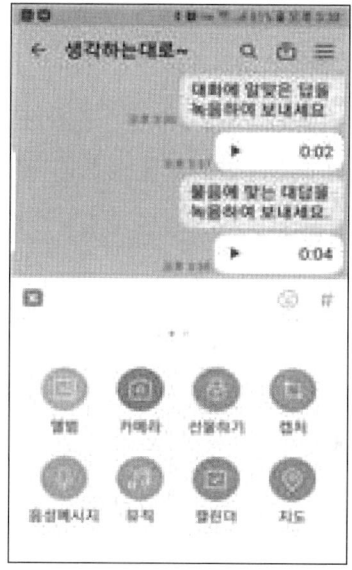

1. 학급 단체 채팅방 개설하기
2. 미션과 질문 대화 제시하기
3. 학생들이 녹음하여 보내게 하기

Tip. 음성메시지 기능을 이용하여 간편하게 자기주도적으로 녹음하고 선택하여 제출할 수 있도록 한다.

Tip. 가장 빠르게 보내기, 2번째로 보내기 등 이벤트 미션을 함께 진행하면 학생들이 흥미를 가지고 참여할 수 있다.

Tip. 가정에서도 앱을 활용하여 자기주도적 학습이 가능하므로 과제를 제시하여 표현에 익숙해 질 수 있도록 하는 것이 좋다.

미디어(매체) 활용 수업은 기존에도 활용되던 방법으로 학습자의 흥미를 끌어 영어과 목표를 달성함과 동시에 비판적 이해와 접근이 가능하여 미디어 리터러시 역량 강화에도 도움이 된다. 미디어 활용 수업으로는 뉴스를 활용한 수업, 광고를 활용한 수업, 영화를 활용한 수업 등이 있다. **뉴스를 활용한 수업**은 뉴스를 듣고 내용 이해하기, 들리는 단어 적기 등의 활동을 통해 듣기 활용 수업이 가능하다. 단, 초등에서는 빠른 뉴스에서 정보 이해는 어려운 경우가 많으므로 일정 부분만 편집하여 활용할 수 있다. **광고를 활용한 수업**은 학생들이 흥미를 유발할 수 있는 장점이 있으며, 짧은 시간에 많은 정보를 제공하므로 집중력을 높이는데 도움이 된다. 광고 활용 수업은 과대 과장 광고 등을 분석할 수 있어 비판적 이해에도 도움이 된다. **영화를 활용한 수업**은 가장 많이 활용되는 수업이다. 학생들의 관심이 높고 일상생활에서 활용되는 표현들이 자주 등장하므로 이를 활용하면 말하기 및 듣기, 이해 활동에 도움이 된다. 여기에서는 실제 영어 수업에서 미디어(매체)를 활용할 수 있는 방법을 예시로 제안하고자 한다.

미디어 리터러시   ✔ 미디어 활용

1. 교수 · 학습 활동의 개관

단원	9. What color is it?(대교)		차시		1/4	
대상	3학년		영어과 교과역량		의사소통역량	
주제	색을 묻고 답하는 말 듣고 이해하여 말하기					
성취 기준	[4영01-04]쉽고 친숙한 표현을 듣고 의미를 이해할 수 있다. [4영 02-07]일상생활 속의 친숙한 주제에 관해 쉽고 간단한 표현으로 묻거나 답할 수 있다.					
미디어 리터러시 역량	이해 비평	소통참여	표현생산	접근 활용	윤리보안	웰빙문화
		✔		✔		

2. 한눈에 보기

수업 흐름	활동	세부활동	MIL 자료	MIL 역량
도입	인사하기	• 학습 목표 확인하기		소통 참여
전개	대화 내용 확인하기	• 대화 내용 확인하기	듣기 음원	
	미디어로 배우기	• 미디어를 활용하여 주요 표현 익히기	영화 클립, 팝송, 뉴스, 광고 클립	접근 활용
	챈트로 배우기	• 챈트 듣고 내용 확인하기 • 챈트 따라하기		
정리	주요 표현 확인하기	• 주요 표현 확인하기		

3. 교수·학습 활동의 예시

> 전개   미디어로 배우기

◉ 영화클립 활용하기
- 영화 클립에서 주요 표현 듣기
- 영화에서 주요 표현 따라 말하기
- 영화 클립에서 주요 표현 듣고 따라 말하기

Tip. 영상클립 출처: https://getyarn.io/yarn-popular
위 사이트에서 필요한 표현으로 검색하면 다양한 영상 클립을 쉽게 찾을 수 있으며 이를 활용하여 ppt 등으로 제작 수업에 활용할 수 있다.

◉ 뉴스 활용하기

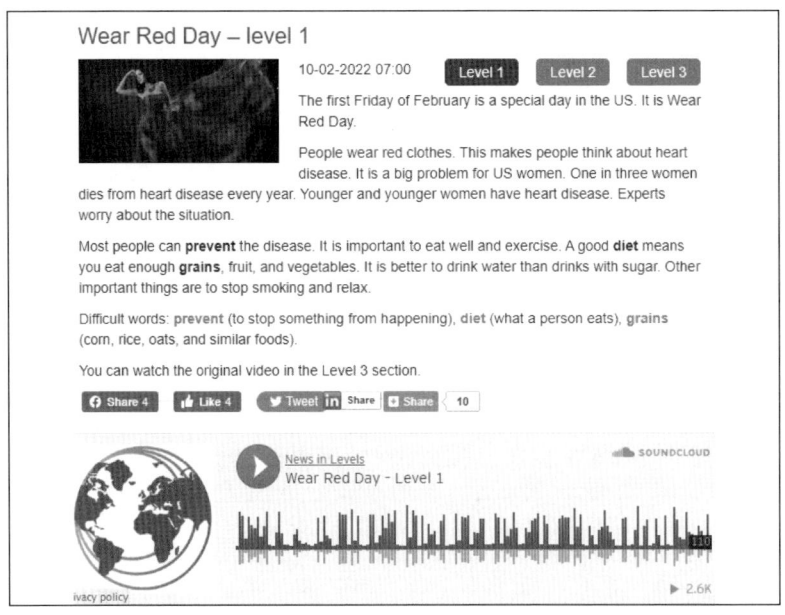

이미지 출처:수준별 뉴스 듣기 화면 캡쳐

- 뉴스에서 학습 목표에 적합한 주요 표현 듣기
- 주요 표현 따라 말하기

Tip. 수준별 뉴스 듣기 사이트 https://www.newsinlevels.com/
위 사이트에서 필요한 단어로 검색하면 단어가 포함된 다양한 뉴스를 찾을 수 있다. 뉴스는 수준에 따라 3단계로 제공되어 수준에 맞는 뉴스를 활용할 수 있다.

디지털 스토리텔링의 공통적인 정의를 살펴보면 디지털 기술을 사용하여 이야기를 만드는 것(김소형, 2018:8)이라고 하였다. 의사소통 역량을 중요시 하는 영어과에서 스토리는 중요한 요소이며, 스토리에 미디어 리터러시 주제를 담을 수 있고, 디지털 기술을 사용하게 하여 미디어 리터러시 역량과 영어과 역량 강화를 모두 포함할 수 있는 좋은 방법이 될 것이다. 여기에서는 실제 영어 수업에서 디지털 스토리텔링을 활용하여 Review 차시에서 영상 제작을 수행하는 프로젝트 학습 구상안을 예시로 제안하고자 한다. Review 시수를 재구성하여 차시를 늘리고, 디지털 스토리텔링의 필수 요소인 스토리에 대한 상호작용을 추가하여 구상하였다.

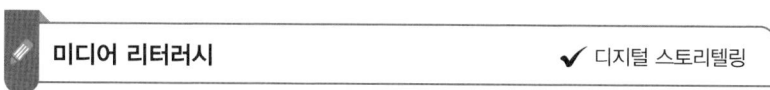

1. 교수 · 학습 활동의 개관

단원	Story Time(대교)	차시	2/4
대상	3학년	영어과 교과역량	의사소통역량 지식정보 처리역량 공동체 역량
주제	배운 표현을 활용하여 영상 제작하기		

성취 기준	[4영01-04]쉽고 친숙한 표현을 듣고 의미를 이해할 수 있다. [4영 02-07]일상생활 속의 친숙한 주제에 관해 쉽고 간단한 표현으로 묻거나 답할 수 있다.						
미디어 리터러시 역량	이해 비평	소통참여	표현생산	접근 활용	윤리보안	웰빙문화	
	✓	✓	✓	✓			

2. 한눈에 보기

수업 흐름	활동	세부활동	MIL 자료	MIL 역량
1차시	스토리 제시 및 내용 이해하기	• 스토리 내용 나누기 • 그림 보며 내용 추측하기 • 스토리 영상 보며 주요 표현 확인 하기 • 내용 이해하기	스토리 영상 자료	접근 활용 이해 비평
2차시	주요 표현 연습하기 및 스토리 변경하기	• 스토리 다시 들으며 주요 표현 확인하기 • 새로운 스토리 상상하기 • 스토리 변경하여 스크립트 구성하기 • 역할을 나누어 대사 연습하기	패들렛 공유, 글쓰기 스마트폰 녹음기	소통 참여
3차시	변경 스토리로 영상 제작하기	• 영상 제작 방법 결정하기 • 영상제작 필요 물품 제작하기 • 영상으로 제작하기	스마트폰, 영상제작 앱	표현 생산
4차시	제작 영상 유튜브 발표회 열기	• 제작 영상 유튜브 발표회 열기 • 실시간 채팅창을 활용한 평가하기	스마트폰, 유튜브 채널 개설	소통 참여

3. 교수·학습 활동의 예시

〈2차시〉

도입 주요 표현 확인하기

● 스토리를 들으며 주요 표현을 확인한다.

〈주요표현〉
what color is it?
It's red / blue / white / green/
can you fly /jump /sing /swim?
yes, I can. ./ no, I can't.
I can fly/jump/sing/swim.
How's the weather?
It's sunny / cloud / rainning / windy /

전개 새로운 스토리 상상하기

Story script (이재근 외, 2018)	
〔장면1〕 아빠오리: Look! It's big! 엄마오리: what color is it? 아빠오리: It's brown.	〔장면2〕 엄마오리: How's weather? 아빠오리: It's sunny. 엄마오리: Great! Let's go outside.

● 새로운 스토리 상상하기

패들렛에 새로운 스토리 상상– 단어로 생각 공유하기

주제: 새로운 스토리 만들기

주인공이 바뀐다면…
할 수 있는 일이 바뀐다면..
털 색깔이 달라진다면…
날씨가 달라진다면…

● 스토리 변경하여 스크립트 구성하기

상상한 스토리로 대사를 변경하여 스크립트를 구성한다.

Tip. 본 차시는 3학년 내용이므로 한글 대사가 있는 스크립트를 제시하여 한글로 스크립트를 구성하고 영어로 말할 수 있도록 한다. 고학년의 경우 공유스프레트 시트 등을 활용하여 동시에 휴대폰으로 스크립트를 구성할 수 있다.

정리) 대사 연습하기

- 역할 나누어 대사 연습하기

변경된 스토리로 역할을 나누어 대사 연습을 한다.

Tip. 여러 번 연습 후 모둠에서 녹음하여 학급 sns에 공유하도록 하고 다른 모둠의 의견을 듣는 것도 좋은 방법이다. 다른 모둠의 의견을 반영하여 스토리를 또다시 변경할 수 있다.

참고 문헌

교육부(2015), 『영어과 교육과정』, 교육부고시 제2015-74호 [별책14].
김현진 외(2019), 민주시민 육성을 위한 미디어 리터러시 교육방안 연구, 한국 교육
　　　학술정보원, 청주:도서출판 금강.
김소형(2018). 디지털스토리텔링을 활용한 초등 영어 수업모형 개발 및 적용, 한국
　　　교원대학교 교육대학원, 석사학위 논문.
설규주(2021), 사회 교과서 속 미디어 리터러시 관련 내용 분석- 미디어 관련 단원
　　　을 중심으로, 시민교육연구, 53(4).
이재근 외(2018), 『초등학교 영어 3-4 지도서』, 서울: 대교.
이재근 외(2019), 『초등학교 영어 5-6 지도서』, 서울: 대교.
추병완 외(2021), 『미디어 리터러시 교육의 이론과 실제』, 서울: 한국문화사.
함순애 외(2019), 『초등학교 영어 5-6 지도서』, 서울: 천재.
EBS AI 펭톡 학생용 이용 가이드

참고 사이트

영상 클립 https://getyarn.io/yarn-popular
수준별 뉴스 듣기 https://www.newsinlevels.com/
EBSe http://pengtalk-student.ebse.co.kr

» 찾아보기

A
AI 활용 수업__319

B
BYOD__147

M
MIL__123

S
sns 활용 수업__319

ㄱ
가짜 뉴스__17
개방성__46
경험 중심의 접근__77
과학적 문제 해결력__183
과학적 의사소통능력__183
구글 어스 플랫폼__157
구글 오토드로우__168

ㄷ
덕 신빙론__45
덕 인식론__44
덕 책임론__45
데이터 시각화__175
동기화된 추론__33
디지털 2.0세대__119
디지털 네이티브__119, 180
디지털 리터러시__19, 204
디지털 소외__146
디지털 스토리텔링__324
디지털 시민성__79

ㅁ
미디어 교육__16
미디어/기술 중심의 접근__77
미디어(매체) 활용 수업__322
미디어 제작 역량__208
미적 능력 향상__246
민주 시민성__22
믿음 양극화__39

ㅂ
반향실__38
버츄얼 커뮤니티 리터러시__151
번역__310
봉사 학습__22
불화-강화 기제__39
불확증 편향__24
블렌디드 학습__119
비트 리터러시__150
비판적 사고__16

ㅅ
생산소비자__19
선택적 노출__37
수행__304
시각적 소통 능력__249
시각 정보__246
시민의 덕__53

ㅇ
앱 활용 수업__318
역화 효과__25
예방 접종 접근법__29
워들(Wardle)__17

음모론__23
음악정보처리 역량__224
의사소통__304
인식론적 거품__36

ㅈ
자기 목소리 내기__124
자기 성찰__61
정보 무질서__40
정보 처리 역량__8
정서적 거리두기__86
정치교육__55
제작__314
주체적 이해__249
지식정보처리역량__305
지적인 겸손__52
지적인 용기__49

ㅊ
창의적 생산 능력__249

ㅋ
클릭베이트__18

ㅌ
테셀레이션__169
트러블 슈팅__206

ㅍ
팩트 체커__33
폐쇄성__47
포스트 트루스__55

ㅎ
허위 조작 정보__23
허위 합의 편향__26
협동 학습__307
혹스__18
확증 편향__24
회의론__48

» 저자소개

추병완

강원 원주고를 졸업하고 서울대학교 사범대학 및 대학원에서 윤리교육을 전공하였다. 미국 조지아대학교에서 도덕교육을 전공하여 철학박사 학위를 취득하였다. 1998년부터 춘천교육대학교 윤리교육과 교수로 재직하고 있으며, 한국초등도덕교육학회 회장을 역임하였다. 대표 저서로『신경윤리학과 신경도덕교육』,『도덕교육 탐구』,『긍정 도덕교육론』,『회복탄력성』,『도덕교육의 이해』,『도덕교육의 새 지평』,『문화 감응 교육학』,『다문화 사회에서 반편견 교수 전략』,『다문화 도덕교육의 이론과 실제』등이 있고, 대표 역서로『행동윤리학』,『시민공화주의와 시민교육』,『4차 산업혁명 시대의 혁신 교수법: 건설적 논쟁의 이론과 실제』,『긍정심리학의 강점과 약점』,『신경과학과 교육』,『평화교육』,『미래사회를 위한 준비: 도덕적 생명 향상』,『도덕 발달 이론』등이 있으며, '포스트 트루스 시대에서 시민의 덕'을 비롯하여 100여 편의 논문을 학술지에 게재하였다.

한은영

호주 킹스턴 칼리지를 졸업하고 진주교육대학교 교육대학원에서 다문화교육을 전공하여 교육학 석사 학위를 취득하였다. 서호주 주요기관에서 6년동안 통역 담당 매니저로 재직하였다. 2018년 귀국 후에는 고성 도서관에서 지역주민을 위한 영어강사로 활동하였다. 현재 춘천교육대학교 시민교육 역량강화 사업단의 객원 연구원 팀장으로 활동하면서 호주의 시민교육을 전문적으로 연구하고 있으며 호주 다문화교육 전문강사로도 활동중이다. 주요관심 분야에는 시민교육, 다문화교육, 평화교육이다. 대표 저서로 민주 시민을 위한 평화교육 입문, 세계의 시민교육, 미디어 리터러시 교육 핸드북, 세계시민교육 핸드북이 있고, 대표논문으로 호주의 초등학교 세계시민교육, 호주의 시민교육, 인도네시아 외국인 노동자의 회복탄력성 요인 분석, 외국인 근로자 회복탄력성이 있다.

금호정

창원대학교 초등특수교육학과, 외국어로서의 한국어과를 전공하고 진주교육대학교 교육대학원에서 다문화교육으로 석사학위를 취득하였다. 2005년부터 초등교사로 재직하였으며, 현재는 진주교육대학교부설초등학교에서 근무 중이다. 2021년부터 춘천교육대학교 시민교육 역량강화 사업단의 객원연구원으로 활동 중이며 한국어 교원 자격, 다문화사회전문가 및 특수아 교육심리진단사 자격을 가지고 교육 현장 내 소수자의 인권 및 교육을 돕고 있다. 주요 관심 분야는 시민·인권교육, 특수교육, 다문화교육, 교육과정 재구성 등이다. 2019부터 현재까지 경남특수교육원 장애학생 행동중재 전문요원, 경상남도교육청 교수·학습 자료개발 위원으로 활동하고 있으며 대표적인 논문으로 '다문화 학생을 위한 문화적합 개별화 교육방법연구'를 집필하였다. 저서로는 『민주시민교육을 위한 평화교육 입문』이 있다.

조경해

진주교육대학교를 졸업하고 진주교육대학교교육대학원에서 다문화교육을 전공하였다. 2002년부터 초등교사로 재직 중이며, 2017~2020년 다문화 특별 학급에서 외국인 및 중도입국 학생들을 가르쳤다. 현재 봉명초등학교에서 근무 중이며, 춘천교육대학교 시민교육 역량강화 사업단의 객원연구원으로 활동하고 있다. 2017년부터 경남다문화교육 자료 집필, 한국어 진단 보정 시스템 자료 검수 및 개발, 중앙다문화교육센타 교과보조교재 영상콘텐츠 제작, 경남교육청 다문화교육 교사 연수 컨텐츠 집필 등에 참여하였으며, '외국인학생의 원적학급 적응 실태와 지원방안' 등에 관하여 연구하였다.

이한길

서울교육대학교 및 서울교육대학교 교육전문대학원에서 초등윤리교육을 전공하였다. 2008년부터 초등교사로 재직 중이며 현재 서울교육대학교부설초등학교에서 근무중이다. 2007, 2009, 2015 개정 교육과정 초등 도덕과 교과서 및 지도서 집필, 초등 안전한 생활 교과서 및 지도서 집필에 참여하였으며, '초등 도덕교육에서 실천적 지혜 함양을 위한 정의 공동체 운영' 등에 관하여 연구하였다.

배소현

경기외국어고등학교를 졸업하고 서울교육대학교를 졸업하여 서울교육대학교 교육전문대학원에서 초등윤리인성교육으로 석사학위를 취득하였다. 2019년부터 초등교사로 재직 중이며 현재 서울 대방초등학교에서 근무 중이다. 주요 관심 분야는 시민교육, 도덕교육, 어린이철학교육이다. 한국철학적탐구공동체연구회에서 어린이철학교육을 연구하고 있으며, 춘천교육대학교 시민교육 역량강화 사업단의 객원연구원으로 활동하고 있다. 대표 논문으로 '어린이 철학교육의 도덕교육적 함의: 서사해석학을 중심으로', '체육과 미디어 리터러시 교육 방안 연구'가 있으며 저서로는 『민주시민교육을 위한 평화교육 입문』이 있다.

박상아

경인교육대학교를 졸업하고 서울교육대학교교육대학원에서 인공지능인문융합교육을 전공 중이다. 2019년부터 초등교사로 재직 중이며 현재 진건초등학교에서 근무 중이다. 2021년 공공 학습관리시스템 미디어 콘텐츠 집필, 온라인콘텐츠 활용 교과서 선도학교 교사지원단, 가평교육지원청 AI교육 선도학교 컨설팅 위원으로 참여하였다. 주요 관심 분야는 인문학과 SW · AI의 융합교육, AI윤리교육, 디지털시민성교육이다.

미디어 리터러시 교육 핸드북

1판 1쇄 발행 2022년 9월 30일

지 은 이	추병완·한은영·금호정·조경해·이한길·배소현·박상아
펴 낸 이	김진수
펴 낸 곳	한국문화사
등 록	제1994-9호
주 소	서울시 성동구 아차산로49, 404호(성수동1가, 서울숲코오롱디지털타워3차)
전 화	02-464-7708
팩 스	02-499-0846
이 메 일	hkm7708@daum.net
홈페이지	http://hph.co.kr

ISBN 979-11-6919-043-5 93370

· 이 책의 내용은 저작권법에 따라 보호받고 있습니다.
· 잘못된 책은 구매처에서 바꾸어 드립니다.
· 책값은 뒤표지에 있습니다.

오류를 발견하셨다면 이메일이나 홈페이지를 통해 제보해주세요.
소중한 의견을 모아 더 좋은 책을 만들겠습니다.